U0042642

日本帝國下的基督教會
Christian Churches under the Japanese Empire

王成勉◎主編

中央大學出版中心｜遠流

目錄

作者簡介 <small>(依姓名筆劃排列)</small>

王成勉 美國亞利桑那大學東方研究博士。曾擔任荷蘭 IIAS 第五屆「歐洲漢學講座教授」、國立中央大學歷史研究所特聘教授、史丹佛大學胡佛研究所客座研究員，目前為國立中央大學人文研究中心研究員。主要研究領域為基督教在華史、中美外交史、十七世紀明清轉接時期之研究。主要著作有《馬歇爾使華調處日誌》（1992）、《文社的盛衰 —— 二○年代基督徒本色化之個案研究》（1993）、*The Life and Career of Hung Ch'eng-ch'ou (1593-1665): Public Service in a Time of Dynastic Change* (1999)、*Contextualization of Christianity in China: An Evaluation in Modern Perspective* (2007)。

吳蕙芳 國立政治大學歷史學博士。現為國立臺灣海洋大學海洋文化研究所教授。主要研究領域為中國近現代社會史、明清以來民間社會與文化、基隆地方史。著有《民初直魯豫盜匪之研究（1912-1928）》（1990）、《萬寶全書：明清時期的民間生活實錄》（2001、2005）、《明清以來民間生活知識的建構與傳遞》（2007）、《基隆中元祭：史實、記憶與傳說》（2013）等書，以及其他專文數十篇。

宋軍 中國人民大學清史研究所博士、中國神學研究院哲學博士。曾先後就職於中國人民大學清史所、中國社會科學院歷史研究所、北京基督教會，現任中國神學研究院副教授兼中國文化研究中心主任。研究領域為明清民間宗教史、中日基督教會史。著有《清代弘陽教研究》（2002）、《變局中的抉擇：中華全國基督教協進會歷史的終結（1949-1951）》（2017）。

松谷曄介（MATSUTANI, Yosuke） 日本北九州大學哲學博士。作為日本學術振興會海外特別研究員擔任香港中文大學崇基學院神學院榮譽副研究員（2014 年至 2016 年），現為日本基督教團牧師、日本西

南學院大學兼職講師。

徐炳三　華中師範大學中國近代史研究所副教授，歷史學博士。主要研究領域爲中國基督教史、宗教社會史和近代中國政治史，近年來較多關注近代中國東北地區基督教發展史和日本侵華時期基督教及政教關係方面的研究。著有《"扭曲"的十字架──僞滿洲國基督教研究》（2018）。

陳能治　國立成功大學歷史研究所博士。專研中國近現代大學教育史，近年來專注於美國教會大學在華文教組織──歐柏林山西紀念社與山西銘賢學校之研究。著有《戰前十年中國的大學教育，1927-1937》一書，以及〈歐柏林山西紀念社與山西銘賢學校：戰前美國大學差會在華教育活動的個案研究（1900-1937）〉、〈早期的孔祥熙：一位基督徒的教會歷練與公共參與，1890-1922〉等二十餘篇論文。

陳智衡　建道神學院哲學博士。現任建道神學院中國文化研究系助理教授、基督教與中國文化研究中心主任。著有《太陽旗下的十架：香港日治時期基督教會史（1941-1945）》（2009）、《合一非一律：中華基督教會歷史》（2013）、《紅火淬煉：近代中國基督教政教關係史（1911-1952）》（2016）、《建道神學院學生佈道團百年史》（2018）；曾發表〈恐懼陰霾下的抉擇〉、〈戰後中華基督教會「大中華」合一擴展的嘗試：以南洋及台灣爲個案探討〉等論文。

渡辺佑子　2006 年東京外國語大學學術博士。現爲日本明治學院大學教授。研究中國近代基督教史、基督教中日關係史。著有《「滿洲國」下的宗教控制和基督教》（2019）、《「滿洲國」下的教會合同》（2019）等；合著有《中國基督教之入門》（2016）、《抵抗和協助的內面史》（2019）等。

鄭仰恩　美國普林斯頓神學院哲學博士。現任臺灣神學院教會歷史學教授、國立臺灣大學兼任教授。主要研究領域爲世界基督教史、臺灣基督教史、宗教改革運動、第三世界神學等。著有《基督教歷史觀之研究》（1985）、《歷史與信仰：從基督教觀點看台灣和世界》（1999）、《定根本土的台灣基督教：台灣基督教史研究論集》（2005）、《從加爾文到今日改革宗傳統：多元開展，與時俱進的信仰旅程》（2018）等書，以及數十篇論文，另外主編專書十數冊。

盧啓明　國立臺灣師範大學歷史學系碩士、博士班。臺灣神學院道學碩士、教會歷史資料中心研究助理，現爲臺灣基督長老教會傳道師與歷史檔案館主任。目前的研究方向爲普世合一運動與基督教政教關係。著有《傳道報國：日治末期臺灣基督徒的身分認同（1937-1945）》（2017），以及相關論文三十餘篇。

蕭錦華　香港中文大學歷史學甲級榮譽文學士（1993）、哲學碩士（1996）、電腦輔助翻譯文學碩士（2004）、日本京都大學文學博士（歷史文化學）（2001）、中國神學研究院基督教研究碩士（聖經詮釋）（2016），並獲選 2006-2007 年度美國哈佛大學哈佛燕京學社訪問學者。現職香港中文大學歷史系高級講師，兼任基督教榕樹頭之光協會董事，在中大教研中國唐宋史、帝都史、日本史、中日韓關係及東亞基督教史。主編《中日韓三國之融合與分歧》（2017），著有論文及書評約四十篇。

Yuki Takai-Heller（高井ヘラー由紀）　2004 年取得東京的國際基督大學研究所比較研究科博士學位。博士論文主題爲在日治時代臺灣的日本人教會史。2008-2009 年美國哈佛神學院博士後研究員，2009-2013 年惠泉女學園大學兼任講師，2013 年中央研究院近代史研究所訪問學者，2013-2018 年明治學院大學兼任講師，2018 年起擔任臺南神學院助理教授。

序

　　自第二次世界大戰結束以來，迄今已有七十多年。對於這場人類的浩劫，已有成千上萬的著述。然而現今仍有不少領域欠缺注意，有待學界進行探索。例如，日本在亞洲擴張所佔領的區域，因為是淪陷區，本國資料自然無法周延，而日方檔案與記載亦屬有限，在研究上難度甚大。而在淪陷區的基督教會，受到戰亂與日本政府統治的影響，難以自由表達意見，史料的欠缺與散亂，是長期被學界忽略的重要原因。

　　戰亂往往是宗教的試金石，可以反映出宗教團體在戰爭及政治上的立場，其如何持續對人群的關愛，以及信徒如何維持甚至推展其宗教信仰，在在考驗著宗教的存在與意義。基督宗教在19世紀時已遍布亞洲各國，基督教的教堂、醫院、學校，以迄各種慈善與社會組織都可以見諸各大城市。故自戰爭伊始，基督教會就受到或大或小的衝擊。不但是教產受到戰火毀壞，教勢發展也受到影響。特別是珍珠港事件後，傳教士與教會領袖、信徒死於戰火，或是遭到日軍下監、殺害的案例非常多。

　　但是對於日本帝國佔領區中的基督教會，在研究上卻是難度很大。就過去的學術成果而言，此項主題一直是基督教會史中著作最少、研究資料最散亂，中外學術界連一本專書都沒有的情

況。這一方面固然是當時處於戰亂之中，教會遭到戰火破壞，多以應付各種惡劣環境爲主，沒有時間與精神注意史料的保存，也沒有特意對戰亂階段加以記載。如今要從事研究，首先面對的是散亂在不同的檔案館與圖書館的各種相關史料。

其次，日本是 19 世紀末崛起，以巧取豪奪或是武力侵佔的方式不斷在亞洲擴大它的帝國，從臺灣、韓國、東北、華北、華中，以迄香港、菲律賓、星馬等，一直到 1945 年二戰結束才告一段落。日本帝國政府的宗教政策和處理基督宗教團體的辦法，是逐漸成形發展的。要建構日本對於教會團體的控制與治理，則必須要同時注意到官方檔案、地方政府的統治，以及各地教會團體的因應。由於教會團體眾多，加上許多傳教士來自於歐美，牽涉到多國語言與檔案的使用，這也加深了研究的難度。

第三，雖然基督宗教的教義與教會本身都是反對武力與侵略，但是教會在面對實際戰爭時，卻未必有一致的立場。所以在日本佔領時，雖然很多教會學校與機構撤離，但是部分教會、教堂與機構卻選擇留下，繼續宣教的使命與照顧信徒。這些留下的教會人士，面臨日本政府的統治，一方面謀求延續教會和他們的信仰，而另一方面則要應付日本政府控制宗教的政策，這種微妙的心理，以及謀求教義的支持與適當的解釋，在研究上也是很不容易的工作。

是以時至現代，二戰史、基督教史都轟轟烈烈發展了數十年之久，「日本帝國下的基督教會」仍是一個極少被關注的題目。反過來看，如果這個主題未被適度的開發與探討，則二戰史與基督教史也顯得有所缺憾和並不完全。基督教會在二戰時一樣經歷過苦難，其在信仰與愛心的堅持，在政教關係上的因應，或是在

戰火與逼迫中的軟弱，也一直缺乏研究，故無從提供後代作為借鑑。鑑於「日本帝國下的基督教會」這個主題是一個難度甚高，但是又長期被忽略的重要議題，筆者在兩年前特別在臺灣、香港與上海等地邀集學術同行，商議如何提倡研究，獲得很好的回應，咸以為值得舉辦數次研討會，互相切磋，並提振學界對於這方面的研究。

在臺灣方面，則由臺灣基督教史學會邀請中央大學人文研究中心、輔仁大學天主教史研究中心聯合舉辦國際會議，定名為「日本帝國下的基督教會」國際學術研討會，於 2018 年 3 月 2~3 日舉行，邀請學界同仁，全面檢討日本帝國下的基督教會。此次會議擬探討之相關議題有四，分別為：（1）此段時期的政教關係，包括日本（及其地方）政府對於基督宗教的政策與管制策略、日本政府所推動之教團與其委派牧師的作用與角色；（2）傳教士、中國信徒或教會菁英的反應及自處，包括教會界知識份子有關時局的論述；（3）教會機構因應時局的措施，包括教會在人事上、組織上、教權上之變化等；（4）教會對於宣教使命之觀點、維持與進行，及與傳教士和西方教會之關係。

經過半年多的約稿與邀請，此次會議共徵得一位主題演講與 20 篇論文，參加學者分別來自美國、日本、臺灣、香港與中國大陸。其中有資深學者，亦有多位中生代的學者。而參與者的背景也非常多元，從大學教授到神學院的教授、牧師都有。至於研討的題目則非常多元與豐富，從日本對教會的控制到中日基督徒的互動，以迄在日本佔領區的教會與基督徒；而討論的區域，從日本到朝鮮、東北、華北、臺灣、香港；其中更有探討來自歐美傳教士的態度與作為。雖然有些學者臨時無法與會，但仍提供論

文參與討論。近百位學者出席這次研討會，進行相當深入與豐富的討論。會後則組成編輯委員會，一方面要求學者們先行修改論文，另一方面則將論文送交同行外審，最後選出 12 篇論文編輯成書。這些論文區分成兩個主題來編排，分別是「日本宗教統治與日人牧長」與「教會事工與經驗」。每一主題各有 6 篇。

　　在「日本宗教統治與日人牧長」這一方面，首先的兩篇文章是關於日本帝國政府的統治。過去學界似乎都認為日本政府在臺統治初期，對於基督教是和諧與友好的。但是鄭仰恩教授提出新的看法。他的文章〈現代化與後殖民：初探 1900-1930 年間英加長老教會在臺宣教工作與日本總督府殖民體系間的競合關係〉引導大家注意 20 世紀最初三十年的歷史，此時英國與加拿大長老教會與日本總督府可以視為兩股帶有「現代化特質」的勢力，對臺灣社會的影響產生競合關係。但因為政府掌握國家體制的優勢，到了 1930 年代初期，英加長老教會的宣教體系就無能再與之競爭。徐炳三教授的文章〈近代日本對中國東北基督教的宗教調查及其政治意圖〉，則證明日本帝國政府對於佔領區的控制，其實是無所不在。例如，日本以各種社會調查著稱，但是在佔領區的各種調查都有政治目的。如其在東北的宗教調查，就是針對有西方背景的基督教會懷著戒心，不但誇大宗教中的政治元素，還提出控制宗教的建議，成為日本制定宗教法案的重要依據。

　　日本帝國政府先後在東北、韓國、臺灣、華北等佔領區成立基督教教團，派遣日本牧師前來協助教團，以達到對於當地基督教會的控制。這些被派遣日本牧者的工作與角色，是一個很值得注意的議題。過去對於教團的研究中，已經指出其為日本政府控制的一個手段，此次有兩篇文章提出了新的觀點。Yuki Takai-

Heller 教授的文章 "A Preliminary Study on the Role of Japanese Christians in the Formation of Coerced 'Church Union' in Wartime Japanese Empire" 以「日本基督教臺灣教團」為例，指出教團中的日人牧者保護了臺灣教會，避免了日本軍方解散的陰謀。同樣的事情也發生在香港，陳智衡教授在〈香港日治時期中日教會領袖的接觸與互動（1941-1945）〉的文中，也發現到日本統治香港時期的三位日本牧長，做到保護香港教會，幫助華人教牧與信徒，同時也贏得了香港教會領袖信任。這兩篇文章的論點不同於過往對於教團的研究，到底是少數個案，還是宗教情誼大於國家忠誠，值得學界對此繼續的探討。

到底日本牧師在日軍佔領區的定位如何，在此書中有兩篇文章進行了個案研究。一篇是〈安村三郎：「南京國際救濟委員會」唯一的日本成員──「日軍的內線」抑或「和平工作者」？〉，松谷曄介（MATSUTANI, Yosuke）博士研究了在南京的安村三郎。另一篇〈「恆居其間，民將自化」──澤崎堅造的「東亞新秩序」觀及其熱河宣教〉則是宋軍教授研究在河北的澤崎堅造。

在南京大屠殺時，在華傳教士組織「南京國際救濟委員會」來保護中國民眾，這已是大家所熟知的歷史。但是此組織中有一位日本成員安村三郎，卻缺少學者的關注。安村三郎是日本浸信會的牧師，留學美國，曾受日本陸軍與外務省的派遣，到中國來扭轉歐美傳教士的反日態度。但是對於日軍在華的暴行，他加入了「南京國際救濟委員會」，直率指出日軍暴行會令中國人失去對日本的信賴，還建議日本當局不應逼迫歐美傳教士。松谷曄介博士認為，安村三郎雖然幫助解決南京國際救濟委員會的一些困難，但是分析他對戰爭的觀點以及對日軍佔領的態度，其實他是

「大東亞共榮圈」的支持者。

　　澤崎堅造的案例顯示出另一個多元又複雜的日本牧師。他是深愛自己國家的日本人，同時也是有著普世視野的基督徒；是學者，也是宣教士。在他的身上可以看到學者嚴謹與深邃思想，在宣教士的身分上，則有著宣講基督的堅持，以及對於蒙古人宣教的努力。他願意融入中國環境中身著長衫進入偏僻窮荒的小鎮定居，最後甚至葬身於荒野。澤崎堅造也是一個難以定論的案例，超越了常被用來二分法的狹隘觀點，頗值得史家與教會學者的深思。

　　在「教會事工與經驗」這一部分，主要是以一些實際個案事工來探討。通常來說，在 19 世紀與 20 世紀中葉時，配合教會宣教的有三大事工，分別為醫療事工、教育事工，與文字事工。此次文集所收集的文章，也包含了這三方面。

　　就醫療事工方面，蕭錦華教授的文章〈日本帝國主義下的醫療事工——基督教大連聖愛醫院之研究（1906-1943）〉，討論了一個奇特的案例，就是日人基督徒建立的大連聖愛醫院。大連聖愛醫院享有政府的優待，在政治上配合政府推行的活動，邀請官員向員工及病人宣傳日本殖民政策及日中滿親善、共存共榮的帝國主義思想。而在宗教上，醫院同時本著基督博愛理念來診治病人，還推行禮拜、聖誕會等傳教事工。當時在華有幾十萬的日本僑民，其中的基督徒很少受到學者的注意，而此個案提供一個視野，探索日人基督徒在華的生活與事業。

　　在教育事工有兩篇文章，顯示政治上兩個相對的立場。陳能治教授〈求存以致用——日軍佔領下山西銘賢學校「太谷校區」的維繫（1937-1941）〉所研究的是美國歐柏林學院（Oberlin College）協助成立的山西銘賢學校。1937 年蘆溝橋事變後，銘賢本部南遷四川，但在「太谷校區」繼續小學教育，以延續學校使命，服務當地民眾。而在政治因應上，採取增聘美國教員，教授日文和使用日本軍部通過的教科書等措施來配合日軍——維新政府的政策，這立場乃是基於「求存以致用」的考量。而 Yuko Watanabe（渡辺祐子）教授在她的文章〈滿洲國的基督教教育與國民道德——圍繞強制參拜孔廟問題〉中則指出，在滿洲國的長老教會學校，不同於韓國和臺灣教會學校，決定在 1938 年結束他們的教育工作。他們退出的理由，並非是宗教性，而是見滿洲國政府要求所有私立學校要成立「學校法人」，以利政府控制學校，那將來自會進而要求學生參拜孔廟與神社。故長老教會關閉學校，乃是基於教會對於日本政治運作的觀察而做的決定。

在文字事工方面的文章，是關於英文版中國基督教會年鑑出版的研究。年鑑不是普通的出版品，其內容通常被視為具有權威性和代表性。英文年鑑（*China Christian Year Book*）之所以重要，是其出版時間一直到 1940 年底，而且 1937 年後移往美國出版，未若中文年鑑自 1937 年起即停刊。同時英文年鑑更有國際性的影響力，可以看出中外基督徒在報導中國教會的努力。王成勉教授的文章〈戰火下的關懷——「協進會」對中日戰爭與淪陷地區的報導〉，即是在檢視與分析年鑑在「九一八事變」迄「珍珠港事變」前，對於中日衝突與日本佔領區下教會的報導。

此本文集的最後兩篇文章，則是傳教士與基督徒的生活經歷。吳蕙芳教授的文章〈戰亂下的傳教士生活：韓克禮神父回憶錄中的景象〉以天主教聖言會士韓克禮神父（Fr. Joseph Henkels, 1901-1997）為研究對象。韓克禮神父在 1936 年底被調至河南新

鄉傳教區，負責傳教員學校與難民救助工作。隨後他親身經歷了對日抗戰與二次大戰的生活。在動亂中他一方面救助難民，另一方面為教民們提供信仰服務，其中經歷許多辛苦與風險，使教會事業不致中斷。盧啓明先生的文章〈臺灣基督徒的滿洲經驗與殖民遺緒〉很適合與前述蕭錦華教授的文章對照來看。他注意到在東北有不少的臺灣基督徒，在他們中間也有許多從事醫學領域的工作。這些臺灣基督徒移民東北，努力於自己的事業，獲得社會的肯定，成為當時另一特別的移民群體。但是因為戰後身分認定的問題，他們多隱身於社會，故甚少為外界注意。

　　整體來看，這 12 篇論文有其互相呼應的內在性。藉由日本政府的控制、教會內部的考慮、牧長與信徒的觀點，再加上各地案例比較，合力建構出日本帝國下的基督教會的不同面向。此成果有助於我們對於這個苦難的時代與教會有更實質與重要的認識，也裨益日後進一步的探討，相信這也是所有會議籌備者與參與者共同的心願。

　　最後，此次研討會與會議專書的出版，要感謝中央大學人文研究中心、輔仁天主教史研究中心、臺灣基督教史學會、財團法人純智文教基金會等單位的支持與贊助，以及中央大學周景揚校長及文學院李瑞騰院長的多方協助，在此特別書誌。

王成勉

2019.07.06

現代化與後殖民：初探 1900-1930 年間英加長老教會在臺宣教工作與日本總督府殖民體系間的競合關係

鄭仰恩*

摘要

　　探討日本治臺期間（1895-1931）兩股被視為對臺灣社會帶有「現代化特質」的宗教與政治勢力之間的競合關係。日本據臺時，正值英加長老教會來臺宣教從草創階段轉向組織化時期，對臺灣社會也開始展現體制性的影響力，而後到的日本總督府則擁有明治維新後的現代化實力和國家體制優勢，兩者之間出現競合關係，等到日本軍國主義逐漸抬頭的 1930 年代初期，幾乎可以確定英加長老教會的宣教體系已經無法和日本殖民體系競爭，本論文也以該年代作為時間的分水嶺。本文試圖探討其過程中的「現代化」特質並提出一些「後殖民」觀點作為評價。

關鍵詞：日本總督府、現代化、後殖民

---

*　　臺灣神學院教會歷史學教授。

一、前言

　　1895 年 4 月 17 日，大清帝國在甲午戰爭失敗後與日本簽訂《馬關條約》，在枉顧臺灣人民的意願下，將臺灣全島及其附屬島嶼永久讓予日本。此事引起臺民忿恨，原清國官員和地方鄉紳也於 5 月 25 日成立「臺灣民主國」，為要引入第三國插手干涉臺灣問題，以便逼使日本放棄佔領臺灣。[1] 結果，日本的北白川宮近衛師團於同年 5 月底登陸澳底，6 月 7 日進佔臺北城，6 月 17 日舉行「始政式」。隨後，移駐安平的民主將軍劉永福於 10 月 19 日搭船逃離臺灣，「民主國」全面潰敗，日本遂佔領全臺。

　　當時南北的長老教會面臨日本佔領過程中的雙重誤解和刁難，一方面有許多基督徒被日軍視為抗日份子，另一方面則又被臺灣人視為通日份子。由加拿大長老教會創設的北部教會有 20 間教堂被日軍佔為駐軍之用，三分之一的信徒（735 名）被殺害或失蹤。英國長老教會創設的南部教會則有打貓（民雄）、麻豆、土庫、觀音山（位於花蓮玉里，舊名「迪階」，現改名「加蜜山」）等教會被毀，25 人被殺（特別是麻豆事件中有 19 名信徒及其友人殉教）。[2] 在這動亂過程中，也發生了基督徒領袖參與「引領日軍和平入城」的重大事件，其中包括在辜顯榮領日軍入臺北城事件背後的主使者之一的李春生長老、領日軍由澎湖登陸布袋港的林學恭（林赤馬）傳道師，以及受邀以「和平使者」

1　吳密察，《臺灣近代史研究》（臺北：稻鄉，1994），頁 1-50。
2　鄭連明主編，《臺灣基督長老教會百年史》（臺南：臺灣教會公報社，1965 年 6 月），頁 95-96；Edward Band 著，楊雅婷譯，《福爾摩沙的巴克禮》（臺南：臺灣史博館，臺南神學院，2015 年 12 月），頁 132-133。

身分領日軍入臺南城的巴克禮及宋忠堅兩位牧師等。[3]

　　大體言之，日本治臺的五十年間，長老教會與日本總督府的互動關係可以約略分成二個時期：1931年之前，長老教會和日本政府關係良好，宣教師與日本官員也私交甚篤。1931年之後，日本政府爲好戰的軍國主義者控制，開始敵視基督教，日本當局也對臺灣教會施加壓力，尤其是1937年日本大規模侵略中國（北支事件）後，推動「精神總動員運動」，企圖動員教會支持其政策。[4] 此外，神道教、軍國主義、天皇崇拜結合下的「皇民化運動」更在太平洋戰爭（1941）後加速推行。[5]

3　《臺灣基督長老教會百年史》，頁75-76、103；Band，《福爾摩沙的巴克禮》，頁132-134。值得注意的是，在麻豆事件後，巴克禮前往受難地訪視，他的整體觀察是：「日軍的快速進展，加上他們對基督徒品格的高度讚揚，是造成麻豆慘案的主要原因（這也包括在嘉義被黑旗軍殺害的基督徒）。當日軍抵達一個未知的城鎮時，他們往往會問當地是否有基督徒，若有，就會抓他們出來當嚮導，因爲他們說『基督徒是可信賴的，他們不會欺騙。』這也是那位澎湖傳道人（譯注：指林學恭）被迫引領日軍登陸臺灣的原因。也因此，黑旗軍得以有理由控訴基督徒協助外來入侵者。其實，他們是被日軍強迫的。在哀傷中，有兩件事值得安慰：一是沒有基督徒棄教，二是日本人對基督徒品格的高度肯定。這也讓我們心懷盼望，新政府對我們的宣教工作將是友善的。」"Our Own Mission: Current Notes," in *The Monthly Messenger and Gospel in China: Presbyterian Church of England* (London: Publication Office: 14, Paternoster Square, E.C., 1896), pp. 82-83.

4　《認識臺灣基督長老教會》（臺北：臺灣基督長老教會總會，2014年8月），頁12。

5　徐謙信，〈第二次大戰期間之臺灣基督長老教會〉，《臺灣基督長老教會百年史》，頁243-271。結果，長老教會的教會學校被迫參拜神社，其後更遭到接收，兩間神學院也無法逃避被操控的命運。此外，臺南新樓醫院被迫併入彰化醫院，由南部大會慘澹經營到戰爭結束前，北部的馬偕醫院則在1943年被總督府衛生課徵收。1937年後整個長老教會的組織體制也逐漸受到控制，及至1944年連同其他日本基督教會被納入便於日本政府控制的日本基督教臺灣教團爲止。徐謙信，〈第二次大戰期間之臺灣基督長老教會〉，頁249-254；董顯

本文探討日本治臺「承平時期」（1900-1930）的政教互動模式，焦點置於英國與加拿大長老教會宣教體系與日本總督府殖民政治體系這兩股在當時被視爲帶有「現代化特質」的宗教及政治勢力對臺灣社會的影響及競合關係。之所以稱這段期間爲「承平時期」，主要是因爲它介於日本據臺期間所引發的動亂以及後期開展的「戰時體制」之間，是一段相對上比較承平、穩定的時期。[6]

　　值得注意的是，日本領臺的 1895 年，正好是英國長老教會在臺灣南部開啓宣教的三十週年，也是南北長老教會由草創、開拓時期進入組織、體制化時期的轉變階段，[7]而經過 1895 至 1900 年間的動盪時期後，日本在臺的新殖民政權也逐漸穩固下來，準

光，《基督教在臺灣的發展》（三重：大地，1962），頁 54-59；徐謙信，《臺灣教會史論文集》，第一集（臺北：徐純慧，1992），頁 29。

6　在 1899-1900 年間的宣教師書信和報告書裡，一再提到局勢已經安定下來，宣教師得以自由地出入及訪視宣教區。"Formosa: Notes of Work," *The Monthly Messenger of the Presbyterian Church of England,* edited by William Dale (London: Publication Office: 14, Paternoster Square, E.C., 1900), pp. 16, 97, 101.（此後引用爲 *The Messenger*）安彼得醫師寫信給利物浦友人時提到：「日本人越來越能理解本地人，治理方式也更加溫和，本地人也不像過去那麼討厭他們。新來的日本移民水準也提高了⋯⋯在新政府治理下，漢人異教徒的偏執和歧視大大減輕了，對基督教的公開迫害也不再發生⋯⋯福爾摩沙政權易手後，風水迷信遭到大大打擊，生活水平提升，經濟生產穩定且日漸蓬勃⋯⋯」"Formosa: The Japanese Rule," *The Messenger* (1901), pp. 73-74.

7　此一階段適逢南部首位醫療宣教師馬雅各（James Laidlaw Maxwell）之子馬雅各二世來臺，以及加拿大長老教會於臺灣北部首位宣教師馬偕（George Leslie Mackay）過世，由吳威廉（William Gauld）接擔重任，象徵著新時期的開始。參鄭仰恩，〈從草創開拓到組織牧養——試論臺灣基督長老教會宣教模式的轉換〉，《定根本土的臺灣基督教》（臺南：人光，2005），頁 1-23。亦參黃武東、徐謙信合編，賴永祥增訂，《臺灣基督長老教會歷史年譜》（臺南：人光，1995）。

備一展身手。[8] 此段期間，逐漸組織化的英加長老教會宣教工作開始展現體制性的影響力，而後到的日本總督府則擁有明治維新後的現代化國家實力和殖民體制優勢，兩者之間出現明顯的競合關係。等到日本軍國主義逐漸抬頭的 1930 年代初期，幾乎可以確定英加長老教會的宣教體系已經無法和日本殖民體系持續競爭。本文以 1900-1930 年代作為時間的分水嶺，試圖探討其過程中的「現代化」特質並提出一些「後殖民」觀點作為評價，由於篇幅及文獻資料的限制，本文的論述及觀點將以英加長老教會的宣教體系為主，不涉及日本殖民體制的觀點。

二、日治初期的英加長老教會：邁向「體制化」之路

日治初期，南北長老教會逐漸和日本統治者建立良好關係，也獲得日本總督的承諾與保證，願意給予教會最大的協助。[9] 因此，在南部有巴克禮（Thomas Barclay, 1849-1935）、宋忠堅（Duncan Ferguson, 1860-1923）、廉德烈（Andrew B. Nielson, 1863-1937）三位牧師協力工作，十年間信徒增加一倍。[10] 中部有梅監

8　譬如，1896 年日本總督府開始戶口調查，並公布〈法律 63 號〉；1897 年兒玉源太郎總督和後藤新平民政局長上任，頒布〈匪徒刑罰令〉；1898 年開始土地和各種資源的調查；1899 年設立臺灣銀行；1900 年開始研究臺灣慣習；1901 年實施統一的度量衡制度；1902 年 5 月全島「土匪掃蕩」告一段落。參見楊碧川編著，《臺灣歷史年表》（臺北：臺灣文藝雜誌社，1983），頁 102-112。

9　鄭仰恩，〈日治初期臺灣教會政治立場之審視〉，《臺灣教會公報》（臺南：臺灣教會公報社），第 2387 期，1997 年 11 月 30 日，10-11 版。

10　《臺灣基督長老教會百年史》，頁 95-167。巴克禮也於 1905 年的報告書裡提及整體南部教勢的成長，"Formosa: a Review of Progress," *The Messenger* (1905), pp. 43-44.

務牧師（Campbell N. Moody, 1865-1940）和蘭大衛醫生（David Landsborough, 1870-1957）一起協力工作，在十年間也開拓了 18 間的教會。[11] 大甲、苑裡一帶地區經由劉忠堅牧師（Duncan MacLeod, 1872-1957）的努力，也相當有進展，特別是陳其祥長老及其一家的歸信影響甚大。[12] 在北部方面，吳威廉牧師（William Gauld, 1861-1923）於 1892 年來臺後，是教會組織者、建築家，也是富民主素養的領導者。後來有負責神學教育工作的約美但牧師（Milton Jack）、積極推動醫療工作的宋雅各醫師（James Young Ferguson, 1875-1965），以及從事婦女教育事工的金仁理（Jane M. Kinney）和高哈拿（Hannah Connell）兩位姑娘前來，北部的教士會（Mission Council）就此成立。[13]

1896 年 2 月 24 日首屆「南部中會」（當時稱「臺南長老大會」）在新樓中學成立，選出巴克禮牧師為會正（議長），並於 1898 年 4 月分別封立潘明珠及劉俊臣（劉茂堃）為臺灣南部最早的本地人牧師。到 1930 年時南部教會再分設為四中會，並成立南部大會。北部則於 1904 年 10 月 4 日在牛津學堂召開首屆

11　參 Peggie C. Moody, *Campbell Moody, Missionary and Scholar*（手稿）。亦參鄭仰恩，〈英國乞丐？臺灣保羅？——梅監霧牧師小傳〉，《新使者》，第 60 期（臺北：新使者雜誌社，2000 年 10 月 10 日），頁 22-27。

12　見 Duncan MacLeod, *The Island Beautiful: The Story of Fifty Years in North Formosa* (Toronto: Board of Foreign Missions of the Presbyterian Church in Canada, 1923), pp. 153-160; Campbell N. Moody, *The King's Guests: A Strange Formosan Fellowship* (London: H. R. Allenson, Ltd., 1932), pp. 28-48.

13　《臺灣基督長老教會百年史》，頁 144-146；亦參鄭仰恩、陳美玲、江淑文、盧啟明編寫，《修剪、更新、成長：從吳威廉牧師的宣教，看今日臺灣基督長老教會組織體制的更新與再造》（臺北：臺灣基督長老教會雙連教會，2013 年 11 月），頁 36-45。

「北部中會」(當時稱「臺北長老中會」)，選出吳威廉牧師爲會正，將北部教會分爲12個堂會。不久之後，吳威廉隨即指出，在漢人社會中建立地方教會的長老制度較爲容易，但要建立中會制度則相當困難。[14] 其後，由於南北兩長老教會雖分屬不同差會，但是在信仰與教制上並無差異，因此乃有聯合之議。在「聯合宣教師協議會」的主導下，南北教會於1912年10月24日在彰化西門街禮拜堂成立「臺灣大會」，選出甘爲霖牧師 (William Campbell, 1841-1921) 爲會正，會後由小馬雅各 (即馬雅各二世，James Laidlaw Maxwell, Jr., 1873-1951) 和小馬偕 (即偕叡廉牧師，George William Mackay, 1882-1963) 參與主持聖餐，極富歷史意義。[15]

臺灣大會成立前後共計三十年之久，直到1942年爲止開過24回的大會，其中重要議決有制定教會之名爲「臺灣基督長老教會」、提議合併臺南、臺灣二神學院爲一聯合神學院、將《臺南教會報》及北部教會所辦的《芥菜子報》合併爲《臺灣教會公報》，以及制訂〈臺灣基督長老教會信仰告白〉等。[16] 除此之外，長老教會也在日治時期分別經歷了南部教會的「三自運動」[17] 和

14　Hugh MacMillan, *Builder Abroad: William Gauld of Formosa* (Taipei: English and Canadian Presbyterian Missions in Formosa, 1956).

15　此次大會有宣教師11名、本地牧師8名、長老15名，共計34名參會，選出甘爲霖牧師 (William Campbell) 爲首任大會議長。見《臺灣基督長老教會百年史》，頁100-108、213-216。

16　有關臺灣大會的重要議決，見《臺灣基督長老教會百年史》，頁216-242。

17　南部教會的吳希榮牧師於設教五十週年的1915年時開始大力提倡自治、自養、自傳的「三自原則」。他曾在澎湖、嘉義傳道，後來自力開設泰平農場，1914年任屏東教會牧師，1921年在該會建造一間臺灣人自力奉獻資助的教會。他所主張的「三自運動」得著林燕臣、高篤行、鄭溪泮、廖得等牧師的支

北部教會的「新人運動」[18] 等稍具雛形的本土化運動。

很具關鍵性的是，在此一時期中長老教會進入了全面組織化及體制化的階段，因日治初期和統治者的良好關係帶來了宣教上的便利與穩定成長，也提供了教會機構得以發展並組織化的機會和空間。當然，組織體制的發展往往也會引發派系、人事的紛爭，此一時期有幾個重要事件值得關注。首先是臺南及臺北兩所神學校的聯合風波，1915 年臺灣大會議決臺北爲聯合神學院的會址，因此 1925 年北部教會停辦臺北神學院（以二年爲限），由熱心合一的劉忠堅牧師帶領 11 名學生南下就讀。但是 1926 年在南部中會的提議下，大會又決議將校址改在臺中，於是 1927年大川正牧師帶學生回臺北，聯合之議破裂至今。[19]

另一件事是加拿大母會的分裂所造成的衝擊：1925 年，因受到加拿大教會聯合運動的影響，三分之二的加拿大長老教會決議加入加拿大聯合教會（UCC），三分之一卻仍繼續維持原來的

持，其後不久更促成高雄州教務局的成立，致力南部教會的自立傳道。這波自立運動也促成了 1930 年高雄、臺南、嘉義、臺中等四中會的分設。見《認識臺灣基督長老教會》，頁 8-9。亦參吳學明，《從依賴到自立——終戰前臺灣南部基督長老教會研究》（臺南：人光，2003）。

18　北部教會於 1925 年遭逢加拿大母會因「教會聯合運動」而產生的不幸分裂事件，由於宣教師大批離開，造成教士會和傳道局的專權獨裁作風，於是在1930 年代有稱爲「新人運動」的教會革新運動。1932 年 7 月 7 日在大稻埕教會有鄭蒼國牧師、余約束、陳清忠、鄭進丁等長老所發起的「臺灣北部基督長老教會長執聯誼會」，此一自立自治運動得著陳溪圳、孫雅各、明有德、郭和烈、高端莊、蕭樂善、吳清溢等年輕傳道人和宣教師的支持。這個自立與革新的運動也間接促成 1938 年北部教會分設爲臺北、新竹、東部三個中會。參廖安惠，《北部臺灣基督長老教會「新人運動」之研究》（國立成功大學碩士論文，1997）。

19　《臺灣基督長老教會百年史》，頁 195。

長老教會（PCC），臺灣北部的宣教事工因而大受影響。主要原因是大多數宣教師都贊成且已決意歸屬加拿大聯合教會，但在1926 年 6 月，臺灣北部這塊宣教區卻被判決爲歸屬加拿大長老教會，以致大批宣教師離開，只剩偕叡廉夫婦、明有德牧師（Hugh MacMillan, 1892-1970）夫婦，以及戴仁壽醫生（George Gushue-Taylor, 1883-1954）。宣教師的大批離去，造成領導階層的「集權化」，這也影響到北部後來的所謂「新人運動」。[20]

三、英加長老教會對日治下臺灣社會的影響： 具「現代化」特質的宣教

眾所周知，從清末宣教伊始，英加長老教會在臺灣社會裡貢獻良多且扮演顯著角色，通過醫療、傳道、教育、社會服務、文字傳播等工作，他們在臺灣開啓一波帶有「現代化」（modernizing）特質的宣教運動。[21] 可以想見的是，進入日治時期後，已經茁壯且日益組織化的長老教會對臺灣社會必然會產生更積極且深遠的影響。

20　鄭仰恩，〈論加拿大教會聯合運動及其對臺灣教會的影響〉，《定根本土的臺灣基督教》，頁 106-157。

21　有關基督教與臺灣的現代化，參賴永祥，〈教會與臺灣的現代化〉，《路標》，第 6 期，《回顧與認同：走出「馬關條約」的陰影》（臺北：臺灣神學院，1997 年 6 月 15 日），頁 57-62；董芳苑，〈論長老教會與臺灣的現代化〉，《臺灣神學論刊》，第 17 期（臺北：臺灣神學院，1995 年 3 月），頁 1-36；鄭仰恩，〈臺灣基督長老教會「教會觀」的演變〉，《歷史與信仰：從基督教觀點看臺灣與世界》（臺南：人光，1999），頁 129-140；鄭仰恩，〈長老教會在臺灣〉，收於吳文雄編，《宣教歷史與回顧：臺北中華基督教會公理堂設教八十週年專題演講文輯》（臺北：臺北中華基督教會公理堂，2016 年 12 月），頁 23-41。

（一）醫療方面

延續馬雅各醫師（James Laidlaw Maxwell, 1836-1921）及馬偕牧師在南北兩地所開創的醫療宣教工作，臺南的新樓醫院於1900年創立，前後院長有德馬太（Matthew Dickson, 1844-1909）、安彼得（Peter Anderson, 1848-1913）、馬雅各二世、戴仁壽、周惠憐（Percival Cheal）等。其中，繼承父志的馬雅各二世於1901年抵臺，他和護士太太兩人前後在臺工作二十三年，培育年輕一輩的本地醫護人員，擴充醫院設備，推行戒改鴉片、性病防治，並關懷痲瘋病患，將新樓醫院建設為一所具有現代化規模的醫院。[22] 1911年戴仁壽醫生接任院長，注重護理和衛生教育，並於1917年以白話字著有圖文並茂的《內外科看護學》，作為新樓和彰基訓練護理人員的教科書。1900-1930年間可以說是新樓醫院的全盛時期，甚至設有為治療結核病者和「著猴」（體弱、養育不良）之幼童的專用病房。其後，周惠憐、李約翰（John Llewellyn Little, 1898-1953）先後領導院務，一直到1935年因政治局勢生變，交由南部大會經營為止。[23]

22　潘稀祺編，《新樓情．舊相簿——全臺第一間西醫病院．歷史腳跡》（臺南：臺灣教會公報社，1988），頁24-29。1907-1908年間，劍橋大學醫學教授馬卡里斯特（Alexander Macalister）訪臺，盛讚新樓醫院是「所訪問過最令人滿意的醫院之一」。Band, *Working His Purpose Out*, p. 145. 此外，馬雅各二世也曾做了一趟臺灣南部、東部及離島的醫療傳道之旅，見 James L. Maxwell, Jr., *Savages: Sick & Sound: The Journal of a Month's Medical Missionary Tour among the Chinese and Amis of South and East Formosa* (London: T. French Downie, 1915)。原件藏於英國劍橋西敏寺學院檔案室。

23　《新樓情．舊相簿——全臺第一間西醫病院．歷史腳跡》，頁159-194。

在北部，淡水偕醫館於馬偕去世（1901）後暫時關閉，一直到宋雅各醫生於 1905 年來臺並於次年重開偕醫館。有鑒於醫療宣教的需要，並爲紀念首任宣教師馬偕，新的馬偕紀念醫院於 1912 年底落成，由吳威廉設計監造，宋雅各爲首任院長，在當時甚至被譽爲「全遠東最好的基督教醫院」。[24] 受到一次大戰影響，醫療物資缺乏，醫院於 1918 年停辦，宋雅各夫婦也因健康理由離臺。1923 年，戴仁壽醫生再度來臺，加上吳威廉牧師的長女吳阿玉護士（Gretta Gauld, 1897-1985）和次女吳花蜜醫師（Flora Gauld, 1902-1991）也於隔年來臺，馬偕醫院於 1925 年再度開辦，由戴仁壽擔任院長，院務日益發展。[25] 但受到加拿大長老教會因「聯合運動」而導致分裂之影響，宣教師人事異動，醫院事工開始受到衝擊。其後，在戴仁壽和自 1936 年起接任院長的李約翰領導下，勉力維持醫院的正常運作至 1940 年教士會將馬偕醫院交由北部大會經營爲止。[26]

在中部，蘭大衛醫師於 1899 年創設彰化基督教醫院，新的醫院於 1907 年建造完竣，更具規模。老蘭醫生一方面主持院

24　陳宏文，《馬偕博士在臺灣》（臺北：東輝，1972），頁 63-64。這期間倪亞倫醫生（A. Aron Gray）加入陣容，開設宣蘭分院，不久又設護理部，由烈以利姑娘（Isabel Elliot, 1881-1971）負責，院務相當有進展。見《寧願燒盡：臺灣基督長老教會馬偕紀念醫院創設 105 週年紀念冊》（臺北：馬偕紀念醫院院訊雜誌，1985），頁 68-69。

25　無疑的，截至此一時期爲止，戴仁壽可說是加拿大長老教會所派醫療宣教師中訓練最完整也最出色的醫生。見 Charles G. Roland, "George Gushue-Taylor and the medical missions of Formosa," *Journal of Medical Biography* (1996) 4, p. 86.

26　《寧願燒盡：臺灣基督長老教會馬偕紀念醫院創設 105 週年紀念冊》，頁 70-72；陳宏文，《馬偕博士在臺灣》，頁 66-70。

務，一方面培植本地優秀青年，教授醫學。[27] 他於 1912 年和連瑪玉姑娘（Marjorie Learner, 1884-1984）結婚，老少蘭醫生兩代夫婦總共服務臺灣人將近一百年，竭盡心力，別無所求。[28] 1928 年，在蘭醫生娘的主動提議下，老蘭醫生將其夫人的右大腿皮膚移植在病童周金耀右腿的創口部位上，以具體行動來表現出「切膚之愛」，令人深深感懷，也成為臺灣醫療宣教的最佳典範。[29] 其後，雖有文甫道（R. Harold Munford）、甘饒理（G. Graham Cumming）等醫師的協助，以及烈以利姑娘所推行的護理訓練，但自 1936 年底起，由於時局變化，彰化基督教醫院就改由南部大會慘澹經營。[30]

　　整體而言，我們可以將長老教會醫療宣教體系的發展簡單剖析如下：南部先後有旗後、新樓兩醫院，中部有大社、彰化兩醫院，北部則有淡水偕醫館和馬偕紀念醫院。這些醫院有時重疊或平行發展，有時則互相傳承或取代，結果到了日治時期就形成南

27　《臺灣基督長老教會百年史》，頁 173-176；連瑪玉著，劉秀芬譯，《蘭醫生（Dr. Lan）》（彰化：彰化基督教醫院，1998），頁 155-208；李欣芬，《基督教與臺灣醫療衛生的現代化：以彰化基督教醫院為中心之探討（1896-1936）》（國立臺灣師範大學歷史研究所碩士論文，1989），頁 88-111；亦參《彰基百週年紀念特刊》，百週年紀念特刊組編輯委員會（彰化：彰化基督教醫院，1996），頁 43-48。

28　《仁心仁術‧切膚之愛：蘭大衛家族的典範故事 —— 蘭大衛、連瑪玉、蘭大弼、高仁愛》，第 12 屆蔡瑞月文化論壇手冊（臺北：蔡瑞月文化基金會，2017）。

29　參魏喜陽所著《蘭醫生在臺灣》（臺南：臺灣教會公報出版社，1967）以及《切膚之愛》（臺北：活石，1984）。

30　Edward Band, *Working His Purpose Out: The History of the English Presbyterian Mission, 1847-1947* (London: Publishing Office of the Presbyterian Church in England), pp. 162-167.

部新樓、中部彰化、北部馬偕的三足鼎立局面，且致力於體制化的專業經營模式。這個模式雖然不久就因進入戰時體制而受到衝擊，在戰後也歷經沉潛、消長，但基本形式卻一直延續至今。[31]

關於醫療與宣教兩者間孰輕孰重的問題，早期的醫療宣教師大都很自然地處理這個問題，確信兩者是相輔相成的。然而，隨著事業機構的建立和發展，加上資源的有效分配與運用之考量，不同的觀點及其所認定的優先順序就逐漸呈現出來。例如，同屬英國長老教會的德馬太醫師認為醫療傳道是最好的引人入信的方法，教會應持續推動下去，而梅監務牧師則認為若將所花費於醫療工作的時間、精力、技術及耐心用於講道和佈道，它的成效絕不較差。[32] 這個問題等到日本政府全面建立現代醫療體系，投入殖民體制中大量公部門的人力和資源，並有意地抑制其他醫療團體之發展時，教會所面臨的挑戰就更大了。[33]

（二）教育方面

在南部，先後由余饒理（George Ede）和萬榮華主掌的臺南男子中學早於 1885 年成立，另外，在李麻牧師（Hugh Ritchie）夫婦的提倡下，臺南女校於 1887 年開辦，由朱約安（Joan Stu-

---

31　鄭仰恩，〈臺灣基督長老教會醫療宣教簡史〉，《新使者》，第 66 期（臺北：新使者雜誌社，2001 年 10 月 10 日），頁 5-10；鄭仰恩，〈臺灣教會醫療史中道德觀的演變〉，《定根本土的臺灣基督教》，頁 269-273。

32　見《臺灣基督長老教會百年史》，頁 24-25。

33　有關日治時期醫療體制的建立，參小田俊郎著，洪有錫譯，《臺灣醫學五十年》（臺北：前衛，1995）一書，以及莊永明，《臺灣醫療史》，頁 74-338。

art）和文安（Annie E. Butler）兩位姑娘負責，其後由學有專精的
教育家盧仁愛（Jeanie A. Lloyd）姑娘接辦。[34] 北部則於 1907 年成
立淡水女學堂（六年制），由金仁理姑娘任校長；1910 年開辦「婦
學堂」（二年制），由高哈拿姑娘任校長；1914 年開辦淡水中學
校（五年制），由偕牧師的公子偕叡廉任校長。[35]

　　基本上，早期宣教師推動中學教育的理念，除了豐富知識、
啓迪心靈外，有相當大層面還是以培養傳道人才、作爲研讀神學
之預備教育爲主[36]，這樣的辦學方針，影響且主導了初期中學教
育的發展，一直要到 1919 年臺灣總督府頒布「臺灣教育令」才
逐漸改變。其後，爲順應時勢需求，自 1930 年代末期起，白話
字和聖經等宗教課程全數被取消，並增加劍道、軍訓等課程。[37]

　　相對的，女子教育的推動則帶有挑戰傳統禮教的新時代「啓
蒙」意涵。從一開始，長老教會女學校一概不收費用，入學的唯
一條件是「不得纏足」。[38] 對重視傳統禮教、男尊女卑的清季社
會來說，這是一個全新的創舉。女學的主要課程包括聖經、白話
字、寫字、算術，以及各樣女紅等，顯示當初辦學目的以開啓就

34　Band, *Working His Purpose Out: Part Two*, pp. 116-117. 有關李庥牧師夫婦推動女學
　　的工作，請參鄭仰恩，〈她的名叫「伊萊莎」！──記臺灣首位女宣教師〉，
　　《定根本土的臺灣基督教》，頁 369-375。

35　《臺灣基督長老教會百年史》，頁 147-149、160-161、181-188。

36　曾在愛丁堡接受教育專業訓練的余饒理校長曾爲文指出設立中學的目的有三：
　　陶冶培育年輕人跳脫傳統迷信、訓練年輕人擔任鄉村教師（教會小學教師），
　　以及作爲神學院的預備教育。George Ede, *The Messenger and Missionary Record*
　　(Aug. 1884), pp. 157-158；引自吳學明，《從依賴到自立》，頁 301-302。

37　參見吳學明，《從依賴到自立》，頁 304-306。

38　MacMillann, *First Century in Formosa*, p. 81.

學風氣和培養女性識字閱讀能力為主。[39] 到了日治時期，教會學校的女子教育除了制式化的日本學校課程外，特別著重聖經研究、音樂、體育、藝術和家事的訓練，不但培育了許多教會的婦女領袖，更豐富了一般社區的文化生活和家庭生活。[40] 有趣的是，相較於當時日本政府所擬定「結合國家主義和賢妻良母觀」的教育思想，亦即以「培育能專擅家庭事務的賢妻良母」為目的的教育目標，儘管教會的「女學」或「婦學堂」是以基督宗教教育所建立的倫理道德為指導原則，但終究還是回歸到賢德、順服的傳統婦女形象，殊途同歸。[41]

從另一個角度來看，教會所辦的現代化教育也培養了無數的臺灣社會中堅。到了日治時代中後期，許多從南北兩教會中學校畢業的學生繼續接受深造，逐漸成為臺灣社會的中堅和社會領導階層。根據明有德牧師的統計，其中以擔任醫生和牙醫者居多，前者約有三百位左右，後者約有一百位，也有約略同等數目者成為藥商，另有一小部分擔任教職。值得注意的是，其中也約有兩百位畢業生繼續研習神學，成為長老教會的傳道者。[42] 整體而言，根據吳文星教授的統計，日治時期基督教徒子弟佔醫學院畢

39　張妙娟，《開啟心眼：〈臺灣府城教會報〉與長老教會的基督徒教育》（臺南：人光，2005），頁 223-224。

40　以音樂為例，教會學校的畢業生總是在大城市的音樂演奏會上嶄露頭角，其中貢獻最深遠、影響最大的應該就是被尊稱為「教會音樂之母」的吳瑪利（吳威廉師母）和滿雄才（W. E. Montgomery）師母了。MacMillan, *First Century in Formosa*, pp. 82-84.

41　林熙浩，《1940 年前北臺灣教會姑娘之研究》（臺北：淡江大學歷史研究所，2006），第二章。

42　MacMillan, *First Century in Formosa*, pp. 87-89.

業生約四分之一以上，佔留學歐美者約五分之二以上。[43] 這其中從南北教會中學校畢業者，必然佔非常高的比例。

整體而言，在日本殖民政權的統治下，臺灣人民雖然經驗到政治壓迫和文化歧視，然而臺灣社會卻也開始「現代化」並持續轉變，所經驗到的「法治」觀念更是可貴。不但如此，臺灣社會在殖民教育體制下產生了一批知識份子，接受科學、法律、醫學及民主政治等現代學識的培育。[44] 難怪蘇格蘭宣教師梅監務在經驗到日本這個「外來政權」所帶來的「秩序」和「乾淨」後，會感嘆道：「福爾摩沙確實改變了！這是否基督教的勝利？或是日本統治的勝利？日本人已經藉助政府的行動讓民眾擁有道德感。」[45]

（三）社會關懷與文化改造方面

從清末到日治時期，長老教會開啓了臺灣特殊教育和社會服務工作的先河，積極關懷社會的「邊緣人」。其中，特別是以甘

43　這些社會菁英包括臺北的李春生、周耀彩，屏東的林燕臣、彭士藏，嘉義的陳老英、蔡超，臺南的高長、劉瑞山、顏振聲、蔡得一，鹿港的施瑞呈等家族。當時基督教徒在臺灣總人口中不及1%，可見其所佔菁英比例之高，參吳文星，《日據時期臺灣社會領導階層之研究》（臺北：正中，1992），頁141-144。

44　Murray A. Rubinstein, *The Protestant Community on Modern Taiwan: Mission, Seminary, and Church* (Armonk, N.Y.: M.E. Sharpe, Inc., 1991), p. 20; 亦參 E. Patricia Tsurumi, *Japanese Colonial Education in Taiwan, 1895-1945* (Cambridge, Mass.: Harvard University Press, 1977).

45　Campbell N. Moody, *The Heathen Heart: An Account of the Reception of the Gospel Among the Chinese of Formosa* (Edinburgh and London: Oliphant, Anderson & Ferrier, 1907), p. 80.

為霖牧師所推動的臺灣盲人教育以及戴仁壽醫生所開辦的痲瘋病院，最為人所津津樂道。[46] 戴仁壽於 1911 年初抵臺灣時，就注意到痲瘋病患的需要，1923 年再度來臺時就攜進 24 瓶治療痲瘋的大楓仔油，1926 年得到倫敦和加拿大痲瘋病救治協會的協助，購買舊雙連禮拜堂來診治病患。他估計臺灣全島的病患至少在四千人以上，最適當的療治方法為建立隔離的癩病醫院。[47] 後來，這項工作得到日本總督府的支持和資助，[48] 也獲得長老教會臺灣大會一致通過，並於 1928 年設立「臺灣癩病救治會」（MTL）。[49] 1931 年戴仁壽在淡水對岸觀音山麓的八里坌購地興建痲瘋病院，1934 年 4 月落成，就是臺灣史上第一座且設備完善的「樂山園」療養院。[50] 在戴仁壽的建議下，日本政府也於 1930 年底在新莊創建了由官方設立的療養院。

46　甘為霖牧師在臺灣旅行傳道中，遇到很多以求乞為生的盲人。他決定要教育他們能認字，並學得謀生之技能。他不但在 1885 年印出凸版羅馬字拼音的馬太福音和一些佈道用的小冊子，後來更藉由蘇格蘭格拉斯哥自由教會學院所籌募的 500 英鎊，在臺南市洪公祠租房子開設盲人學校。日本統治臺灣後，甘牧師更親往日本拜訪曾擔任過首任臺灣總督的樺山男爵，請他協助臺灣盲人教育。新任總督兒玉於是下令辦理盲人學校。北部的戴仁壽醫生則是於 1934 年 4 月 3 日在八里坌創辦樂山園痲瘋病院。見賴永祥，〈教會與臺灣的現代化〉，頁 59-61。

47　MacMillan, *First Century in Formosa*, pp. 41-43.

48　日本總督府兩次補助戴仁壽到國外去考察，一次是 1926 年去菲律賓和泰國，另一次是 1929 年去印度；此外，總督府的補助也讓他在 1930 年來到英國和北美洲進行一趟募款之旅，見 Roland, "George Gushue-Taylor and the medical missions in Formosa," p. 87.

49　參《樂山五十：財團法人臺北縣私立樂山療養院創立五十週年紀念冊》（臺北：私立樂山療養院，1984），頁 77-79、163。

50　同上，頁 43-64；董顯光，《基督教在臺灣的發展》，頁 143-145；Roland, "George Gushue-Taylor and the medical missions in Formosa," pp. 88-91.

戴仁壽夫婦的後半生可以說是傾全力照料臺灣的痲瘋病患。事實上，在這投入照料痲瘋病患的過程中，包括他自己和曾經協助過他的羅明遠醫師都曾受到感染，並診斷出與痲瘋病相關的症狀。[51] 他們夫婦雖於 1940 年因情勢所逼被迫離臺，然在二次大戰後戴仁壽仍來臺協助處理樂山園的土地和產權問題。[52] 值得一提的是，小馬雅各醫師也竭盡後半生的心力在中國關懷、治療痲瘋病患。[53]

在社會服務和改善社會風氣方面，教會醫療體系和日本總督府積極合作，實際參與了傳染病防治、戒除鴉片等工作。在防治疫病方面，教會在撲滅鼠疫和瘧疾防治上有相當多的貢獻，對公共衛生和社區環境的改善也是積極投入。[54] 而臺灣人早受鴉片毒害，不管是清季末期或日治初期都已蔓延甚廣。此時三所長老教會醫院都成立類似日人之「更生院」的戒煙所來協助患者戒絕煙癮，雖成效有限，但已盡力。[55] 蘭大衛醫師早於 1903 年就論到「鴉片癮」（the opium craving）的可怕：「許多無法負擔鴉片巨大

51　Roland, "George Gushue-Taylor and the medical missions in Formosa," p. 87.

52　他也和明有德牧師一起籌設臺灣痲瘋救治協會（TLRA），且關心公立樂生療養院的發展。《樂山五十》，頁 75-76。

53　《小馬雅各生平紀事》，原件藏於英國劍橋西敏寺學院檔案室。

54　李欣芬，《基督教與臺灣醫療衛生的現代化》，頁 124-125。

55　李欣芬，《基督教與臺灣醫療衛生的現代化》，頁 125-127。當時的教會也極力推動戒食鴉片煙和戒煙的運動，其中大甲信徒陳其祥戒鴉片煙的故事更成為中部地區的美談，也是臺灣宣教文獻中的經典故事。見 Duncan MacLeod, *The Island Beautiful: The Story of Fifty Years in North Formosa* (Toronto: Board of Foreign Missions of the Presbyterian Church in Canada, 1923), pp. 153-160; Campbell N. Moody, *The King's Guests: A Strange Formosan Fellowship* (London: H. R. Allenson, Ltd., 1932), pp. 28-48.

開銷的患者會來醫院求醫治，而已經成為基督徒的吸食者更希望能戒除它。唯一的方法就是讓他們住院一個月或更久來加以戒除，我總是有辦法讓他們不再吸食。頭十天真是痛苦且讓人慘不忍睹，之後就比較好過一些。若能戒治成功，隨後身體健康的恢復是顯著可見的。日本人在禁絕此一可怕惡習上的努力是值得讚揚和期許的。在福爾摩沙，只有向當局申請且繳交一筆固定費用後獲取執照者可以吸食鴉片，無照吸食者將被監禁，本地人若誘引日本人吸食甚至可以判處死刑。」[56] 確實，教會對現代醫學的引介可以說就是一種祛除迷信、克服無知、禁絕惡習的「現代化」過程。事實上，此時期剛好也是日本政府全力防治傳染病、建立新醫院、禁止鴉片的階段，也因此教會醫院可以說是和日本統治當局形成一種既競爭又合作的微妙關係。

另外，值得一提的還有長老教會通過羅馬拼音系統的「白話字運動」所保存、推廣的本土語言教育。[57] 由於羅馬拼音的白話字具有口語化、淺白易懂的特性，因此它成為教會本身培育信徒的媒介，也是檢視信徒受洗入信和進入教會學校就讀的要件，更是測驗傳道人專業資格的評斷標準。此外，它也因親切平實、簡單易學的特質而很快蔚為一個全民的普及運動，影響深遠。藉著白話字運動，臺灣基督長老教會不但「創造出一個自成體系的白話字社會」[58]，甚至更進一步參與推動「母語教育」甚至是「臺灣新文化運動」的行列。[59] 更無庸置疑的是，長老教會當時所採用

56　"Formosa: Some Medical Notes," *The Messenger* (1903), p. 193.

57　賴永祥，〈本土教會的成長過程〉，《路標：回顧與認同》，頁 63-66。

58　張妙娟，《開啟心眼》，頁 176-178。

59　可參考臺灣許多「白話文運動」的網站，如 http://iug.csie.dahan.edu.tw。

的「民主代議制」是臺灣社會最早且最民主化的制度，對臺灣的現代化具有指標的作用。[60]

四、英加長老教會在臺宣教工作與日本總督府殖民體系間的競合關係

　　毫無疑問的，在1900年前後的政權轉換過程中，長老教會的宣教師們對日本新政權表現出強烈的好感，且普遍認為日人的統治將優於清國的官僚體制。[61]巴克禮牧師如此論及新政權：「在日本佔領的頭一個星期內，我們與官員們的公務往來，就超過了我們在這座島上居住的三十年間與中國地方官員打交道的次數。日本政府對待各宗教的態度並無偏倚，但個別官員對於基督教的友善態度，大致上是勝過偶像崇拜的。他們知道前者是文明國家的宗教，而且就整體而言，會在人與人之間建立良好的秩序。」[62]

　　相對的，加拿大學者艾恩（A. Hamish Ion）指出，在日本政權統治下，臺灣宣教工作的弱點和限制將被全面揭露出來。[63]他

60　見賴永祥，〈教會與臺灣的現代化〉，頁61-62。

61　鄭仰恩，〈日治初期臺灣教會政治立場之審視〉，10-11版。艾恩認為，宣教師們之所以對日本新政權顯示好感，主要是因為他們「大大地減低了傳統漢人知識份子的影響力」。A. Hamish Ion, *The Cross and the Rising Sun*, Vol. 2, *The Brittish Protestant Missionary Movement in Japan, Korea, and Taiwan, 1865-1945* (Waterloo, Ontario: Wilfrid Laurier Universit Press, 1993), p. 76. 有關日本長老教會對甲午戰爭和政權轉移的觀點，可參鈴木明原著，黃文雄譯訂，《臺灣起革命的日子》（臺北：前衛，1992）。

62　Band，《福爾摩沙的巴克禮》，頁132-134。

63　A. Hamish Ion, *The Cross and the Rising Sun: The Canadian Protestant Missionary Move-*

34　日本帝國下的基督教會

也強調，從 1905 年起，臺灣的宣教師們將開始面對因「日本在島上的快速現代化」所引發的新且艱鉅的難題。他更指出，英加長老教會宣教師的工作，特別是教會所屬的醫院和教育機構，似乎開始扮演著「漢人的保護者」的角色。[64]

1902 年，廉德烈牧師在一篇〈福爾摩沙：進展的記號〉的文章中提到嘉義及臺南地區教會的穩定成長，日本和臺灣基督徒在臺南的聯合奮興聚會，以及彰化地區的新進展。最特別的是，他提到日本政府的新決議：「他們將給予英國（想必也包括加拿大）宣教師們免費搭乘火車的許可，這鐵道將從打狗通達北部，目前已經從高雄通到臺南。這真是令人喜悅的訊息，表示他們希望和基督徒工作者建立友善的關係。」[65] 同一年，吳威廉牧師則開始向加拿大教會海外宣教委員會提出「應該重視日語」的訴求。[66]

1904 年，宣教師們高興地看到日本政府頒布法令嚴禁綁小腳（纏足），違者將處以等同二十英鎊的罰款，六歲以下女童若有纏足則需強制解開。宣教師們也認為，儘管有些漢人母親會為此新法令感到哀嘆，但在數年後將會體認這是明智且有益的決

ment in the Japanese Empire, 1872-1931 (Waterloo, Ontario: Wilfrid Laurier Universit Press, 1990), pp. 140-141.

64　Ion, The Cross and the Rising Sun, Vol. 2, p. 80. 主要原因當然是宣教師們長久以來都是使用「福佬語」來從事宣教工作，相對的，殖民政權的類似機制（醫院、學校）所提供的服務機會對漢人而言卻是有限的。

65　"Formosa: Signs of Advance," The Messenger (1902), pp. 162-163.

66　吳威廉致偕彼得信函（1902 年 6 月 23 日），《北臺灣宣教報告：北部宣教、醫療及教育之紀事，1902-1914》，陳冠州‧甘露絲主編，第一冊（臺北：馬偕紀念醫院‧淡江高級中學），頁 35-36。

定。馬雅各二世更指出，儘管教會備受指責，因爲有一位漢人教會長老積極鼓吹日本當局做出此決定，但這卻更證明基督教是一「啓蒙開明」的宗教。[67]

在英國長老教會即將紀念在臺宣教四十週年的 1904 年，宣教元老馬雅各醫師也反思「在日本旗幟下」（Under the Japanese Flag）的處境，他指出，新政權大體上對福音傳播是有利的，且鴉片和纏足都被禁制了，但教會學校卻可能會被取代。[68] 隔年，基於福爾摩沙的日本學校「不是由基督徒老師任教，醫學院的思想非常唯物主義」等理由，吳威廉牧師大力鼓吹在北部設立教會中學的必要性：「要教導初級的科學、數學、地理、日本歷史，還要特別注重中文、日文以及聖經文學等等。」[69]

1907 年，暫時代理費仁純（E. R. Johnson）擔任臺南中學校長的廉德烈牧師也提到：「我們仍無法提供完整的日文教學，以致於許多優秀的學生在此只讀一兩年就轉到總督府學校去，因爲在那裡可以有比較完整的學習。加上總督府學校的證書能夠讓他們較容易地取得公家的工作機會，例如郵局或鐵道局。就此而言，教會學校很難和總督府學校競爭，即便後者的學費可能較高。最近總督府也開始要求私立學校必須申請教學許可，因此我們也在爲這些繁文細節做準備。」[70]

1909 年初起，加拿大宣教師開始提起將宣教總部由淡水遷

67　"Anti-Footbinding Law in Formosa," *The Messenger* (1904), pp. 44-45.

68　"Under the Japanese Flag," *The Messenger* (1904), pp. 73-74.

69　吳威廉致偕彼得信函（1905 年 3 月 31 日），《北臺灣宣教報告》，第一冊，頁152-153。

70　"Tainan, Formosa: Mission High School," *The Messenger* (1907), p. 112.

往臺北的想法，主要原因包括地緣政治的考量、宣教場域及模式的擴大，以及臺北地區有上千位需要關顧的日本各級學院的學生等。同時，宋雅各醫師也主張新的教會醫院應該要設在臺北。[71] 1912 年底，新建於臺北的馬偕紀念醫院正式啓用，當天約有四十位日本高級官員蒞臨參加，由代行市長正式轉動鑰匙，顯示臺北總督府對此事的支持與看重。[72]

　　1912 年，南北宣教師舉行了第一次的聯合會議，地點在臺南。雙方懷著興奮之情討論各樣主題，但焦點最後集中在「日本統治十六年來的新情勢」，首先關注的是十二萬的高山原住民尚未接觸到福音，其次是日本醫學、師範、農學及其他學院裡的數百位學生，還有醫師、教師，以及在銀行或公司行號上班的專業階層，加上介於其間的漁農工商和勞動階級，都需要福音的關注。大家都同意，「全世界沒有一個地方比福爾摩沙更對福音開放的了！」在最後一晚的會議結束前，所有宣教師則是熱烈討論著「成立一所聯合神學院」的迫切課題。[73] 1917 年宋忠堅牧師投稿給《日本福音使者》（*The Japan Evangelist*）雜誌，文中比較日本及福爾摩沙的宣教實況，包括信徒的人數和奉獻等，並指出就人口比例而言，福爾摩沙的福音運動比日本還要有成果。[74]

　　1914 年 4 月，在日本總督府快速核准下，位於淡水的男子

71　見〈教士會備忘錄〉及宋雅各致偕彼得信函（1909 年 4 月 9 日），《北臺灣宣教報告》，第二冊，頁 85-99。

72　〈北臺灣宣教區參訪報告〉，《北臺灣宣教報告》，第四冊，頁 35-36。該參訪報告是由史考特牧師（J. McP. Scott）撰寫。

73　"Formosa: A Union Conference," *The Messenger* (1912), pp. 124-125.

74　"Christian Work in Japan and Formosa," *The Messenger* (1917), p. 254.

教會中學設校了，當天，日本重要官員包括「海關署署長、臺北廳長、淡水支廳長、語言學院院長、文教局長等」都蒞臨參加。偕叡廉校長認為這「表示日本政府很高興認可我們的新學校」，他也認定「到目前為止，我們的中學是全臺三百萬臺灣人中最好的一所中學」。[75] 然而，艾恩也指出，隨著1922年頒布的新教育法令，教會中學越來越難獲得總督府的認可，而他認為淡水教會學校之所以無法獲得認可的主要原因是偕叡廉的「不諳日語」。[76]

經過一次大戰的考驗後，宋忠堅牧師於1921年提出他對福爾摩沙政教實況的觀察：「福爾摩沙的人民已經非常習慣於遵循日本式的生活及行事風格，也不會給當局製造任何麻煩，執政當局也給教會各種便利，因此，基督徒也慣於像其他臺灣民眾般地遵循法令。結果是，如果禮拜天碰上有國定假日的體育活動，他們也不會抗議地就讓孩子們去參加公定活動，不來參加禮拜。此外，基督徒雖然不會去參與任何傳統宗教的慣俗或偶像崇拜，但我很擔憂有些基督徒會開始參與一些尊崇皇室的禮儀活動。對信仰堅貞的日本基督徒來看，這些尊崇活動就是一種宗教敬拜的行為。」[77]

1922-1923年間，英國長老教會海外宣教委員會的主席和書記到各個宣教區訪視，他們的報告書也觸及「福爾摩沙」的相關問題：在醫療部分，教會醫院的資源遠不及總督府的醫院，加上

75　偕叡廉致阿姆斯壯信函，1914年5月20日，《北臺灣宣教報告》，第五冊，頁89。

76　Ion, *The Cross and the Rising Sun*, pp. 141-142. 艾恩認為，宣教師不諳日語就意味著帶有「傾中情懷」（pro-Chinese sentiment）。

77　"Church and State in Formosa," *The Messenger* (1921), p. 56.

法令規定只有合格的醫師才能看診，僅在醫院接受訓練的醫師將會被排除。而臺北醫學院畢業的學生或許願意來教會醫院實習，但要他們留下來擔任住院醫師卻很困難。[78] 在教育部分，報告書中提及教會男子中學不容易找到師資，因爲總督府學校的名聲和高薪資比較有吸引力。加上，若未能獲得總督府的承認，學校的經營將陷入死胡同（blind alley），因爲畢業生將無法進入進階的學院讀書。不過，報告書也強調，教會學校擁有高度的道德及靈性氛圍，因此繼續辦學是絕對必要的。但要繼續辦學，巨大的財務需求是不容忽視的，不只是基督徒的能力有限，非基督徒對此也越來越漠視。簡單地說，若要達到總督府的要求且能夠被承認，師資至少要增加到八位，且其中六位必須具有檢定資格。爲達此目標，在未來十年內必須募集至少十七萬日幣（約等同一萬八千英鎊）的基金。若達不到此目標，教會學校的前景將是「困窘」的。至於教會女子學校，雖同樣仍未受總督府承認，但問題似乎比較不嚴重，因爲想要繼續升學的女學生不多。[79]

在 1928 年的海外宣教委員會報告書裡，福爾摩沙部分由周惠憐醫師執筆，他以「他們將興旺，我們將衰微」爲引言，強調

78　*A Visit to Our Mission Fields by the Convener and Secretary of the Assembly's Foreign Missions Committee, November, 1922–April, 1923*, Issued from the Offices of The Presbyterian Church of England (London: January, 1924), pp. 13-15. 原件藏於英國劍橋西敏寺學院檔案室。有趣的是，在報告書中也提到教會醫院中「護理人員」的問題，一方面是基於專業的需求，另一方面則是文化的差異，不管是男女病房都很難讓本地女護士勝任這項工作，因此宣教師們一致認爲，最好還是讓外國女護士來承擔。

79　*A Visit to Our Mission Fields by the Convener and Secretary of the Assembly's Foreign Missions Committee, November, 1922–April, 1923*, pp. 24-26.

本地牧者人數的增加、南部教會即將擴增為三個中會，以及在各中會主導下主日學校的組織發展等，也提到新教派（真耶穌教會）所帶來的衝擊。在報告書裡，他特別指出宣教實況的幾個改變：受日式訓練且開業的醫生越來越多、病患的要求越來越繁複、以「師徒制」方式在醫院受訓的醫師之路被斷絕。他也自問：有鑒於人事及醫療設備的經費越來越高漲，這一切是否值得？他的回覆是：「當看到許多在世上失去盼望的人前來找我們，而能帶著新的喜樂和平安歸家時，這一切都是值得的」。確實，他告白，醫療宣教仍是臺灣島上最好的宣教媒介。報告書最後也提到，日本總督府持續贊助教會醫院（該年補助款為一千五百日圓），顯示其支持與重視之意。[80]

　　整體而言，打從世紀之交起，宣教師們就逐漸體會到教會學校已經面臨「總督府學校的嚴重競爭和考驗」，這些挑戰包括「在殖民統治下，要辦教育就必須重視日文」的要求，以及宣教師們對日本總督府「刻意忽視漢人高等教育」的持續批判。[81] 整體來說，在 19 世紀末幾乎沒有對手的教會學校，到了 1920 年代時，「因為日本學校的競爭，已經被趕上且備受威脅」。[82] 到了 1930

80　*God... and Men in the Changing East, The Report for 1928 of the Foreign Missions Committee of the Presbyterian Church of England* (London: 1928), pp. 13-15. 原件藏於英國劍橋西敏寺學院檔案室。

81　Ion, *The Cross and the Rising Sun*, Vol. 2, p. 171.

82　部分原因是無法根據日本政府的標準自行創辦一所基督教學院，加上兩所教會中學無法通過認證以讓畢業生參加日本高等學府的入學考試。另外，日本總督府禁止非基督徒為基督教學校奉獻，這讓辦校經費的籌措更加困難。見 Ion, *The Cross and the Rising Sun*, Vol. 2, pp. 171-174. 亦參 E. Patricia Tsurumi, "Colonial Education in Korea and Taiwan," *The Japanese Colonial Empire, 1895-1945*, edited by Ramon H. Myers and Mark R. Peattie (Princeton: Princeton University Press, 1984),

年代，更因爲日本軍國主義的高漲，所有的教會學校都遭遇前所
未見的困難。

五、後殖民的批判與反思

當代英國宣教史家廖超凡（Stephen Neill）在《基督教宣教
史》一書中稱1858-1914年間爲「殖民主義的極盛時期」（"The
Heyday of Colonialism"）。[83] 事實上，在此一階段，從殖民或後殖
民的觀點來看，從西到東、由北往南開展的「現代宣教運動」可
以說是一種包含資金、人力、文宣及機構在內的高度組織性投資
行動，爲的是要以現代基督教的理念來「啓蒙」全世界的做法。
這更讓歷史家及人類學家開始視宣教運動爲「全球化運動」（glo-
balization）的早期勢力之一，就像後來20世紀的全球市場和資
訊科技革命一般。[84] 換句話說，如同南非宣教學者博許（David J.
Bosch）所言，因爲當代宣教運動和「現代性」（modernity）發展
模式的緊密關係，它的信心危機以及正當性的開始被質疑，正是
因爲啓蒙世界觀的崩解以及後現代世界觀的興起。[85]

有趣的是，在西方社會裡，海外宣教意識的覺醒當然是和福
音奮興運動有關。然而，過去許多基督教學者喜歡將重視宗教熱

---

pp. 285-286.

83　Stephen Neill, *A History of Christian Missions*, Revised for the Second Edition by Owen
　　Chadwick (London: Penguin Books, 1987, First Edition, 1964), pp. 273-334.

84　*Christian Missions and the Enlightenment*, edited by Brian Stanley (Grand Rapids: Wil-
　　liam B. Eerdmans Publishing Company, 2001), p. 1.

85　David J. Bosch, *Transforming Mission: Paradigm Shifts in Theology of Mission* (Maryknoll,
　　N.Y., 1991), pp. 2-7, 349-67.

誠與經驗以及「心的感覺」的福音宣教運動和理性時代的懷疑思維及枯燥想法拿來做對比的觀點，已經遭到挑戰。越來越多學者指出，它的根源及特質有極大部分是受到啓蒙運動的哲學及文化模式所形塑和影響。[86] 包括博許及許多其他宣教學者都強調，整個現代的宣教事業，正是「啓蒙運動的產物」。[87]

在這樣的時代背景下，在西方宣教師當中，也產生了兩種對本地文化截然不同的心態和觀點。一方面，我們看到18世紀歐洲早期啓蒙運動所開啓的對個人自由、人的能力、社會倫理及人類進步的新概念。這讓歐洲人對歐洲以外的其他文化和宗教有新的察覺，他們相信，上帝給每個人有先天的道德感，他們也發現，沒有宗教信仰或不同宗教信仰的人也能過著有道德的生活。這讓他們開始強調一種普世價值觀，也對其他宗教和文化的價值保持開放的態度。[88] 不過，到了啓蒙運動後期，特別是大覺醒運動的興起後，也開啓了新的「自我神聖化」的心態，原本啓蒙運動的普世主義開始被新的熱情信念——也就是基督教單獨擁有上帝的眞理，且上帝選擇他們的國家來實現神聖的旨意——所取代。[89] 這當中，大英帝國在世界的擴展和英國新教在亞洲的海外宣教形成一種緊密連結但卻又充滿緊張的交織關係。[90]

86　*Christian Missions and the Enlightenment*, edited by Brian Stanley, p. 2.

87　Bosch, *Transforming Mission*, p. 274; *Christian Missions and the Enlightenment*, edited by Brian Stanley, pp. 3-4.

88　Stewart J. Brown, "The European Enlightenment, Religion and Moral Values,"《神學與教會》，第42卷，第1期（臺南：臺南神學院，2017），頁86-101。

89　Stewart J. Brown, "Christian Awakening in Revolutionary Europe, 1790-1830,"《神學與教會》，第42卷，第1期（臺南：臺南神學院，2017），頁119-134。

90　Stewart J. Brown, "Providential Empire? Early Nineteenth-Century British Overseas

另一方面，我們也看到下列信念仍然普遍存在於大多數宣教師的心態當中：一是視「非西方人民」為迷失於罪惡中的異教徒（heathen），需要基督福音的救贖；二是視其他宗教系統為「偶像崇拜」或不具有宗教內涵的「迷信」；三是確信西方文明在知性及科技層面上的「優越性」，且具有帶來「解放」的潛力；四是確信「理性知識」所擁有的更新、轉化能力，且是連結於基督教的宣揚；五則是強調基督教信息主要是針對個人而發，且能呼召他們經歷一個「皈依」基督的內在經驗。[91]

　　以臺灣的宣教經驗為例，19 世紀下半葉來到臺灣的醫療宣教師發現，因為西方醫學及醫療技術的快速進展，特別是解剖學及外科手術的突破，象徵著一個近代科學時代世界觀的浮現。這讓醫療宣教師們深信，基督教文明除了宣揚福音之外，更可以醫治身體病痛，促進人類社會的福祉，是一種人道精神的展現與落實。[92] 相對的，非醫療宣教師如馬偕、巴克禮等則更關注信仰的教育和啟蒙，以及科學和宗教的對話，並致力於在臺灣本地證明「創造（設計論證）的神學」，反映較為進步的世界觀。[93]

　　可以確定的是，英加長老教會宣教師所引入臺灣的神學思潮是一種福音宣教主義結合啟蒙思潮的神學。他們不但帶著宣揚福

　　　Missions in Asia," 《神學與教會》，第 42 卷，第 1 期（臺南：臺南神學院，2017），頁 135-150。

91　*Christian Missions and the Enlightenment*, edited by Brian Stanley, p. 8.

92　Maurie Sween, "James Laidlaw Maxwell's Theology of Medical Mission," 《臺灣神學論刊》，第 27 期（臺北：臺灣神學院，2005），頁 207-220。

93　鄭仰恩，〈蘇格蘭啟蒙運動對早期臺灣基督教的影響——從馬偕的現代化教育理念談起〉，《臺灣文獻》，第 63 卷第 4 期（南投：國史館臺灣文獻館，2012 年 12 月 31 日），頁 137-164。

音的熱情，也帶來一個「啓蒙」的世界觀以及充滿科學探索精神的學術傳統，也是臺灣最早的現代人文教育。[94] 然而，不容否認的是，除了少數帶著對本地人的認同感及自我批判態度的個別宣教師外，多數西方宣教師仍帶著家長式（paternalistic）的優越感，對非西方社會及文化也存在著偏見，必須留待新時代的挑戰和考驗。[95]

那麼，除了日本殖民政權之外，我們也可以視英加長老教會在臺灣的工作爲帶有「殖民特質」的宣教嗎？若是，那麼兩者的「殖民性」又有何差異呢？這是留待以後繼續探討的問題。在此僅以 1916 年的一個事件作爲結語：這一年，日本總督府爲紀念在臺始政二十週年，在臺北舉行一場盛大的展覽會（即「臺灣勸業共進會」），身爲總督府顧問的甘爲霖博士受邀發表四場演講，講題分別爲「福爾摩沙歷史的素材」、「荷蘭人在島上的殖民」、「中國統治的某些層面」、「作爲日本第一個直轄殖民地的福爾摩沙」。根據該年的宣教報告書，甘爲霖在第四講時也提到「基督教應該也被視爲一種大規模的殖民勢力」。[96] 我們手上沒有他的完整演講稿，但我相信，若有，讀起來一定頗有興味！

---

94   Douglas Sloan, *The Scottish Enlightenment and the American College Ideal* (New York: Teachers College Press, 1971); Henry F. May, *The Enlightenment in America* (New York: Oxford University Press, 1976).

95   鄭仰恩，〈醫療宣教・人道精神・啓蒙世界觀：十九世紀東西方文明的會遇〉，收於《仁心仁術・切膚之愛：蘭大衛家族的典範故事》，頁 6-13。

96   *The Messenger* (1916), p. 275. 四個演講的英文標題爲：1. Sources of the History of Formosa; 2. Dutch colonizing in the island; 3. Some aspects of the Chinese Domination; 4. Formosa as the first Crown Colony of Japan.

近代日本對中國東北基督教的宗教調查
及其政治意圖

徐炳三[*]

摘要

　　20 世紀上半葉，日本對東北宗教展開周密的調查，其目的一方面是爲了刺探情報、瞭解中國社會，另一方面則是出於宗教管理、政治防範的考量，在東北淪陷時期後者是日本調查的主要動力。日本調查的重點是具有潛在威脅的宗教組織，具有西方背景的基督教會首當其衝。日本擔心西方傳教士在中國信徒中發展政治勢力，尤其擔心西方勢力與朝鮮民族解放運動相結合。因而調查者不僅細緻描述事實，而且不時提出控制宗教的建議。由於對所謂的敵對勢力過於敏感，其解讀往往誇大了宗教中的政治元素。其建議成爲日本制定宗教法案的重要依據，各項法案的出臺又加強了日僞宗教調查的深度和廣度。宗教調查報告展現了當時東北基督教的發展狀況，史料價值不容小覷。

關鍵詞：日本、僞滿洲國、宗教調查、基督教

---

[*]　華中師範大學歷史文化學院副教授。本文爲中國教育部青年基金項目「日本對華宗教調查及其政治目的（1900-1945）」中期成果，項目編號 15YJ770039。

20 世紀上半葉，日本通過多種管道對東北宗教展開調查。調查的主體有日本在華使領館、專業調研機構、特務情報機構、偽滿相關機構等等，調查的客體包括佛教、道教、基督教、神道教、民間教派等宗教組織。在這些調查中，有關基督教的調查佔相當大的比例。日本往往將基督教與西方在華機構、中外關係、民族運動等要素聯繫起來，使這類調查染上濃重的政治色彩。理清個中關係，對於日本對華宗教控制、淪陷區政教關係等研究頗有助益；對這些史料的介紹和分析，也可以豐富中國基督教史的內容，尤其是以往研究薄弱的淪陷區基督教歷史。鑒於學界對相關論題的研究較為薄弱，本文嘗試以基督教為例，圍繞近代日本對中國東北宗教調查的相關史實及其政治意圖展開探討，以就教於方家。[1]

1　　學界有關日本在華調查的研究成果豐碩，尤其是關於滿鐵在華調查的研究，整理出版的原始文獻和研究性著述數量繁多。此外，興亞院以及其他機構對華調查也受到廣泛關注。但直接以宗教調查本身為研究對象的成果相對有限。日本學者本庄比佐子等人細緻介紹了興亞院在華宗教調查情況及其文獻，參見本庄比佐子、內山雅生、久保亨編，《興亞院と戰時中國調查》（東京：岩波書店，2002）；黑龍、王曉輝對滿鐵基督教調查文獻略作評述，參見黑龍、王曉輝，《滿鐵資料東北基督教史文獻概述》，《蘭台世界》，2011 年第 14 期；陳靜就日本對東北教會學校的調查作了個案研究，參見陳靜，《近代日本對東北教會學校的調查述論》，載入趙軼峰主編，《文本、地域與解釋的新視角——中國東北地區的基督宗教與中西文化交流（清初至民國）》（上海：上海人民出版社，2013）；王曉峰對日本在偽滿時期宗教調查文獻略有介紹，參見王曉峰，《偽滿時期日本對東北的宗教侵略研究》（北京：社會科學文獻出版社，2015）；其他比較代表性的成果如王志平、吳敏霞對日本在臺灣佛教調查問題的研究，參見王志平、吳敏霞，《日據初期日本在臺灣的宗教調查及其宗教政策——以佛教調查為中心的考察》，《臺灣研究集刊》，2005 年第 3 期。此外，宋軍、胡衛清、王淼、松谷洋介等學者利用日本國立公文書館藏日本對華宗教調查資料，對淪陷區基督教問題均有深入探討。

本文試圖解決的問題包括：日本在哪些時段哪些地區做了重點調查？基督教調查比起其他宗教調查有何特殊性之處？基督教調查資料的形式和內容是什麼？這些調查反映出日本何種政治關注和政治意圖？宗教調查與日偽宗教管理及宗教法案之間的關聯何在？本文主體史料爲滿鐵調查資料和日本外務省等機構披露的原始文檔，前者多藏於東北三省各地檔案館、高校及公共圖書館，後者在日本國立公文書館網站上被批量公布。

一、1915 年東北基督教調查與情報刺探

宗教調查與其他調查一樣，是日本搜集中國情報活動的一部分。資料顯示，早在 1906 年日本就已成立滿鐵調查部，刺探中國包括宗教在內的各種情報。除了滿鐵，還有興亞院、日本駐中國各地領事、日本軍方、零散間諜等參與調查，他們一般將調研資料祕呈日本政府，直到戰後相關檔案才逐漸公開。從日本外務省公布的資料來看，1915 年日本外務省主持的一次祕密調查是較早、規模較大的一次，其中包含大量東北基督教的資訊。

1915 年 5 月 5 日，日本外務省向各地駐華領事發出第 67 號機密檔，要求他們祕密調查外國人在華經營的公益文化機構。該年及次年，哈爾濱、齊齊哈爾、奉天、琿春、漢口、沙市、蘇州、福州、廈門總領事館分別向日本外務大臣提交調查報告。在這九個調查地中，東北地區有四個，可見日本對東北地區的重視程度。各地調查專案大致統一，主要包括機構團體名稱、所在地、設立時間、設立者、出資者與經營者的關係、組織規模並經營方法、與中國的關係、成績等等，有些調查還附有表格和其他

補充說明。調查內容詳略差異較大，除各地領事認眞程度等的主觀因素外，也反映出日本對當地的重視程度，以及當地外國人經營的事業發達與否。就東北地區而言，琿春、間島、奉天、齊齊哈爾等地的調查最爲詳盡，前兩者是日本人重點監控的朝鮮人聚居區，後兩者外國人事業相對發達。這些調查近半數內容與基督教有關。調查範圍除了各地教會，還包括教會附屬學校、醫院、慈善機構等等，往往附有較爲翔實的統計數字。此調查所涉東北基督宗教相關內容，詳見下表。[2]

表 1：1915-1916 年日本對外國人在華經營的公益事業調查表（東北部分）

調查人	呈交時間	調查範圍	基督教相關
佐藤尙武（哈爾濱代理領事）	1915.12.11	哈爾濱及下屬地區各國創辦的學校、醫院、宗教團體。	東正教會若干，雙城堡、傅家甸天主教會，三星耶穌教分會傳道所。
土口原大藏（齊齊哈爾領事館事務代理）	1915.6.31	日本人經營的醫院，中東鐵路附屬地設施，俄國以外其他國家設施，黑龍江省內教堂調查。	中東鐵路附近的東正教堂及醫院，齊齊哈爾的基督教英國福音堂、法國天主堂，黑龍江各地英法教堂若干。

2　《清國ニ於テ內外人ノ經營ニ係ル病院學校其他公益的施設ニ關シ取調方ノ件，第一卷》，JACAR，Ref. B11090027500，《外務省記錄》（外務省外交史料館，1915）；《清國ニ於テ內外人ノ經營ニ係ル病院學校其他公益的施設ニ關シ取調方ノ件，第二卷》，JACAR，Ref. B11090028500，《外務省記錄》（外務省外交史料館，1915）。

山內四郎（長春領事）	1915.6.30	長春及下屬地區各國宗教團體、學校、醫院。	長春法國天主堂、天主教仁慈堂、耶穌教男醫院、耶穌教女醫院、英國博文書院、基督教純粹女學校。
森田寬藏（吉林領事）	1915.7.12	吉林地區基督教會及附屬醫院和學校、東洋醫院。	吉林大英醫院、天主堂及附屬學校、基督教青年會及附屬學校、東洋醫院。
落合謙左郎（奉天總領事）	1915.9.4	奉天各國創辦的學校、醫院和各種宗教布教場所。	日本基督教會。
矢田七太郎（奉天代理領事）	1915.11.3	奉天除日本以外其他國家創辦的教會、教會學校、醫院。	奉天蘇格蘭聯合自由教會、奉天醫學校、盛京醫院、文會書院、神道學校、女子師範學校、重明女校、愛爾蘭基督教會、天主教傳教會、拉丁語學校。
竹內廣彰（新民會館主任）	1915.6.9	新民府英法基督教會、醫院、學校，滿鐵診療所。	新民府英國基督教會、法國天主教會、英國基督教會醫院、學校。
補酒勾秀（鐵嶺代理領事）	1915.8.30	鐵嶺及周邊地區英法基督教及其附屬事業。	鐵嶺、法庫門、通江口、開原、掏鹿、朝陽鎮、鄭家屯、昌圖基督教堂和天主堂，及附屬學校、醫院，昌圖耶穌教宣講所。

土穀久米藏（遼陽領事）	1915.5.31	遼陽外國人創辦的宗教組織、學校、醫院，滿鐵附屬學校、醫院。	遼陽基督教文會書院、基督教施醫院、遼陽基督教會、天主堂、蘇格蘭長老會。
吉田茂（安東領事）	1915.6.16	安東外國人創辦的教堂、醫院、學校。	安東丹麥耶穌教堂、丹麥醫院、丹麥耶穌教堂附屬安東中學堂、法國天主堂。
鈴木要太郎（間島代理領事）	1915.6.30	間島日本經營的學校、醫院、慈善機構、農業試驗場；朝鮮人宗教及學校；英法基督教會及附屬學校。	英法經營的事業，基督教及天主教教會列表若干，附屬學校列表若干。
生木鳩仙藏（局子街會館主任）	1915.8.26	延吉局子街日本醫院，英國、朝鮮宗教，延吉墾民私塾。	英國基督教會及布教所若干，朝鮮天主教教會和新教布教所若干。
上田專次（頭道溝會館主任）	1915.6.3	延吉頭道溝外國人經營的學校、宗教組織及附屬學校。	分別以中國人和朝鮮人為主的長老會，新教普通學校，天主教普通學校、慶愛學校。
北條大洋（琿春副領事）	1915.6.22	琿春外國人經營的基督教會、學校和醫院。	琿春基督講書堂，基督學校若干處。

太田喜平 （牛莊領 事）	1915.8.18	牛莊下轄地區外國 人經營的宗教、學 校、醫院。	海城蘇格蘭長老會、天 主教會，大石橋長老會 、天主教會，蓋平長老 會，瓦房店路德會，熊 嶽城長老會及女學堂、 天主教會及小學堂，營 口長老會、安立甘會、 天主教會及孤兒院、普 濟醫院，錦縣長老會及 學校醫院，廣寧長老會 及學校醫院。

　　上述報告調查人共 15 名，均為在華日本外交官員。調查專案為外國在華公益事業，但這些事業實為基督教會創辦。東北這部分報告總量達 323 頁，大多為流水帳式的介紹，其表述相對中肯，較少有感情色彩或政治表達。這份調查書並未說明調查目的，基本可以確定與大多數調查一樣僅為刺探情報，並最終服務於日本的對外決策。不過，此後至於東北淪陷，日本在關東州和滿鐵附屬地頒布了一系列宗教管理法案，諸如 1917 年的《會社附屬地神社規則》、1918 年起草並於 1923 年修訂通過的《社寺規則》，1923 年的《關東州及南滿洲鐵道附屬地神社規則》和《關東州及南滿洲鐵道附屬地寺院、教會、廟宇及其他布教所規則》，以及大量細則檔。[3] 雖然並無直接證據表明這些法案來自

3　　松尾為作，《南滿洲ニ於クル宗教概觀》（大連：教化事業獎勵資財團，
　　1931），頁 115-119。上述部分法規的全文，參見《滿洲國及中國ニ於ケル神
　　社、寺院、教會、廟宇其他布教關係 第一卷》，JACAR，Ref. B04012511300，

於宗教調查，但宗教調查在一定程度上爲法案制定提供了參考，應該是可能的。

二、1920年代間島朝鮮人基督教調查及其政治考量

與滿鐵和關東州殖民地相對平和的宗教態勢相比，間島地區的基督教似乎更能觸動日本人的神經。間島是圖們江以北、海蘭江以南地區的舊稱，自晚清以來大量朝鮮移民定居於此。[4] 尤其是1917年朝鮮「三一運動」被鎮壓後，大批朝鮮人流亡於此堅持與日軍作鬥爭。1920年10月，數百武裝人士攻入琿春城，焚燒日本領事館並打死日本人十餘名，打傷數十人。日本以琿春事件爲藉口，派重兵進入東北剿殺朝鮮抵抗軍，給間島社會帶來巨大破壞。[5] 在此背景下，對於可能潛藏西方政治勢力的基督教會的介入，日本無疑會格外敏感和緊張。故此，20世紀20年代，日本多次對該地朝鮮基督教組織展開祕密調查，其重點並非基督教本身，而是教會背後的西方政治勢力及其對中、日、朝關係的

《外務省記錄》（東京：外務省外交史料館，1936）。

4　晚清時期，朝鮮移民曾在圖們江北岸一處名爲「間島」的地方私墾荒地。1903年朝鮮官員就間島屬權挑起糾紛，次年中朝兩國談判並簽訂章程，明確規定間島爲中國領土。日俄戰爭後，日本先以保護朝鮮僑民爲藉口派兵進駐間島，後蓄意模糊中朝邊界、擴大間島所屬範圍，妄圖將其分離。經多方交涉，1909年9月，中日簽訂《圖們江中韓界務條款》。條約雖迫使日本撤軍、保全了間島領土，但清政府也付出很大代價，如被迫在間島開設四處商埠，允許日本在各商埠設立領事館，給予日本領事治外法權等。參見王芸生，《六十年來中國與日本》（北京：三聯書店，1980），第5卷，頁97、211-212。

5　參見金東和，《1920年日帝的「討伐」陰謀與「琿春事件」》，《延邊大學學報（社科版）》，1992年第3期。

態度。代表性檔有《美國宣教師言動》、《歐美宣教師言動檔》、《滿洲宣教師的潛勢力》等等，在此以後者爲例加以說明。

《滿洲宣教師的潛勢力》是日本朝鮮軍參謀部於 1922 年 3 月 22 日向陸軍省提交的調查報告，該報告是 1922 年日本陸軍省 117 份「朝鮮事件」檔案中的第 39 份，調查人爲奉天的松尾大尉。報告除梳理東北基督教的歷史與現狀外，著重表達了調查機構對傳教士的看法，集中反映出「九一八事變」前日本軍方對東北教會的政治態度。報告書首先分析勢力範圍在南滿的美國教會。近代東北基督教勢力最大者是英國教會，但因美國的政治影響力和微妙的美日關係，故美國教會備受關注。日本人認爲，美國傳教士努力扶持本國勢力，試圖擴大美國在中國東北的影響力。傳教士視日本爲政治上的障礙，認爲扶持排日勢力是去除這種障礙的捷徑。他們以懷柔手段博取中國人的歡心，以扶持手段獲取不法朝鮮人的擁護。他們蓄意製造排日論調，號召抵制日貨，煽動朝鮮人組建反日行動隊。

日本人似乎通過調查，發現了大量支持上述結論的案例。比如以排日著稱的傳教士托馬斯，將傳教總部從奉天遷到長春，排日煽動活動甚於以往；1918 年朝鮮平安北道長老會某牧師，每月一次沿長春、通化、柳河、撫順一線巡迴佈道，鼓吹排日論調；1920 年 10 月日本軍隊在奉天與長春之間行軍途中，曾在某教會附近停留，該地牧師金某與一些基督徒調查並監視日軍行動；奉天傳教士白德遜和浮海龍，多次就日軍行動向美國領事、美國政府和外國公使作誇大或歪曲事實的報告，並在《外字新聞》和《獨立新聞》等報刊上，以琿春事件爲藉口發文質疑日本的對朝政策。此外，傳教士托馬斯還以日軍威脅朝鮮信徒生命財

產安全、可能導致脫離教會爲由，親往朝鮮平安北道宣川本部演講其復興政策，得到朝鮮全道耶穌教會的贊同。他倡議信徒爲中國東北基督徒捐款，其中1,600銀元轉交給東北傳道人金某，另有10萬元用於建設教堂和住宅，並通過創辦醫院等醫療手段收買民心，同時收買中國官員。傳教士庇護朝鮮獨立運動，宣稱日本對東北有領土野心。上述手段輔之以巡迴佈道，使得美國教會信徒數量增加。[6]

　　日本軍方對美國傳教士的評價無疑帶有神經過敏的成分，日本人對傳教士正常的宣教行爲可能存在誤讀。不過的確有少量傳教士，出於政治、道義或其他考量，向美國政府和中外公衆揭露了對日軍不利的眞相。比如經歷過琿春事件的一名西人，在頗具影響力的《民國日報》上指出：「攻琿春之盜軍，實爲中國人，俱係日本人將以訓練，供給軍械，並維持其費用。日人雇傭之盜黨，到達琿春時，適遇眞正胡匪一大隊。此隊胡匪不願爲日人效力，而恰欲搶劫琿春。兩方經再三商議後，乃決定日人之雇傭軍攻擊日人防守之城門，胡匪攻擊華軍防守之城門，雙方同時進攻。在日軍防守之城門，僅放數槍彈，日兵即許彼之同盟盜軍入城，不復抵抗。在另一門之華軍，則奮勇抵抗，將胡匪逐走。始知盜軍已入城大劫，一切在盜軍控制之下，乃不在抵禦。盜匪搶劫之中，並攻劫日本領事館（並未殺人）。搶劫既罷，兩盜又合而協商，其中一黨決計並不爲日人所用，當遇日兵，極力與之爲

6　《滿洲に於ける宣教師の潛勢力》，JACAR，Ref. C06031213000，《陸軍省大日記》（防衛省防衛研究所，1922）。

難。」[7] 此番言論，指出日軍雇傭盜匪攻擊日本領事館，並以此爲藉口出兵東北鎮壓朝鮮抵抗軍。姑且不論此論斷之眞僞，僅僅作爲一種質疑也可能使日本在輿論上陷於被動，引起日軍的警覺和惱火。無論發表言論的西人是否爲傳教士，日本人都會很自然地遷怒於有西方背景的基督教會。

相比傳教士，日本人更忌諱的還是依託教會反日的朝鮮基督徒。報告書指出，1920 年日本出動討伐隊，朝鮮反抗勢力有所削減，但仍有很多人以傳教爲名鼓吹抗日。比如反日組織琿春韓民會會長尹東哲是教會執事，參事孟正國也是虔誠的基督徒。朝鮮人成立於上海的「大韓民國臨時政府」曾派出助理韓秀鉉，與朝鮮共產黨東寧支部派出的委員、琿春教會執事李德三聯絡，暗中策劃反日行動。日本的擔憂不無道理，延邊反日武裝的確很多都有基督教背景。金正明在《朝鮮獨立運動》一書中，記載了大量基督徒與日軍作鬥爭的史實，而報告書中提到的琿春韓民會只是眾多抗日團體中的一個，另有間島國民會、大韓新民團等頗具影響力的武裝組織，多次給日軍予重創。[8] 正因爲此，日軍在琿春事件後對朝鮮教徒的打擊尤爲嚴厲，據朝鮮天主教徒安昌浩向教廷的控訴：「此次日軍焚毀韓人家宅一千餘戶，教會二十一處，學校七處，教徒二千一百餘名，華人二百餘名。」[9]

日本對朝鮮反抗力量尙可應付，而一旦西方政治勢力成爲抵抗者的後盾則十分麻煩。西方傳教士在朝鮮教會中的特殊地位，

7　〈日人故釀琿春大劫案〉，《民國日報》，1920 年 11 月 6 日，第 3 版。
8　金東春，《20 世紀初基督教在中國延邊朝鮮民族社會的演變及其影響》（延吉：延邊大學博士論文，2007），頁 129-130。
9　王卓然、劉達人主編，《外交大辭典》（上海：中華書局，1937），頁 962。

顯然撩動了日本人的神經。松尾大尉在報告書中堅稱傳教士與抗日團體是「唇齒相依的關係」，認爲傳教士表面上宣揚正義人道，實際上向朝鮮信徒鼓吹復國獨立思想。他相信位於龍井村東山的傳教士住所是「排日思想的醞釀所，是不法份子策劃陰謀的溫床」。傳教士允許抗日傷患在教會醫院療傷，公然宣稱上帝對天下人一視同仁，抗日份子也應該在神的懷抱中得到救治。教會機構成了「日本治外法權的避難所」，「不法團體行動的策源地」。這些都是日本人極不願看到的。

需要指出的是，日本人對不同國籍的傳教士態度存在一定差異。雖然報告書認爲西方傳教士辦學校和設醫院都是籠絡人心、扶植本國勢力的手段，但美國傳教士的政治惡意更明顯。日本人相信英國傳教士因 1902 年英日同盟的緣故，較少煽動反日情緒。不過即便如此，日本人仍擔心英國傳教士會因英日關係的變化，友好情緒逐漸消減，英美聯合的新勢力日漸抬頭，要警惕他們受美國傳教士影響而發生轉向。法國天主教傳教士並無反日行動，然而信徒對傳教士的服從已經超越了對中國官方的服從，隨著天主教勢力的發展，日後是否有排日威脅應該嚴密監視。總體而言，日軍對東北的西方傳教士充滿警覺，認爲他們在宣講博愛教義的名義下，隱藏著推行國家政策、擴展勢力範圍的政治目的，具有排日反日的共性。而且這種排日行爲不但與朝鮮人相結合，而且可能與中國官方達成共識。而日本教會主要在東北鐵路沿線傳播，僅有一千名左右信徒，且純粹以傳教爲目的，勢力無法與西方教會抗衡。

此後一直到僞滿時期，間島基督教會都是日本格外關注的宗派。日本對間島宗教的祕密調查逐漸常態化，基督教是其中的核

心內容。調查報告一般由間島領事館負責，調查結果送交日本多個部門。以 1927 年 6 月的調查爲例，該年的負責人是間島領事鈴木要太郎，調查報告首先呈送外務大臣田中義一，另抄送北京公使，奉天、吉林、哈爾濱各領事，朝鮮總督府政務總監，咸北咸南各知事，羅南憲兵隊長，軍參謀長，第十九師參謀長，延吉派遣員，內務局派遣員，間島派遣員。調查主要針對延吉、和龍、汪清、琿春四縣宗教，包括基督教、天道教、大倧教、青林教、元宗教、侍天教、儒教和佛教，基督教是日本調查的核心內容之一。具體包括教會名稱、位置、設立時間、所屬財產、維持方法、布教方法、教職者姓名、男女信徒數、附屬事業團體、沿革及教勢概要等十項調查內容，十分細緻翔實。[10]

另外一種傾向是，日本將針對朝鮮人的調查與監控從間島擴展到整個東北，並逐漸常態化。比如 1927 年興京朝鮮人教會移民黑龍江，奉天總領事探知後立即報告日本外務大臣。1930 年奉天西塔朝鮮人邀請東北大學教授王維新演講，涉及弱小民族反抗外來壓迫的內容，關東廳警務局隨即發密函提醒各機關注意。[11] 再如 1935 年 1 月，基督教朝鮮監理會開會決定脫離美國教會獨立，哈爾濱領事對會議時間、地點、人數，牧師的年齡、

10　參見《各國ニ於ケル宗教及布教關係雜件 第一卷 18. 滿洲國》，JACAR，Ref. B04012535800，《外務省記錄》（東京：外務省外交史料館，1929-1932）；《各國ニ於ケル宗教及布教關係雜件 第二卷 8. 滿洲國》，JACAR，Ref. B04012537200，《外務省記錄》（東京：外務省外交史料館，1934-1935）。《各國ニ於ケル宗教及布教關係雜件 第一卷 2. 中國》，JACAR，Ref. B04012534200，《外務省記錄》（東京：外務省外交史料館，1929-1932）。

11　《各國ニ於ケル宗教及布教關係雜件 第一卷 2. 中國》，JACAR，Ref. B04012534100，《外務省記錄》（東京：外務省外交史料館，1929-1932）。

履歷，以及會議內容瞭若指掌，隨即報告給僞滿洲國特命全權大使南次郎。[12] 類似情形比比皆是。日本對東北朝鮮人宗教狀況的調查，爲此後相關法案的出臺提供了依據。

三、東北淪陷後西方基督教調查中的政治防範

僞滿成立後，並未得到大多數西方國家的承認，故日本對東北的西方傳教士充滿警惕，認爲他們可能在從事搜集情報、煽動叛亂、顛覆僞滿政權的活動。故日僞對東北西方基督教派的調查更爲細緻，調查報告中包含諸多關於宗教對策的建議。其調查主體分別爲僞滿政府和日本在滿機構，公開和祕密的調查方式兼而有之。據不完全統計，僞滿公開出版發行的比較集中的基督教調查資料大致如下：

表 2：僞滿時期出版的基督教相關調查資料

調查資料名稱	調查機構	刊行年代
《南滿洲ニ於クル宗教概觀》	教化事業獎勵資金財團	1931
《奉天全省宗教調查統計表》	奉天公署教育廳統計系	1932
《在奉天宗教團體調查》	僞滿鐵道總局資料課	1936

12　《各國ニ於ケル宗教及布教關係雜件 第三卷 3. 中國（3）基督教》，JACAR，Ref. B04012540100，《外務省記錄》（東京：外務省外交史料館，1929-1932）。

《在滿朝鮮人學事及宗教統計》	偽滿文教部總務司調查科	1936
《國鐵沿線福祉設施設立風教調查表第四篇：教會寺廟篇（宗教團體）》	偽滿鐵道總局福祉課	1937
《宗教調查資料第 2 輯：吉林、間島、濱江省宗教調查報告書》	偽滿民生部社會司	1937
《宗教調查資料第 4 輯：熱河、錦州兩省調查報告書》	偽滿民生部厚生司	1937
《宗教調查資料第 5 輯：滿洲宗教概要》	偽滿民生部厚生司	1937
《滿洲及支那ニ於ケル歐米人ノ文化事業》	日本外務省文化事業部	1938
《滿洲基督教苦鬥史》	滿鐵總裁室弘報課	1939
《宗教調查資料第 7 輯：基督教調查報告書》	偽滿民生部厚生司	1940
《滿洲宗教志》	滿鐵社員會（芝田研三著）	1940
《奉天を中心とせる外人傳教師の足迹》	奉天（具體不詳，千田萬三著）	1940
《滿洲的宗教》	滿洲情報所	1944

　　這些調查涉及東北基督教歷史與現狀的各個方面。比如《滿洲及支那ニ於ケル歐米人ノ文化事業》，將偽滿 13 個地區的基督教教育、醫療、慈善等附屬事業作了系統闡述。雖然比較簡略，

但覆蓋面廣、幾無遺漏。而宗教調查系列中，第 2、4、5、7 輯均包含基督教內容。除客觀介紹外，這些調查資料中還包含了大量警示性觀點，以及宗教控制的建議，在此以《宗教調查資料第 2 輯：吉林、間島、濱江省宗教調查報告書》為例加以說明。

　　《吉林、間島、濱江省宗教調查報告書》是偽滿民生部社會司於 1937 年推出的調查報告，調查人是日本人大谷湖峰，調查時間為 1936 年 7~9 月。大谷湖峰出發前先到偽滿文教部商談調查事宜，聯繫關東軍司令部及其他相關單位，確定調查地點為吉林、間島和濱江一帶，調查宗派既包括佛教、道教、基督新教、天主教、猶太教、回教、猶太教等既有宗教，也包括有道院、在理教、人道、長生之家、薩滿教等所謂的「類似宗教」。調查方法首先是教育廳、警察局等機構從教育和治安角度提出問題，然後根據這些問題進行調研。一方面聽取對宗教感興趣的民眾的意見，另一方面調查有代表性的寺廟和教會，考察其規模，聽取傳教者的意見。大谷湖峰於 7 月 28 日出發，9 月 4 日回到長春，向民生部、關東軍司令部和憲兵司令部彙報調查情況。[13] 他在報告書中除介紹了基督教的概況外，還夾雜了很多關於政教關係的內容，涉及的方面大致如下：

　　其一是對東北基督教不穩言論的說明和看法。其中隱含著日偽對東北基督徒和西方傳教士兩個群體的擔心。中國基督徒方面，日本相信絕大多數仍心向中國政府，對偽滿政權不忠。如九

13　大谷湖峰著，滕銘予譯，《宗教調查資料第 2 輯：吉林、間島、濱江省宗教調查報告書》（長春：偽滿民生部社會司，1937），載於《長春文史資料 1988 年第 4 輯：滿洲宗教》（長春：長春市政協文史委員會，1988），頁 1-2。

臺天主教堂門口依然掛著國民政府青天白日徽章；[14] 敦化政府在慶祝滿洲國慶日之際發出特別通知書，但基督徒沒有參加；[15] 吉林青年會在溥儀來教會視察時拒絕臨時檢查；[16] 基督教小冊子上常有「國恥紀念日」、「不承認日滿」、「我等中國人」等詞句；[17] 教會學校師生常有反日不敬的言行。[18] 很少有基督徒願意加入協和會，那些被強迫入會的只會利用協和會為其提供便利，對其宗旨毫無共鳴，最終只得將他們遣散。[19] 外國傳教士方面，日本人感覺每個美國傳教士都有間諜嫌疑。如 1936 年 5 月，哈爾濱基督教浸信會美國牧師欒馬丁等三人攜帶照相機外出旅行，在在密山、綏芬河、小綏芬、東寧、牡丹江等地往來頻繁。雖然欒馬丁頗得日本官廳信任，外出時持有哈爾濱領事館的介紹信，但當地警憲機構仍認為他有調查日滿軍備的嫌疑，建議以後不要輕易發放此類介紹信。[20] 日本人確信欒馬丁是美國領事館諜報機關成員，欒馬丁主持的哈爾濱浸信會是美國諜報機關的耳目。因此，與欒馬丁有關聯的中國信徒也受到格外的監控。比如哈爾濱浸信會主席孔悛軒，晚清時曾先後擔任濱江道臺警察局長和衛生局長，後開辦同仁製革廠和當鋪，破產後擔任濱江救養院急救所所長。雖然他家道中落、年事已高，但仍有較強的社會關係，具有

14　《長春文史資料 1988 年第 4 輯：滿洲宗教》，頁 19。

15　《長春文史資料 1988 年第 4 輯：滿洲宗教》，頁 50。

16　《長春文史資料 1988 年第 4 輯：滿洲宗教》，頁 38。

17　《長春文史資料 1988 年第 4 輯：滿洲宗教》，頁 40。

18　《長春文史資料 1988 年第 4 輯：滿洲宗教》，頁 39。

19　《長春文史資料 1988 年第 4 輯：滿洲宗教》，頁 150。

20　《長春文史資料 1988 年第 4 輯：滿洲宗教》，頁 76。

潛在的影響力，日本人認爲對他應注意提防。[21]

　　日本人最擔心傳教士與中國基督徒政治聯合，那樣傳教士將
鼓動基督徒反滿反日，基督徒則爲美國諜報工作服務。日本人似
乎找到了證據：「浸信教在商人階層中擁有許多信徒，據說在與
教會有關係的人當中有些人是經濟或軍事間諜」；「長老會中有
許多中產階級的商人、官吏等，現在雖沒有值得要提的問題，但
據推測，其背後與英美有聯繫，因此要加以注意」；「滿人沒有
國際觀念，因此政府方面對於外國傳教士，需要給予充分的注
意。」[22] 日本人認爲傳教士之所以能夠控制基督徒，是因爲他們
掌握了教會的經濟命脈。如哈爾濱浸信會的欒馬丁利用美國資金
喚起信徒對他的崇拜。[23] 熱河英、美、德、法等國傳教士救濟貧
民，受助民衆皈依基督教後，經濟生活完全被牧師掌控。基督徒
爲教會加工羊毛獲利謀生，熱河部分地區的經濟命脈完全被牧師
掌握。[24] 日本人的上述判斷大都爲主觀臆斷或過度解釋，神經過
敏大於客觀事實。

　　其二是關於基督教與政治的矛盾衝突及應對建議。日僞當局
要求現有宗教必須符合兩個條件：「（1）要符合滿洲國的建國精
神；（2）從日滿不可分的原則看，和日本思想融合、有聯繫的
宗教。」[25] 而基督教恰與兩原則相抵觸。基督教會一貫堅持「凱
撒的歸凱撒，上帝的歸上帝」的政教分離原則，即上帝掌握精

21　《長春文史資料 1988 年第 4 輯：滿洲宗教》，頁 114。
22　《長春文史資料 1988 年第 4 輯：滿洲宗教》，頁 71。
23　《長春文史資料 1988 年第 4 輯：滿洲宗教》，頁 115。
24　《長春文史資料 1988 年第 4 輯：滿洲宗教》，頁 148。
25　《長春文史資料 1988 年第 4 輯：滿洲宗教》，頁 171。

神，世俗政權掌握肉體，基督徒不與政府對抗。但日僞當局卻認爲「只把肉體奉獻給政府，而把精神奉獻給基督的思想，是輕視國家的觀念，有導致否定國家的危險。萬一把基督和滿洲國元首對立起來時，那麼怎麼辦呢？」[26] 這一點還是其次，日本人最擔心教會與所屬國的聯繫。大谷湖峰認爲傳教士熱愛自己的祖國，如果其祖國否認僞滿的合法性，那麼這個傳教士的政治觀點必然與之一致。「假使退一步說，宗教是超越國籍的，對整個人類是平等的，那麼，或是自己祖國的政策改變之後再來到滿洲，不然就脫離自己的國籍後加入滿洲國籍。否則，這只不過是一個抽象的觀念，僅是理論而已。既然這個矛盾不能解決，那麼對它的動向就需要密切的注意。」日本人認爲白種人往往在傳教的美名下擴展勢力，歷史上教會一面呼籲和平一面進行戰爭的例子並非罕見，在國家主義如此濃厚的近代更是如此，絕不能掉以輕心。[27]

雖然大谷湖峰主張對基督教嚴加防範，但具體方針須根據具體情況，緩急適當。「對現存的一切宗教，只要它們沒有直接危機治安，就要盡可能地避免採取鎮壓、排斥的態度，要很自然地使民心覺悟到所應依據的道路，必須這樣進行指導。我以爲這是眞正的徹底的工作，要使傳教者與被傳教者同時都得到教育。」[28]對於僞政府將各宗派統一管理的傾向，大谷湖峰認爲這樣可能反而會增強基督教的勢力，更加難以控制。這種方式可以在日本國內實現，但在日佔區較難操作。[29] 當然，上述建議反映的是 1936

26　《長春文史資料 1988 年第 4 輯：滿洲宗教》，頁 20。
27　《長春文史資料 1988 年第 4 輯：滿洲宗教》，頁 169-171。
28　《長春文史資料 1988 年第 4 輯：滿洲宗教》，頁 174。
29　《長春文史資料 1988 年第 4 輯：滿洲宗教》，頁 144。

年部分日本人的觀點，後來隨著形勢的發展其觀點也有所變化。太平洋戰爭爆發後，鎮壓手段和教派聯合均成爲現實即是證明。

　　僞滿時期日本對東北基督教的祕密調查報告，一般出自日本駐僞滿使領館、警務局和日本軍方，直接調研者多爲日本派往各地的特務。此類調查與情報刺探融爲一體，大量關於基督教會活動的報告亦可歸於此類，只是這些報告十分零散瑣碎，算不上嚴格意義的調查。現將其中較有體系的調查摘出，列表如下。此表中的調查報告主要來自於日本外務省機密檔《各國宗教及布教關係雜件》中的「滿洲國」卷，只有第一項 1927 年的調查來自於「中國」卷。這種選錄方式顯然不夠全面，但作爲一些代表性的文獻，基本可以反映該時期日本基督教祕密調查的特點。

表 3：《各國宗教及布教關係雜件：滿洲國卷》中的基督教祕密調查資料

調查檔案名稱	呈報者	呈報時間	檔號
《間島（含琿春縣）地方朝鮮人宗教調查表》	間島總領事鈴木要太郎	1927.8.1	機密第 62 號
《間島（含琿春縣）地方朝鮮人宗教調查表》	間島總領事岡田兼一	1931.9.25	機密第 262 號
《間島琿春縣地方朝鮮人宗教調查件》	間島代理總領事瀧山靖次郎	1932.9.16	機密第 102 號

《在滿美國系天主教活動狀況》	關東廳警務局長	1933.1.24	關東高外第 249 號（極祕）
《間島琿春縣地方朝鮮人宗教調查表》	間島代理總領事永井清	1933.7.31	機密第 301 號
《在滿基督教狀況》	關東軍憲兵司令部	1933.6.27	警務特報第 7 號
《全滿天主教近況報告》	新京總領事吉澤清次郎	1934.8.11	機密第 401 號
《間島琿春縣地方朝鮮人宗教調查件》	間島代理總領事永井清	1935.9.6	機密第 1128 號
《間島琿春縣地方本邦人宗教調查表》	間島代理總領事永井清	1934.8.21	機密第 895 號
《宗教邪教其他慈善團體狀況檔》	東寧副領事古屋克正	1940.4.15	機密第 387 號
《宗教團體救世軍檔》	牡丹江領事瀧山靖次郎	1941.3.24	機密第 61 號
《滿洲國基督教的現狀》	僞滿大使梅津美治郎	1943.6.22	極祕第 456 號

　　日本的這些祕密調查，除了宗派系統、信徒數量、教會結構等基本專案外，同樣包含了被日本視爲危險行爲的教會人士的活動記錄。日本人最關注的仍是傳教士潛在的間諜行爲，美國傳教士是重點監視對象。1933 年，關東廳警務局長堅信撫順的天主教會是美國的諜報機關，遵照美國政府命令刺探僞滿政治、外交

和軍事情報。該地美國傳教士外出時，常攜帶小型無線電，頗讓日本人生疑。警務局認定撫順兩位傳教士專門從事間諜活動，其中一人精通日語和漢語，常出入奉天美國領事館，向諜報主任彙報傳教士的情況。另一人原為美國陸軍情報部勤務人員，以傳教士身分從事諜報活動。另有兩位撫順本部的教會領袖，在該年4月末至5月中旬稱病赴上海旅行，期間與上海各機關相聯絡，其行動有諸多疑點。在日本人眼中，這些傳教士任何細微行動都可能帶有反日的政治意味。比如撫順一些美國傳教士希望羅斯福當選新總統，而羅斯福對日本發動「九一八」事變並不支持，日本想當然地認為傳教士對日本不友好；日本人探知四平街天主教會在與撫順教會的通信中，表達日本憲兵隊以政治犯名義調查四平街某信徒的不滿，日本人認為這是危險的信號；法國天主教在東北淪陷前曾受到張學良的資助，且在國聯調查時曾發表對日本不利的言論，日本人認為需要格外注意；吉林基督教青年會雖然對日偽恭順親善，但日本人仍然懷疑他們的忠誠，建議對其與偽滿美國領事館及其他傳教士之間的往來要密切監視；[30] 綏陽基督教浸信會教堂被駐軍借用為兵營商店和倉庫，教會要求返還未果，日本人認為必須密切注意這種反戰反軍情緒。雖然浸信會領袖努力安撫信徒的不滿，但日本人還是懷疑他們有間諜行為。[31]

　　東北淪陷時期日偽對東北基督教的調查，無論是公開的還是祕密的，都有明確的宗教控制意圖，都高度警惕著西方政治勢力

30　《各國ニ於ケル宗教及布教關係雜件 第二卷 8. 滿洲國》，JACAR，Ref. B04012537100，《外務省記錄》（東京：外務省外交史料館，1932）。

31　《各國ニ於ケル宗教及布教關係雜件 第四卷 11. 滿洲國》，JACAR，Ref. B04012546400，《外務省記錄》（東京：外務省外交史料館，1940）。

潛在的影響，都對教會組織和成員有著高度的防範意識，總體上服務於政治目的。這些調查以及調查人的意見和建議，同樣為僞滿基督教政策的制定和變化提供了依據。

四、日僑宗教法案與基督教調查的政治指向

如前所述，日本試圖將針對朝鮮人的調查擴展到整個東北，原因之一在於隨著日本侵略的加深，所謂的「日僑」數量在東北激增。據滿鐵調查資料記載，1931 年東北有各類外國移民 1,101,869 人，其中朝鮮人 678,280 人，日本人 240,108 人，分別佔外國移民總數的 61.6% 和 21.8%。[32] 雖然此前日本在關東州租借地和南滿鐵路附屬地享有治外法權，也曾通過一些管理日僑宗教的法案，但隨著移民的大量湧入，監管措施效果有限。尤其是被日本視為日僑一部分的朝鮮移民，宗教組織往往成為民族主義運動的載體，暗藏對抗日本政府的危險。因此，日本在 1935 年借撤銷在僞滿洲國的治外法權之機，嘗試推出控制力更強、適用範圍更廣的日僑宗教管理法案。這就是 1936 年 6 月 6 日頒布的《滿洲國及中華民國神社規則》和《滿洲國及中華民國寺院、教會、廟宇及其他布教所規則》，是為僞滿時期針對日本和朝鮮移民宗教最為系統的法案。

兩份法案中的前者僅針對在華神社，後者涉及各種宗教，兩者主要條款大致相似。以後者為例，該法案共 18 條，其核心在於第 1 條和第 15 條，即中國各宗教組織的設立、轉移、廢止、

32　許逸超，《東北地理》（臺北：正中書局出版社，1947），頁 16。

合併，須由所在地日本領事批准；日本領事若認為該宗教有危害社會治安或風俗的行為時，可禁止其傳播。其餘各條款為具體實施細則，如宗教建築、神職人員、教會體系等細節及發生變動後，須向日本領事詳細彙報並得其授權。法案附則還規定，在法案實施前設立的宗教組織，須在兩個月內按法案幾個重要專案呈報具體資訊。根據此要求，中國內地及偽滿各日本僑民向日本領事呈報各自宗教資訊，領事將這些資訊彙集向日本政府呈報。日本通過這一法案，一方面實現了對日本和朝鮮在華宗教組織的全面監控，對可能危害到日本利益的行為提前預防和打擊；另一方面也對中國內地及偽滿僑民的宗教狀況有了全面瞭解，有利於對宗教組織的監控。考慮到當時的政治背景和調查資料中的資訊，我們有理由相信制定此法案的一個重要目的，是為了避免朝鮮獨立運動與宗教組織在中國的結合。

按照法令要求，通過宗教組織呈報和日本官員調查相結合的方式，最終形成產生了達7卷本的調查報告書——《滿洲國及中國神社、寺院、教會、廟宇其他布教關係》。此報告書全部卷宗總量達3,223頁，除第一卷的184頁是法案本身的記錄外，餘者皆為詳細的宗教調查報告。調查對象均為日本和朝鮮在華宗教組織，其中對朝鮮人的調查比例超過對日本人的調查。調查報告名義上是針對東北和中國，實際上絕大多數調查局限於東北地區，僅有少量涉及華北和中國其他地域。而全部調查報告中，直接或間接涉及間島朝鮮人宗教的內容接近半數，其中第4卷長達801頁的報告完全是間島領事對下轄宗教的調研。這些調查涉及各類宗教，但基督教具有相當大的比例，尤其是朝鮮人基督教會組織。

調查報告的具體形式，嚴格遵照《滿洲國及中華民國寺院、

教會、廟宇及其他布教所規則》的相關規定推進。以第 4 卷間島朝鮮人基督教為例，此卷報告書有統一的列印格式，呈報人只須按要求在空白處填寫具體事項即可。報告書分為布教所明細書、不動產明細書、布教師名簿、信徒代表名簿四大類目。布教所明細書包括名稱、所在地、宗派系統、本尊或祭神、廟宇或其他建築、境內屬地、境內附屬建築、信徒戶數、維持方法沿革等十項調查內容，其中沿革一項紀錄最詳。不動產明細書主要為土地和建築的名稱、位置和構造，皆附有圖紙。布教師名簿包括姓名、職名、就職日期，並附有會長簽字蓋章的布教資格證明書和履歷書。信徒代表名簿較為簡單，只須三位代表的姓名、住所和印章即可。報告書的呈報人一般為長老、執事、傳道師等教會領袖，同意須加蓋個人印章。以下為間島長老會電線村教會建築圖紙和布教者資格證明書樣式，其他地區與此大體相似。

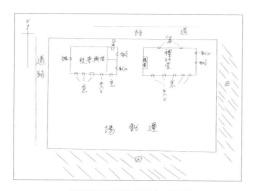

間島長老會電線村教會建築圖紙及布教者資格證明書[33]

33　《滿洲國及中國ニ於ケル神社、寺院、教會、廟宇其他布教關係 第四卷》，JACAR，Ref. B04012524500，《外務省記錄》（東京：外務省外交史料館，1936）。

從形式上看，上述報告只是對東北「日僑」宗教客觀現狀的調研和描述，並非如前述祕密調查一樣有過多的政治評判。結合1936年法案，或可將調查理解為日本對外僑宗教管理的一個步驟。但報告中對朝鮮人尤其是間島朝鮮人宗教調查的高比重，結合日本相關祕密調查的表述和當時的政治狀況，在一定程度上反映出日本的政治防範意識。在華日本人的宗教同樣也受到日本使領館的嚴格監管，他們對於有違法令精神的行為絕不手軟。在另外一套調查資料《在華外國傳教及教育關係雜件》中，相當比例的案例是1936年宗教調查的延續，其中明確記載有若干重要的日本教派被取締、牧師被解職，幾乎都與政治相關。[34]

上述調查，為覆蓋東北各國各宗派宗教法案的出臺奠定了基礎。日僑宗教法案頒布後不久，即有1936年12月8日僞文教部的《關於新設宗教暨類似宗教諸團體取締之件》出臺，嚴令僞滿各地不得新設立宗教及其類似團體，是為僞滿宗教法案被推出的前奏。[35] 1938年，僞滿民生部正式推出《暫行寺廟及布教者取締規則》，這是全面管理和控制東北宗教的最具代表性的法案。[36]《取締規則》共分14大項，34小項，規定設立寺廟、教會等布教場所時，要將設立原因、地點、宗派、傳教方法、資金來

34　參見《中國ニ於ケル諸外國ノ傳道及教育關係雜件》，JACAR，Ref. B04012579200，《外務省記錄》（東京：外務省外交史料館，1928-1943）。

35　《文教月報》第17號，轉引楊家餘，《內外控制的交合：日僞統制下的東北教育研究（1931-1945）》（合肥：安徽大學出版社，2005），頁167。

36　《暫行寺廟及布教者取締規則》，載於《滿洲國政府公報》第1341號（瀋陽：瀋陽書社，1990），頁505-507。

源、建築情況、傳教者情況、與國內外關係等詳情向民生部大臣呈報，得到其許可方可設立；現有布教場所的廢止、合併、遷移等變更要向民生部大臣申請，須得到其許可並備案；布教場所的建築、土地、用具等一切財產須詳細登記呈報，如有變動必須告知當地長官；傳教者的履歷、資格、職位、所屬宗派等詳細情況須上報當地長官，由其予以認可。另外，如果布教者有「怠為本令所定之呈報」、「反公益或其他不應准許存立之事由」或「妨害公安或風俗之行為」時，民生部有權取消設立的資格或禁止布教及其他教務執行。比較前述《滿洲國及中華民國寺院、教會、廟宇及其他布教所規則》，我們會發現兩者核心內容和本質大同小異，只是適用範圍不同，主管者也從日本領事變為偽滿民生部大臣或省長。兩者前後演進的痕跡非常明顯，當然，後者較前者更為細緻和嚴苛。為了確保取締規則的有效實施，1939 年前後偽滿下轄各省和特別市的管制措施紛紛出臺，主要是針對佈道人和宗教財產的監控，各地代表性的法令有《布教者身份證明書發給規則》、《寺廟財產保管規則》等，這些都是取締規則的配套措施。依照這些規則，日偽將各宗教團體的布教人的傳教權、各宗教團體財產的所有權、使用權、處置權和收益權等權力牢牢控制在自己手中。[37]

　　與緊隨日僑法案產生調查報告一樣，《取締規則》出臺後日偽對東北宗教的調查更為體系化，出現集大成式的調查文獻，比

37　見《滿洲國政府公報》第 1456 號、第 2024 號，轉引楊家餘，《內外控制的交合：日偽統制下的東北教育研究（1931-1945）》，頁 170、171。

較代表性有滿鐵出版的《滿洲宗教志》[38] 和偽滿民生部推出的《基督教調查報告書》[39]。綜合類調查以前者最爲詳盡，作者對東北各種宗教考鏡源流，分析特徵，其中對東北天主教、新教和東正教都有詳述，對日本教會在偽滿的傳教活動也有細緻的記載。基督教類調查以後者最爲完善，也是迄今可見的有關東北基督教史最全面、最完善的調查資料，涵蓋了東北各地天主教、東正教和新教各宗各派的內容，具有非常高的史料價值。

　　《基督教調查報告書》的製作主體爲偽滿民生部厚生司，其中不乏日本人的參與。報告書總計454頁，主體共分爲希臘正教（49頁）、天主公教（70頁）、滿洲基督教（172頁）、日本基督教（84頁）、朝鮮基督教（86頁）五部分，另有附錄統計（25頁）。各教派比例的大小一方面反映出東北基督宗教諸勢力的強弱對比，另一方面也反映出日偽對各宗教的重視程度。比如對朝鮮人的調查比例依然很大，報告書涉及朝鮮基督教長老會、加拿大聯合教會朝鮮宣教會、基督教朝鮮監理會、朝鮮耶穌教東洋宣教會聖潔教會、東亞基督教會、朝鮮基督教復臨安息日會、朝鮮基督教會等幾個派別。具體談及各派規章、沿革、附屬學校情形、所轄地區等，其中對長老會的調查最爲詳盡，詳細到每處傳教點的名稱、設立者、所在地、設立時間、布教者數、信徒數、經費等資訊。[40] 資訊的翔實程度，遠超之前的各類報告。報告書中對東北的西方教派也格外重視，主要宗教幾無遺漏，且對西方

38　芝田研三，《滿洲宗教志》（大連：滿鐵社員會，1940）。

39　《宗教調查資料第7輯：基督教調查報告書》（長春：偽滿民生部厚生司，1940）。

40　《宗教調查資料第7輯：基督教調查報告書》，頁367-428。

最大教派長老會有非常豐滿的描述。從具體表述看，各教派的章程、教義、沿革等資訊爲教派自身提供，大致符合宗教本身特徵，相對客觀。當然，報告書字裡行間也不時有宗教防範的內容，比如報告認爲美國復臨安息日會荒唐無稽，是愚弄民衆的宗教，而與蒙疆美國教會相關的中國基督徒具有赤化傾向。[41]

五、簡短結語

以上以基督教爲例，扼要梳理了20世紀上半葉日本對東北宗教調查的相關史實。這些調查是近代日本對華調查工程的重要組成部分，在形式上與其他調查並無本質差別。這些調查往往按照地區、宗派以及下屬支派分類，以流水帳的形式將宗教組織諸要素逐一介紹，同時輔以大量數字、表格、圖紙、圖片等等。調查地點在東北淪陷前較多關注滿鐵附屬地和延邊朝鮮族聚居區，淪陷後則擴展至整個東北。而日本對東北朝鮮人宗教的調查，是貫穿始終的重點。這些調查報告在一定程度上展現了當時東北基督教的發展狀況，具有較高的史料價值。同時，調查報告字裡行間隱含著深刻的政治元素，包含大量調查人主觀的政治評判和宗教控制建議，有助於我們瞭解日本對華宗教控制的眞實態度。

從調查報告中呈現的資訊可見，日本之所以不遺餘力開展相關調查，一方面是爲了使日本政府各級單位瞭解當地狀況，以便於社會控制。日本的宗教調查通常有公開和祕密兩種方式，根據

---

41 《宗教調查資料第7輯：基督教調查報告書》，頁232。

檔的重要性可分為普通、密、機密、極祕等類別。密級較高的檔或與政治事件相關，或為重要的諜報資訊。調查報告主要接受者為日本涉外最高級別長官，比如外相、外務大臣、全權大使等，但一般會同時抄送與報告相關的各級官員，是日本政界和軍界瞭解東北社會直接管道。日本在制定殖民地宗教法律的時候，在一定程度上參考了這些調查資料；而在法令推行的過程中，又產生了更深入、更全面的調查報告。

另一方面則帶有防微杜漸、清除政治隱患的目的，尤其要排除宗教與民族主義、愛國主義以及西方勢力結合的可能性。此類調查的重點往往是對日本可能構成威脅的宗教現象，基督教因其西方背景往往格外受關注，日本官方對西方傳教士的隱憂遠超過其他宗教。日本人擔憂的是基督教中可能潛藏的政治勢力，深恐西方敵對力量與東北民間反日組織、尤其是與朝鮮獨立運動結合。就日本政府而言，任何潛藏的政治隱患必須儘早被發現和被剔除。上述調查者不但對具體事實細緻描述，而且不時提出控制宗教的建議，其解讀誇大了宗教中的政治因素，這些言論反映出日本的真實意圖。

總之，日本對華基督教調查在各類調查中具有一定的典型意義，個中反映出的諸多問題值得進一步探討。

A Preliminary Study on the Role of Japanese Christians in the Formation of Coerced "Church Union" in Wartime Japanese Empire

Yuki Takai-Heller

Abstract

This paper aims to clarify and analyze roles played by Japanese Christians in the formation of the Japanese-led "church union" that took place in wartime Taiwan, Korea, Manchukuo and North China. Since Japanese church leaders served as "agents" of the church union for the sake of wartime control, their efforts appeared highly authoritarian to the leaders of local churches, where divisions that lasted for decades afterwards were created. However, such church union, in the minds of some Japanese church leaders, had to be brought about more or less for the survival of local church bodies lest the military authorities would destroy them.

The main focus of this paper will be on the case in Taiwan, where *Nihon Kirisutokyō Taiwan Kyōdan* 日本基督教臺灣教團 (*vis.* The United Japanese Church of Christ in Taiwan) was established in 1944. Based on private records of Japanese Christians, the paper explains that it may have taken place under the guidance of the Division of Education of the Government General in Taiwan, which with the assistance of the

Japanese church leaders in Taiwan, sought to safeguard the Taiwanese Church from the military authorities that ostensibly conspired to dissolve the Taiwanese Church. The paper also explores horizontal connections with other cases of "church union" in Manchukuo, North China and Korea, where *Manshū Kirisuto Kyōkai* 滿洲基督教會 and *Kahoku Chūka Kirisuto Kyōdan* 華北中華基督教團 were established in 1942, and *Nihon Kirisutokyō Chōsen Kyōdan* 日本基督教朝鮮教團 , in 1945.

關鍵詞：Wartime Church Union, *Nihon Kirisutokyō Taiwan Kyōdan, hōkoku* mentality, shrine worship, National Mobilization Law, Imperial Rule Assistance Association

Introduction: Basic mental map of Japanese Christians in modern Japan

One of the most conspicuous characteristics of the history of Christianity in Japan is Church/Christian's awkward relationship with the State. Christianity in modern Japan started out burdened with a highly negative image of an abominable religion which would bring disaster to the family, community, and eventually the nation, which were shaped in the minds of the people by vehement propaganda of the Tokugawa Shogunate in the early seventeenth century.[1] While Catholic converts were executed in brutal manners as warnings to the people, the Shogunate avoided killing Christians in mass which could lead to the loss of labor force. Cruel methods of torture were used therefore, to lead Christians to renounce their faith, followed by various measures to completely wipe out Christianity from the nation. In addition to the tragic fate of the Christians, ex-Christian families were watched for three generations even after they renounced their faith, and every Japanese was forced to register at a Buddhist temple, lest no Japanese would become or remain Christian. Such suspicion and ill image toward Christianity continued for two and a half centuries, causing public perception of Christianity to become extremely negative by the nineteenth century when Protestant missionaries arrived in Japan.

---

1 George Elison, *Deus Destroyed: The Image of Christianity in Early Modern Japan* (Cambridge, Massachusetts: Harvard University Press, 1988).

In contrast to the negative memory of Catholicism widely shared among the general populace, Protestant Christianity came into modern Japan with an undeniable splendor of modern western civilization in the background, attracting young samurais who believed Christianity to be the political and spiritual answer to Japan's future, even as Christianity was widely perceived by the social elites at the time to be the spiritual backbone of western civilization. Conversion to Christianity, however, would still trigger dark memories of Catholicism and was often blamed as bringing shame and a dreadful fate to the family and community for generations to come, and could even be perceived as an act of disloyalty to the nation.

In such an ambivalent emotional map of the Japanese perception of Christianity, those who converted to Christianity in modern Japan were inevitably caught with a strong sense of obligation toward the nation to prove they were "faithful subjects of the Emperor" (*shinmin* 臣民), the condition stipulated in the clause on religious freedom in the Constitution of the Empire of Japan, or the Meiji Constitution, promulgated in 1890. This inevitably contributed to the formation of the Japanese Christians' collective mentality which emphasized the value of *hōkoku* 報國, i.e. repaying the national polity (*kokutai* 國體) for her generosity to grant religious freedom to her subjects.[2] Such *hōkoku* mentality could

---

2   Yoichi Yamaguchi aptly defines Protestant Christianity in Meiji Japan as *hōkoku no kirisutokyō* (Christianity in service to the National Polity), which attempted to overcome the image of Christianity being *kokugai* (國害 national evil). See "Kindai Nihon no Keisei to Kyōkaishi [Formation of Modern Japan and Church History]," *Fukuin to Sekai*

either be voluntary, coming from the samurai mentality to "serve" the nation instead of the abolished feudal lords, or out of a necessity to defend Christianity and prove their innocence in the face of social suspicions against Christianity.

Such was the awkward relationship between Christianity and the State throughout prewar Japan. The problem was that, while *hōkoku* mentality was in general a shared sentiment among Japanese Christians, it did not make sense to local Christians in the periphery of the Empire, i.e., colonies and occupied regions. This paper intends to discuss such discrepancies that existed between Japanese Christians and non-Japanese Christians in the periphery, as it traces the historical process leading up to the coerced church union in areas that included Taiwan, Korea, and North China. The main focus of this paper will be on Taiwan, where *Nihon Kirisutokyō Taiwan Kyōdan* 日本基督教臺灣教團 (vis. The United Japanese Church of Christ in Taiwan) was established in 1944, the case in which union took place under the "guidance" of the Bureau of Culture and Education of the Government General in Taiwan (臺灣總督府文教局) with the assistance of Japanese church leaders in Taiwan, whose main intention was to safeguard the Taiwanese Church from the military authorities that ostensibly conspired to dissolve the Taiwanese Church. The paper also explores similar cases of church union that took place in North China and Korea, where *Kahoku Chūka Kirisuto*

(Jan. 2018), p. 8.

Kyōdan 華北中華基督教團 and *Nihon Kirisutokyō Chōsen Kyōdan* 日本基督教朝鮮教團 were established in 1942 and 1945 respectively. Although still at a preliminary stage, the paper attempts to explore common characteristics of the Japanese Christians' mentality and actions in cooperating with such wartime control of churches, and discusses how it might go back to the *hōkoku* mentality of the Japanese Christians from the beginning of the Meiji era, and how it created discrepancies with Christians of other races.

Historical Background (1) The Shrine Issue

Roughly speaking, there were three major phases to the general situations churches and Christians were faced with under the wartime pressure, leading to the formation of united churches in the Japanese Empire; firstly, a series of shrine issues taking place mainly in the educational arenas, resulting in tightened control over and rise of the tide against Christianity; secondly, establishment of an all-inclusive totalitarian regime in which churches and Christians were mobilized; and lastly, utilization of Japanese Christians as agents of military control of the people in periphery through church connections, the most evident being the formation of united churches. In general, these moves started within the context of the Metropole, i.e. Japan proper, then shifted into the periphery, influencing each other across the Empire. The authorities, seeing how things developed in the Metropole, applied their experiences into the periphery for the effective control of Christians and Christian institutions.

According to Yasuhiro Okudaira, shrine issues took place in Japan throughout the 1920s and peaked from the late 1920s to the beginning of 1930s.[3] The first well-recorded case is the Mino Mission Incident 美濃ミッション事件, in which six elementary school students who belonged to the Mino Mission Church in Ogaki, Gifu Prefecture, refused to attend shrine worship in September 1929.[4] This was followed by *Jōchi Daigaku Yasukuni Jinja Sanpai Kyohi Jiken* 上智大學靖國神社參拜拒否事件 in which three Catholic students of Sophia University, a Jesuit University in Tokyo, refused to attend shrine worship at Yasukuni Shrine in May 1932.[5] It then leapt across to Korea, where Christian schools re-

3   Yasuhiro Okudaira, "Meiji Kenpō ni okeru 'Shinkyō no Jiyū' ('Freedom of Religion' in the Meiji Constitution)", in Tomisaka Kirisutokyō Sentā (ed.), *Jūgo-nen Sensōki no Tennōsei to Kirisutokyō* (The Emperor System and Christianity During the Fifteen Years War) (Tokyo: Shinkyō Shuppansha, 2007), pp. 34-35.

4   See Mino Mission, *Jinja Sanpai Kyohi Jiken Kiroku* (Records of the Refusal of Shrine Worship), reprint, 1992; Shion Ichikawa, "Senzen Senjika ni okeru Mainoriti e no Shakaiteki Sabetsu no Kōsatsu: Kirisutokyō Hakugai Mino Mission Jiken o Jirei ni (A Study on Social Discrimination of the Minorities Prior to and During the War: A case of Christian Persecution, Mino Mission Incident)," unpublished graduate thesis submitted to Makita Zemi (Obirin University, 2011) (https://www.obirin.ac.jp/la/ico/con-sot-suron/sotsuron2011/2011M-ichikawa.pdf), Retrieved Feb. 6, 2018. Okudaira notes how this Incident remains the most conspicuous case due to the fact Sadie Lea Weidner, founder of the Mission, brought back the record to the United States in 1939, where they were preserved and reexamned after WWII.

5   See Kate Wildman Nakai. "Coming to Terms with 'Reverence at Shrines': The 1932 Sophia University–Yasukuni Shrine Incident." In *Kami Ways in Nationalist Territory: Shinto Studies in Prewar Japan and the West*, ed. Bernhard Scheid (Wien: Österreichischen Akademie der Wissenschaften, 2013), pp. 109-153.

fused to participate in a series of *kigan-sai* 祈願祭 and *irei-sai* 慰靈祭, i.e. public memorial services for the soldiers killed in the Manchurian Incident, held in Kwangju, Pyongyang, and Wonsan in 1932 and 1933.[6] These acts of refusal of shrine or shrine-like worship across the Empire gave rise to fierce attacks on churches and schools by various agents including school teachers, media, administrative officials, ex-soldiers, and in some cases, peer Christians, developing into community-wide denunciation movements.

The move for denunciation of Christian schools and churches grew fiercer over the next couple of years as Christianity was deemed highly disloyal to the National Polity even after the schools accepted the cause for shrine worship. The first case of this kind took place in Amami Ōshima 奄美大島 Islands located between Kyushu and Okinawa, where about 4% of the population was Catholic. In March 1934, *Ōshima Kōtō Jogakkō* 大島高等女學校, a Catholic girls' high school, was officially closed down after ceaseless attacks took place between the summer and the fall of 1933, as the school was accused of carrying out disloyal education notwithstanding the school's acceptance of shrine worship. The denunciation movement never ceased in Amami Ōshima even after the

---

6   Takeshi Komagome. *Sekai-shi no naka no Taiwan Shokuminchi Shihai: Tainan Chōrō-kyō Chūgakkō kara no Shiza* (Taiwan Colonial Rule in World History: From the Perspective of Tainan Presbyterian Boy's School), Iwanami Shoten (2015), p. 435; Kim Sung-tae, "Jinja Mondai to Kankoku Kyokai (The Problem of Shinto Shrine Worship and the Church in Korea)" *St. Andrew's University Journal of Christian Studies* (29), 87-107, 1993-03-31, translated by Masahiko Kurata, pp. 92-93.

school was closed down, causing the entire Catholic community to disappear from the Island within several years.[7]

The experience of Amami Ōshima shifted to Taiwan where a similar denunciation movement targeting *Tainan Chōrōkyō Chūgakko* 臺南長老教中學校 occurred after Lim Boseng 林茂生, Chairperson of the Board of Directors, allegedly refused to take students to shrine worship in December 1933. After his resignation from the Chairpersonship and the replacement of the principal, a western missionary, with a retired Japanese Christian military captain the following year, the school gained official recognition as high school, which had been their hope for years. In contrast to this "soft-landing" in South Taiwan, *Tansui Chūgaku* 淡水中學 and *Tansui Jogakuin* 淡水女學院 in North Taiwan were requisitioned by the Taihoku State Government after the authorities' target switched from the South to the North.[8] In the case of Taiwan as well as in Korea and Manchukuo, the main actors in making decisions on the shrine question (in the case of Manchukuo, Confucian temple worship) were western missionaries, whose power over schools diminished greatly after the abolition of extra-territorial rights in the Japanese Empire in

---

7　Tasuku Aso, "Kindai Nihon ni okeru Kirisutokyō Shūdan o meguru Haijo no Keikan: 1930 nendai no Futatsu no Haigeki Jiken o Jirei to shite (The landscapes of exclusion concerning Christian groups in modern Japan: The case of two incidents in the 1930's)," *E-journal GEO* Vol. 11(1), 2016, pp. 230-232.

8　Komagome (2015), pp. 467-589. Komagome points our that Imagawa Fukashi 今川淵, Governor of Taihoku Prefecture, was the main actor in the denunciation movement. Imagawa was the Governor of Tainan Prefecture during the Tainan Presbyterian School Shrine Incident.

1939, followed by their withdrawal from the Empire in 1940.

The wave of denunciation movements led by the state authorities then moved back to Korea again. The prefectural governor strongly pressed private Christian schools to carry out shrine worship in November 1935. Three principals, G. S. McCune of Soongsil School 崇實學校, Chong Iksun, the acting principal of SoongEui Girls' School 崇義女學校, and C. W. Lee of Soonan Euimyung School 順安義明學校, refused to carry out shrine worship, eventually leading to the closure of one school and replacement of the principals to Japanese Christians for two schools that chose institutional survival.[9]

In Manchukuo, the enforcement of Confucian temple worship came to take on the role of shrine worship in cracking down Christian schools. Yuko Watanabe describes how in the fall of 1935, shortly before Christian Schools in Pyongyang refused to carry out shrine worship, *Bunkō Chūgakkō* 文光中學校 in Manchukuo, a Christian school established by the Presbyterian Church in Ireland, was faced with an institutional crisis by refusing to send students to Confucian temple worship. In 1936 the enforcement of Confucian temple worship spread to all Christian schools in Manchukuo, and following the enactment of the Private School Ordinance in 1937 and the abolition of the extra-territorial rights of the missionaries in 1939, the Manchuria Mission Council gave up on the institutionalization of Christian schools as official educa-

---

9   Kim (1993), pp. 93-94.

tional foundations, with the understanding that enforcement of Confucian temple worship would be replaced with shrine worship. All Christian schools were thus requisitioned by the Manchukuo Government and turned into public schools in 1940.[10]

The case in Manchukuo clearly indicates that the aim of coercion of shrine worship lay not in the acceptance of the content or object of worship, but in the cultivation of the spirit of complete obedience to the regime, to prepare masses for total control.

In conclusion, shrine worship, rather than being a purely religious question here, bore highly political meanings akin to a litmus test for digging out people's allegiance or disloyalty to the National Polity of Japan.[11] Naturally, most Christian schools in the Japanese Empire tried to deal with the shrine issue as a political question, separating it from the religious one, thus allowing for a compromise in carrying out shrine worship for their institutional survival. The ground for such justification came from the position of the Federation of Churches in Japan (*Nihon*

---

10   Yūko Watanabe, "Kirisutokyō no Jiyū to Kokumin Dōtoku: Manshūkoku ni okeru Kōshisai Sanpai Kyōsei o Megutte (Freedom of Christian Education in Machukuo: Enforcement of Confucian Temple Worship in Christian Schools)," Bulletin of Tomisaka Christian Center No. 7 (March 2017), pp. 135-146.

11   Takeshi Komagome aptly likens shrine worship to the "*fumi-e* 踏繪" method used in the early modern Japan to detect Christians in his article "Tainan Chōrō Kyōkai Chūgaku Jinja Sanpai Mondai – Fumieteki na Kenryoku no Yōshiki (Shrine Issue of the Tainan Presbyterian Middle School: A Fumie-like Form of Power)," *Shisō* (2000), p. 915. *Fumi-e* is the act of stepping on a sacred Catholic image which the Japanese authorities in the Edo period required suspected Catholic believers to do, in order to make them apostatize.

Kirisutokyō Renmei 日本基督教連盟 , hereafter "Federation"), who accepted the official explanation of the Ministry of Education regarding shrine worship in 1932, in which the observance of shrine worship was defined as an expression of cultivation of patriotism and maintenance of spirit of obedience.[12] This way Christians could justify both the accusation that shrine worship was "idol worship" and the government's enforcement was a breach of Freedom of Religion stipulated in the Meiji Constitution.

Undoubtedly, this became the decisive turning point for churches and Christians in the Japanese Empire, as they gave up questioning the legitimacy of the government's official stance that Shinto was "not a religion",[13] a question that would bring not just headaches but risks.

Historical Background (2) Services Under the National Mobilization Law

The second phase is characterized by a series of wartime government-led mobilization movements and the establishment of service organizations at the community level, through which civilians including Christians were implicated into the system of a total control. The Na-

---

12   Akio Dohi, "Tennōsei Kyōhōki o Ikita Kirisutokyō: Nihon Kirisutokyō Renmei o Chūshin to shite (Christianity that Survived the Fanatic Era of Emperor System: Focusing on the Federation of Churches in Japan)", in Tomisaka Kirisutokyō Sentā, pp. 110-112.

13   Okudaira, pp. 58-59.

tional Spiritual Mobilization Movement (國民精神總動員運動 *Ko-kumin Seishin Sōdōin Undō*, hereafter "Mobilization Movement"), initiated by the first Konoe Cabinet soon after the Marco Polo Incident in July 1937, was the first move in the Metropole in which the concept of a total war (總動員戰爭 *sōdōin sensō*) was implemented through various activities. In Taiwan and Korea where similar movements developed, the intention to mobilize the colonized people for war was more explicit. Much emphasis was laid on encouraging the Taiwanese and the Koreans to become genuinely Japanese through *Kōminka* Movement 皇民化運動 and in exchange to "grant" them with the quasi-equal treatment as the Japanese, which reflected the authorities' suspicions against the Taiwanese whose fatherland was China, and the Independent-minded Koreans

The *Kōminka* Movement had begun prior to the Marco Polo Incident in Taiwan, where the use of Japanese language, use of Japanese family names (*kaiseimei* 改姓名), and the abolition of local religious rituals and customs in addition to the enforcement of shrine worship, were promoted. As Han-Chinese population in Taiwan possessed a sense of belonging to China against where Japan was wading the war, the main focus was on separating the Taiwanese people's identity from the mainland China through more drastic Japanization policy and the denunciation of the Chinese. In contrast to the case in Taiwan where the *Kōminka* Movement did not accompany much coercion, it took on a much stronger form of coercion in Korea, beginning with the compulsory establishment of a shrine in every village, the performing of *kyūjō yōhai* 宮城遙

拜 every morning, hoisting of the Japanese flag, recitation of *kōkoku shinmin no seishi* 皇國臣民の誓詞 at every social scene, in addition to the volunteer soldier recruiting system coupled with the use of Japanese family names (*sōshi kaimei* 創氏改名), eventually leading to the establishment of army draft system. It seems that the authorities aimed at destroying the political and spiritual identities of the Korean population thoroughly.

Whereas the shrine worship posed issues for Christians because it was essentially a negative devise by which Christians might be denounced as being disloyal to the National Polity, the National Spiritual Mobilization Movement posed opportunities for Christians to prove their allegiance to the National Polity because it was all-encompassing and could possibly function as a positive devise. The Federation of Churches in Japan joined the National Spiritual Mobilization Central League (*Kokumin Seishin Sōdōin Chūō Renmei* 國民精神總動員中央連盟, hereafter "Central League") with the Shintō and Buddhist counterparts. The League demanded Christians to "reform and reinforce" Christianity "which advocates world peace and love of mankind" until it would promote the ideals of the Japanese Empire and love of nation.[14] At this point the Federation was essentially giving up Christian "love of

---

14 Makoto Hara, *Kokka o Koerarenakatta Kyōkai: Jūgo-nen Sensōka no Nihon Purotesutanto Kyōkai* (The Church that Could Not Transcend the State: Protestant Churches in Japan During the Fifteen Years War), Tokyo: Nihon Kirsutokyōdan Shuppankyoku (2005), p. 112. See Dohi, pp. 109-118, for the issue in the changes of the Federation's response to the regime.

mankind" in exchange for either love of nation or self-defense. The Central League also continually put pressure on the Federation of Churches as well as the Shintō and Buddhist counterparts to reinforce and expand methods to mobilize people through religion. Such intentions of the Central League were communicated through the Federation of Churches to Japanese Christian organizations in the periphery, to be implemented into actions in Christian communities in the periphery under the leadership of Japanese Christians.[15]

A close look at the establishment of wartime Christian service organizations in Taiwan helps us to understand the efforts Christians (mostly Japanese but also some Taiwanese) made to respond to the demand of wartime by showing the spirit of *hōkoku* while maintaining the cause for Christian work. A month after the Marco Polo Incident, the All Taiwan Christian Service Association (*Zen Taiwan Kirisutokyō Hōshikai* 全臺灣基督教奉仕會, hereafter "Service Association") was established on August 6, 1937, following the move of the Federation. With the exception of the True Jesus Church, all Protestant churches in Taiwan, in addition to the Taiwan YMCA and Christian Women's Organization (*Kirisutokyo Kyōfūkai* 基督教婦人矯風會), joined the Service Association.[16] The main objective of the Service Association was to comfort families of the deceased soldiers or injured soldiers by sending words of condolences and flowers to the families of the deceased soldiers, dispatching represen-

---

15 *Taiwan Seinen* 臺灣青年 No.120 (1939.8), p. 6.

16 *Taiwan Seinen*, No. 98 (1937.9), p. 2. Incidentally, Tainan

tatives to attend funerals, visiting the injured soldiers and so on, besides collecting money for the Army and Navy.[17] The Service Association also sent three ministers to inspect situations in Xiamen in August 1938, three months after the Japanese occupation of the region, to prepare the ground for East Asia Mission (*Tōa Dendōkai* 東亞傳道會), which later sent Taiwanese missionaries to Xiamen, Guangdong and Hainandao.[18]

While some Japanese Christians were anti-war-minded, others willingly offered cooperation for the cause of the National Spiritual Mobilization Movement. The Japanese-led "Taiwan YMCA" based in Taihoku seems to have been quite keen in cooperating for the wartime ideology under the strong leadership of the superintendent Chikamori Ikkan 近森一貫. For example, in October and November of 1938, Matsuyama Tsunejirō 松山常次郎, a Christian member of the House of Representatives and a member of the Japan YMCA, was invited by Taiwan YMCA to give lectures in more than ten locations in Taiwan to promote the Mobilization Movement.[19]

From these examples of Christian involvement in the National Mobilization movement in Taiwan, it is surmised that the Mobilization Movement created "opportunities" for Japanese Christians in the periphery to prove their allegiance to the wartime regime by taking the initiative to mobilize local people through Christian work. This might also

---

17   *Taiwan Seinen*, No. 100 (1937.11), p. 2.
18   *Taiwan Seinen*, No. 110 (1938.9), p. 2.
19   *Taiwan Seinen* No. 113 (1938.12), p. 2.

explain why some local Christians also took part in such movements and ironically were later labeled as "pro-Japanese". Taking the initiative in cooperating with the regime might avoid or reduce the tide of denunciation toward Christianity, which was very much a reality both in Taiwan and Korea. In fact, the hostile treatment of the authorities persisted toward most local Christians in the periphery who did not share the basic *hōkoku* sentiment that the Japanese Christians possessed. Hsu Chien-Hsin 徐謙信 described, for example, how local evangelists in Taiwan were told to act as model subjects of the Emperor (*kōmin*) by taking the initiative to visit the family of the deceased soldiers, collecting scrap iron and copper, and participating in the mobilized labor at factories,[20] an obvious harassment toward Christians whom the authorities posed as essentially anti-national (*hikokumin* 非國民).

In 1940 when the Imperial Rule Assistance Association (*Taisei Yokusankai* 大政翼贊會) was established replacing the Mobilization Movement resolved in the same year, similar subordinate associations were established in the periphery, such as *Kokumin Sōryoku Chōsen Renmei* 國民總力朝鮮連盟 in Korea in 1940, *Kōmin Hōkōkai* 皇民奉公會 in Taiwan and *Kantōshū Kōa Hōkōrenmei* 關東州興亞奉公連盟 in Kwantung in 1941, *Jawa Hōkōkai* ジャワ奉公會 in Indonesia in 1944. In the case of Manchukuo, *Manshūkoku Kyōwakai* 滿洲國協和會 came

---

20 Hsu, C.H. and L.M. Cheng eds. *Taiwan Jidu Zhanglao Jiaohui Bainianshi* 臺灣基督長老教會百年史 (A Centennial History of the Presbyterian Church of Formosa), 3d ed. (Tainan: Taiwan Church Press, 1995), pp. 243-244.

to take on the same role from 1941. All residents were expected to join such associations, whether Japanese or non-Japanese. The Federation of Churches in Japan responded to the Imperial Rule Assistance Association with renewed sense of cooperation.[21] This was followed by Christians in Taiwan who inaugurated an organization called *Taiwan Kirisutokyō Hōkōkai* 臺灣基督教奉公會 in August 1942, which included the Catholic Church as well as the Taiwan YMCA and the Christian Women's Organization in addition to all Protestant churches in Taiwan.[22] By this time there was little Christian initiative but mere passive obedience to the totalitarian regime.

Wartime Church Union

We now turn our eyes to the formation of united churches in the Empire. Just as every organization and every individual became objects as well as agents of total control, so were churches and Christians. For Christian churches in the Japanese Empire, church union was the final stage of churches' imperative in the total war regime.

The historical process leading to church union in the Japanese Empire owes most of all to the Religious Organizations Law (*shūkyō dantaihō* 宗教團體法) promulgated in April 1940, which opened the way for religious organizations to be accredited by and to receive conditional

---

21   Makoto Hara (2005), p. 113.
22   *Taiwan Seinen*, No. 157 (1942.8).

"protection" of the government in exchange to receiving full control of the wartime regime.[23] Initially, Christian churches prepared to establish separate organizations according the new Law; however, because small churches failed to meet conditions for accreditation, and because of the heightened media-led Christianity-bashing that stiffened the position of the Ministry of Education, thorough amalgamation of churches was required, eventually leading to the establishment of the United Church in June 1941.[24]

In the case of Christianity, elimination of western missionary influence from the local church body was a significant goal of the enforcement of the Law, although there is no stipulation in the Law regarding missionaries.[25] Elimination of missionary influence was not just coerced in the Metropole but more so in the periphery where missionary leadership had hindered the Japanese from extending their rule into local church bodies. Ironically, the elimination of western influence in churches became a suitable logic of justification for promoting church union in China, because of persisting sentiments among the local Chi-

---

23   See Makoto Hara, "Shūkyō Dantaihō no Motoni Atta Senjika no Kirisutokyō (Christianity Under Religious Organizations Law in the Wartime)", and Kainō Nobuo, "Nihon Kirisuto Kyōdan (The United Church of Christ in Japan", in Kirisutokyō Shigakukai (ed.), *Senjika no Kirisutokyō: Shūkyō Dantaihō o Megutte* (Christianity During the Wartime Period: With a special focus on the Religious Organizaions Law) (Tokyo: Kyōbunkan, 2015), pp. 13-26 and pp. 27-52.

24   Kainō, Ibid., pp. 27-37.

25   Kainō, Ibid., pp. 37-40. According to Kainō, such orders by the Ministry of Education were made orally so that there would be no documents to trace, pp. 38-39.

nese against the cultural invasion of Western Christianity and the demand for the establishment of indigenized churches (本色教會).

How exactly the policy of church union was initiated and implemented in each region in the periphery still awaits research. However, there is one significant suggestion by Yahiko Itō. Itō indicates that there was a pattern to the infiltration of the Shintō nationalistic regime and religious nationalism in wartime Japan, namely, the combination of severe military oppression and the mild instruction and control of thoughts: the former, through the special secret service police (*tokkō* 特高) and the military police (*kenpei* 憲兵), and the latter, through various government-led round-table conferences of the well-informed as well as the Ministry of Education.[26] This perspective can be applied to the analysis of shrine issues and the National Spiritual Mobilization Movement, as well as to church union.

The first move of church union was the establishment of *Nihon Kirisuto Kyōdan* 日本基督教團 in June 1941 in Japan proper. Similar church union took place in the Empire under the strong guidance of the Japanese authorities and Japanese Christians working as "agents", with the "cooperation" of "pro-Japanese" local Christians. Moves in the periphery first took place in the occupied regions of China under strong military and political initiative, leading to the establishment of *Kahoku Chūka Kirisuto Kyōdan* 華北中華基督教團 in October 1942 and *Nan-*

---

26 Yahiko Itō, "Seiji Shūkyō no Kuni Nippon (Japan, the Nation of Political Religion)", Tomisaka Kirisutokyō Sentā, p. 81.

kin Chūka Kirisuto Kyōdan 南京中華基督教團 in February 1943. The authorities' attempt to establish *Kachū Chūka Kirisuto Kyōdan* 華中中華基督教團 failed due to the resistance of local Chinese Christian leaders such as Mou Qiusheng 繆秋笙, the then acting General Secretary of the National Christian Council in China 中華全國基督教協進會.[27] However, *Nankin Chūka Kirisuto Kyōdan* 南京中華基督教團 was established in Nanjing in February 1943.[28] Prior to the attempts to form such united churches, Japanese pastors ministering to the Japanese Christians in these regions, missionaries dispatched from *Tōa Dendōkai* 東亞傳道會 (originally established as *Manshū Dendōkai* in June 1933, renamed *Tōa Dendōkai* in 1937, and subsumed under *Tōa-kyoku* 東亞局 of *Nihon Kirisuto Kyōdan* in 1943[29]), and Japanese Christians dispatched from the Japan YMCA, worked with local Chinese Christians to establish city-level organizations, such as Japanese-Chinese Councils of Christian Churches 日華基督教協議會, to prepare for the formation of united church organizations. In colonies and Machukuo where colonial or pseudo-colonial rule had been established for years, church

---

27   Yōsuke Matsutani, "Ajia Taiheiyō Sensōki no 'Chūka Kirisuto Kyōdan' ('The United Church in China' During the Asia Pacific War)", Teruko Ishikawa et.al., *Hajimete no Chūgoku Kirisutokyō-shi* (Easy Guide to the History of Christianity in China) (Osaka: Kan'yō Shuppan, 2016), pp. 178-179.

28   Matsutani (2016), pp. 171-176.

29   Yuko Watanabe, "Jūkyū-seikimatsu kara Nicchū Sensō Shūuketsu madeno Nihon to Chūgoku no Kyōkai" in Teruko Ishikawa et.al., pp. 149-154; "Manshū Purotesutanto-shi ni okeru Tōa Dendōkai to Nekka Dendō (The Tōa Missionary Society and the Jehol Mission)," *Prime* (31), 2010-03, International Peace Research Institute, Meiji Gakuin University, p. 22.

union was led by Japanese church leaders and/or local church leaders. *Manshū Kirisuto Kyōkai* 滿洲基督教會 was the first to be established in June 1942, *Nihon Kirisutokyō Taiwan Kyōdan* 日本基督教臺灣教團 in April 1944, and *Nihon Kirisutokyō Chōsen Kyōdan* 日本基督教朝鮮教團 in July 1945.

The Establishment of *Nihon Kirisutokyō Taiwan Kyōdan* 日本基督教臺灣教團 [30]

In the case of colonial Taiwan, the author's main field of research, the establishment of *Nihon Kirisutokyō Taiwan Kyōdan* (The United Japanese Christian Church in Taiwan, hereafter, *"Taiwan Kyōdan"*) can be explained as the united efforts of the Japanese Educational authorities and the Japanese church leaders against the military pressure to crack down on the Taiwanese Presbyterian Church. The process leading to the union is characterized firstly by a growing sense of crisis on the side of the Taiwanese church leaders who sought affiliation with a church organization in Japan proper in order to safeguard their Church, secondly by the efforts made by Japanese Christians in Taiwan to safeguard Taiwanese Churches through the establishment of *Taiwan Kyōdan*, and thirdly

---

30   This section is based on Yuki Takai-Heller, "Nihon Tōchi-ka Taiwan ni okeru Protestanto Kyōkai no 'Gōdō' Mondai: 1930 nendai oyobi 1940 nendai o chūshin ni (Japanese-Taiwanese Protestant Church 'Union' in Taiwan under Japanese Rule: 1930s through 1945)," *The Journal of History of Christianity* 59 (Jul. 2005), The Society of Historical Studies of Christianity, pp. 109-141, unless mentioned otherwise.

by the negative reactions of the Taiwanese Church.

Between 1934 and 1940, the Presbyterian Churches in the South and the North Taiwan made repeated attempts to join the Federation of Churches in Japan, but failed completely. The Taiwanese Churches then explored possibilities of either affiliating or uniting with *Nihon Kirisuto Kyōkai* (The Presbyterian Church in Japan 日本基督教會) between 1938 and 40, which did not work out either, possibly because of a discrepancy between Churches in the South and the North, as the Church in the South held a stronger sentiment for self-determination. The two Churches finally were set to join the newly established *Nihon Kirisuto Kyōdan* (The United Church of Christ in Japan) and negotiated with the *Kyōdan* from 1941 to 1942; however, partly because the *Kyōdan* side demanded actual unification of the two Churches as a required condition for the approval of membership,[31] it was never realized. Finally, the South Church and the North Church were made to unite in 1943 under the instruction of the Japanese church leaders in Taiwan, followed by the prompt formation of the *Taiwan Kyōdan* in 1944 to the surprise of the South Church. As to the reason why the Taiwanese Christians' efforts to seek solidarity with a church organization in Japan failed, it still remains unclear. One could surmise that the Federation, the Presbyterian Church in Japan, and the United Church of Christ in Japan were reluctant to take risks by affiliating with churches in a colony, or that they were re-

---

31 The Presbyterian Churches in the South and the North had established a Synod in 1912 but the church organizations were still separated, making the Synod virtually invalid.

ceiving certain supervision from the authorities in Japan proper.

The forcible formation of *Taiwan Kyōdan* in 1944 initially left a highly negative impression among the Taiwanese church leaders as the Japanese church leaders dealt with some Taiwanese leaders with highly authoritarian attitudes. The Japanese church leaders appeared to them to be acting as "agents" of the authorities. Taiwanese church leaders were also displeased that the Japanese Churches in Taiwan became members of the newly founded *Taiwan Kyōdan* without giving up their membership with *Kyōdan*. However, there are records that show, for example, that the infamous Kami Yojirō 上與二郎, the pastor of *Taihoku Nihon Kirisuto Kyōkai* 臺北日本基督教會, unceasingly made efforts to rescue Taiwanese pastors who were arrested on suspicions for spying for the West, with the assistance of a young Japanese church member who suffered torture at times.

There is also a voice record and a transcribed writing of a witness by Tsukahara Kaname 塚原要, the then pastor of *Taihoku Nihon Kumiai Kirisuto Kyōkai* 臺北日本組合基督教會, who explained how, in January 1943, four or five Japanese church leaders were asked to go meet Nishimura Takae 西村高兄, the Head of the Division of Education of the Government General in Taiwan, a Christian himself, who told them that it was the "duty" of the Sapanese church leaders to protect the Taiwanese Presbyterian Churches from the hands of the military authorities that ostensibly conspired to dissolve them. In addition, dual membership of the Japanese churches were intentional, according to Tsukahara, as they believed that the military authorities would not crush *Taiwan*

Kyōdan if they learned that the Japanese churches were also members of the *Kyōdan* in Japan proper, because they would have to deal with the *Kyōdan* in Japan proper. Although there is no other sources that supports Tsukahara's witness, one can surmise that he was telling the truth from his own perspective. Whether the real intention of the educational authorities was to safeguard the Taiwanese Church or to control it, it was under their "guidance" that the Japanese church leaders moved to establish *Taiwan Kyōdan*.

Despite such a safeguarding mentality of the Japanese that appears to justify their seemingly imperialistic attitudes, Iu Su-iong 楊士養, the then Moderator of the South Synod described the whole process as "the invasion by the Japanese Church". To him and other leaders of the South church who had not been notified about the union of the South and North churches prior to the actual day it took place (February 25, 1943), or about the establishment of *Taiwan Kyōdan* to come, the whole thing felt like a setup by the Japanese church leaders and North church leaders especially Tân Khe-chùn 陳溪圳, the Moderator of the North Synod. The process of forced transfer of property also gave him the strong impression, that the Taiwan Church became "swollowed" by the Japanese churches.[32]

---

32   See the Chinese translation of Iu Su-iong, *Lâm Tâi Kàu-hōe Sú* (History of the South Taiwan Church), originally published in 1953 (Tainan: Church News Publishing Co., 2006).

The Establishment of *Nihon Kirisutokyō Chōsen Kyōdan* 日本基督教朝鮮教團

Somewhat similar to the case in Taiwan, church leaders in Korea sought affiliation with churches in Japan in the 1940s for their institutional survival. According to Suh Jeong Min, a leading researcher in the field of Korean-Japanese Church relationship, there were two Christian groups in Korea that were in favor of the Japanization of Korean Christianity, i.e. *Chosen Kirisutokyō Rengōkai* 朝鮮基督教連合會 based in Seoul and *Naisen Kirisutokyō Shinbokukai* 內鮮基督教親睦會 based in Pyongyang. However, it was the Korean Presbyterian Church 朝鮮長老教會's official decision to accept shrine worship, approved at the Annual Synod in September 1938, that became the decisive historical turning point for most mainstream churches in Korea, causing them to move toward "Japanese Christianity" with the establishment of *Nihon Kirisutokyō Chōsen Kyōdan* (The United Japanese Christian Church in Korea, hereafter "*Chōsen Kyōdan*").[33]

The two largest churches in Korea, the Methodist and the Presbyterian Churches, initially came up with separate agendas of Japanization of the church organization. While the Korean and Japanese Methodist churches drew up an agenda in the fall of 1940 for amalgamation, which

---

33 This section is based on Jeong Min Suh, *Nikkan Kirisutokyō Kankeishi. Kenkyū* (Tokyo: Nihon Kirisutokyōdan Shuppankyoku, 2009), pp. 256-282, unless mentioned otherwise.

did not come to pass, the Korean Presbyterian Church drew up an official statement in which principles for drastic Japanization was specified.

The decisive step was taken in January 1942, when *Kyōha Gōdō Iinkai* 教派合同委員會, an interdenominational committee, was formed in Korea to promote the formation of a united church, in tune with the establishment of the *Kyōdan* in Japan proper. Representatives from five major church groups attended the first committee meeting: nineteen from the Presbyterian Church, nine from the Methodist Church, four from the Holiness Church, four from *Nihon Kirisuto Kyōkai*, and four from the Salvation Army. However, because of the discrepancies between the Presbyterian and the Methodist churches regarding issues of interpretation on the Old Testament, the attempt to form a single union church failed totally. As a result, the Presbyterian and the Methodist churches individually amalgamated with their counterpart church organizations in Japan, organizing *Nihon Kirisutokyō Chōsen Chōro Kyōdan* 日本基督教朝鮮長老教團 and *Nihon Kirisutokyō Chōsen Kanri Kyōdan* 日本基督教朝鮮監理教團 in May and August of 1943, respectively.

While these two *Chōsen Kyōdans* were established in 1943 on the initiative of the Korean church leaders, the establishment of *Chōsen Kyōdan*, which took place on July 19, 1945, realized under the strong supervision of Endō Ryūsaku 遠藤柳作, Vice Governor of the colonial government. Jeon In-Seon 全仁善, pastor of a Korean Church in Osaka who was known to be well-acquainted with Japan, inspected situations of churches in Korea in response to Endō's request. On June 25, 1945, upon receiving Jeon's recommendations with regards the feasibility of Japanizing Korean churches, Endō instructed fifty-five representatives from the Presbyterian Church, Methodist Church, Salvation Army, Catholic Church, Anglican Church, and Japanese Churches, to form a single Church in exchange to the promise that there would be less intervention of the police. Under the guidance of the government officials, a preparation committee was formed, which included two officials out of twenty members. The sub-committee on Church Regulation was formed immediately afterwards. The foundation meeting was held on July 19, and with the announcement of the formation of *Chōsen Kyōdan*, representatives of the Presbyterian Church, Methodist church and Salvation Army announced the dissolution of their church organizations. Unlike the *Taiwan Kyōdan* whose executive members were all Japanese, the leadership of *Chōsen Kyōdan* were Koreans. All churches were ordered to transfer their property to *Chōsen Kyōdan* by the end of August, but fortunately for the Korean Churches, they escaped having to do so because the war ended on August 15.

The Establishment of *Manshū Kirisuto Kyōkai* 滿洲基督教會

According to Yuko Watanabe, the move for church union in Machukuo began soon after the establishment of *Kyōdan* in Japan proper and accelerated once western missionaries were either evacuated or accommodated into concentration camps after the Pearl Harbor attack.

Ishikawa Shirō, a Japanese Presbyterian pastor in Shinkyō 新京 , became instrumental in the organization of this union of 1942. Ishikawa established nine dioceses in Machukuo, placing each of the nine Chinese pastors responsible for each diocese, and organized them as executives in addition to himself. All Protestant churches were instructed to join this united church, but it did not gain the trust of local Chinese Christians. Watanabe notes that all church property except those that belonged to the Western Missions was most probably requisitioned by *Manshū Kirisuto Kyōkai*.[34]

A slightly different explanation is provided in *Arano o Yuku* 荒野を ゆく , a report of Jehol Mission Work compiled by ex-missionaries (Japanese) in 1967, with regards the situation in Jehol Province.[35] According to this report, in 1942, local Brethren churches (福音堂) in Chengde 承德 , Longhua 隆化 , and Lanping 灄平 proposed to be amalgamated with Shōtoku Kyōkai 承德教會 , a church founded by Fukui Jirō 福井 二郎 who established Jehol Mission, and became part of *Manshū Kirisuto Kyōkai*. On the other hand, churches in Pingquan 平泉 , Lingyuan 凌 源 , Chaoyang 朝陽 , and Tian'yi 天義 remained under Fisher, the only Western missionary who remained in Jehol. This case suggests that the

---

34 See Yuko Watanabe, "Manshū Purotesutanto-shi kara mita Tōa Dendokai to Nekka Dendō (The Tōa Missionary Society and the Jehol Mission from the Perspective of Manchurian Protestant History)" in *Nihon no Shokuminchi Shihai to "Nekka Senkyō"* (Japanese Colonial Rule and "Jehol Mission Work," (Tokyo: Word of Life Press, 2017), pp. 27-28.

35 Nekka-kai (ed.), *Arano o Yuku: Nekka, Mōko Senkyōshi* (Going into the Wilderness: A History of Jehol and Mongolia Mission Work) (Tokyo: Miraisha, 1967), pp. 83-84.

interactions among local Manchurian Christians, Western missionaries, and Japanese Christians varied within Manchukuo, and it is surmised that there could be varied responses among the Manchurian Christians toward the establishment of the united church.

The Establishment of *Kahoku Chūka Kirisuto Kyōdan* 華北中華基督教團 [36]

The Japanese attempts to take a direct control of Christian churches in occupied areas in China also became possible after western missionaries were either evacuated or accommodated into concentration camps in December 1941. The earliest and the most thorough church union took place in North China. The Cultural Division of the North China Liaison Office in East Asia Development Board (*Kōain Kahoku Renrakubu Bunkakyoku* 興亞院華北連絡部文化局), together with the

---

36 This section is based on Yōsuke Matsutani's "Daitōa Kyōeiken Kensetsu to Senryōka no Chūgoku Kyōkai Gōdō (The Great East Asia Prosperity Sphere and Church Union in China Under Japanese Occupation)" *Shingaku* 69 (Tokyo Union Theological Seminary, 2005), pp. 140-165; "Chūgoku Senryō Chiiki ni Taisuru Nihon no Shūkyō Seisaku: Kirisutokyō o Chūshin toshita Seisaku, Soshiki, Jinbutsu no Renkansei (Japan's Religious Policies during its Occupation of China: The Interconnections between Policies, Organizations and Individuals with Respect to Christianity)" (Ph.D. Dissertation submitted to the University of Kitayushu, 2013), Chapters 4 & 5; "Ajia Taiheiyō Sensōki no 'Chūka Kirisuto Kyōdan' ('The United Church in China' During the Asia Pacific War)" in Teruko Ishikawa et.al., pp. 163-185; Hu Weiqing, "Huabei Zhonghua Jidu Jiaotuan Yanjiu (華北中華基督教團研究)", *Wenshizhe* (文史哲), No. 5 (2014), unless mentioned otherwise.

North China Parliamentary Committee (*Kahoku Seimu Iinkai* 華北政務委員會), summoned church leaders from Beijing area to hold meetings to form a Japanese-led united church organization independent from the Christian Federation of the Western Missions.

In February 1942, the Japanese military headquarters in North China decided on the basic policy regarding the organization of the united church, that those churches willing to cooperate may join the united church, but those unwilling to cooperate should be dissolved. Thus *Kahoku Kirisutokyō Rengō Sokushinkai Sōkai* 華北基督教連合促進會總會 was established in Beijing in April 1942, with the goal of "prompt realization of the self-government, self-supporting and self-propagating *Kahoku Chūka Kirisuto Kyōdan* (heretofore *Kahoku Kyōdan*) and the completion of Sinicization of Christianity", only followed by the official formation of *Kahoku Kyōdan* in October 1942. Jiang Chang Chuan 江長川, Bishop of the Methodist Church, became the Principal, while two Japanese pastors, Murakami Osamu 村上治 and Oda Kaneo 織田金雄 became advisors. Despite the fact that this was a clearly government-led move, Jiang made attempts to maintain Chinese autonomy, at one point even refusing to emulate the church constitution of *Nihon Kirisuto Kyōdan* for their own. In contrast to Jiang, the two Japanese pastors represented the intentions of the Japanese by trying to persuade Wang Mingdao 王明道 who refused to join *Kahoku Kyōdan* in exchange to change his position. After the establishment of the *Kahoku Kyōdan*, churches were forced to participate in movements for increased production of food or offering copper and metal, and the members were mobilized for war-related labor and services.

Summary

Although a full-scale comparison of the cases of church union in colonies and occupied regions in the wartime Japanese Empire requires more careful research of each case, it is possible here to point out some common elements and perspectives of comparison for further discussion.

First, in each case of church union there were common actors involved: military authority, colonial or puppet government, educational bureau, Japanese Christians, pro-union local Christians, anti-union local Christians, and Western missionaries. Combination of the military pressure and the soft "guidance" of the educational bureau seem to be the pattern that seems common in all cases. However, the roles these actors played in each case pose some differences. Whether church union was meant for the benefit of military control or for protection from the military power is an essential question. Whether church union meant amalgamation with the Japanese churches or the creation of a local united church body under the "guidance" of the Japanese is another important question. Japanese Christians in any case generally functioned as agents, but the narrative of justification for their actions could vary, from establishing the united Asian front against Western imperialism under the name of Japanese Christianity, to protecting the local church from the hands of the Japanese military power. In some instances, local church leaders became agents of church union.

Secondly, there was little resistance toward church union in Taiwan, Korea, and Manchukuo, as Christianity had been the target of the denunciation movement since the 1930s, and amalgamation with the Japanese church was perceived as somewhat necessary for institutional survival. Church leaders in North China, in contrast, possessed a stronger momentum for persisting to their religious and/or nationalistic convictions as these regions were not under Japanese occupation before 1937, and local churches remained under the protection either directly or indirectly of the Western powers until the end of 1941.

Thirdly, from the Japanese perspective, church union possessed a highly ideological aspect to it. Only Japanized Christianity was allowed in the Empire. Christianity that believed in the universal "love of mankind" had to be "reformed" to fit the ideology of the Great East Asia Prosperity Sphere (*Daitōa Kyōeiken* 大東亞共榮圈), meaning Japan-centered love of Asia based on hatred against the West. The reason why so few Japanese Christians raised questions against such denial of universal love and never raised questions about the exclusiveness of their actions can be attributed to the *hōkoku* mentality of Protestant Christians formed in early Meiji Japan, which became an integral part of the identity of Japanese Christians throughout the prewar era, during wartime, and maybe even in the postwar era.[37]

---

37   How local Christians in the colony and occupied regions who don't share such historical background of Japanese Christianity tried to contextualize *hōkoku* ideology is an inter-

Lastly, coerced church union created a schism among local Christians between those who supported it and those who resisted it, or tried to resist it. Either side possessed varying reasons for support or resistance. The structure of such support vs. resistance of pro-ruler church union seems to have continued into the postwar in each region even after the political rulers changed, making the candid discussion on the topic somewhat sensitive in nature.

---

esting question. Lu Chiming (盧啓明)'s *Chuandao Baoguo: Rizhi Moqi Taiwan Jidutu de Shenfen Rentong* (The Study of 'Den-doo Hoo-koku' Identity of Taiwan Christians during Japanese Colonial Period) (1937-1945) (Taipei: Xiuwei Zixun, 2017), is a provocative initial inquiry.

香港日治時期中日教會領袖的接觸與互動
（1941-1945）

陳智衡[*]

摘要

　　日本於 1941 年 12 月發動太平洋戰爭，華南日軍同時攻陷英國殖民地香港，並實施三年零八個月的黑暗統治。日本統治下的香港基督教會，同樣受到極大的衝擊。然而，當時有三位日本基督徒在這黑暗歲月裡與香港教會同行，他們以日本人身分保護香港教會，幫助華人教牧與信徒。他們以行動證明基督信仰的真實，不單贏得香港教會領袖信任，而且更成為關係匪淺的朋友兄弟。

　　本文主要以平岡貞、岡田五作牧師和鮫島盛隆牧師這三位日本基督徒為個案，探討在極惡劣的環境之下，日本基督徒和教牧如何被香港教會領袖信任，繼而思考教會領袖在強權政府下應扮演什麼樣的角色。

關鍵詞：香港日治時期、香港基督教會、平岡貞、鮫島盛隆、岡
　　　　　田五作

---

[*]　　建道神學院研究員。

一、引言

　　日本自 19 世紀末開始，先後佔領臺灣及朝鮮。到 20 世紀 30 年代，日本佔領了中國東北三省，並建立起偽滿洲國。1937 年 7 月，日本繼續揮軍南下，佔領中國大片土地。1941 年 12 月 8 日，日本發動太平洋戰爭，先偷襲美國珍珠港海軍基地，並同時攻擊香港及多個西方國家據點。日軍以短短十八天成功擊潰駐港英加聯軍，港英政府於 1941 年 12 月 25 日宣告投降，香港正式進入三年零八個月的日本統治。

　　香港教會自成為英國殖民地開始，基督教在香港已有百年基業，可是面對日本突然佔領香港，對香港教會帶來前所未有的破壞和衝擊。而香港教會也在這時因得著三位日本基督徒的幫助，故此教會才得以渡過艱辛歲月。本文主要探討平岡貞（Tadasu Hiraoka）、岡田五作牧師（Rev. Gosaku Okada）和鮫島盛隆牧師（Rev. Moritaka Samejima）與華人教會領袖彼此的接觸與互動，從而帶出他們對香港日治時期教會的貢獻。[1]

二、與華人有深厚情誼的信徒領袖——平岡貞

（一）融入香港基督徒群體

　　早在 19 世紀中葉香港成為英國殖民地後，香港逐漸成為不

1　陳智衡，《太陽旗下的十架：香港日治時期基督教會史（1941-1945）》（香港：建道神學院，2009）。

少東西方人士來華的首站，當中不乏希望與華人貿易的日本商人，而從事印刷業務的平岡貞就是其中一位。平岡貞早在1907年晚清時期到達香港，並且一直留港發展。平岡貞抵港後，即帶著介紹信找從事抽紗生意的汕頭公司股東——陳光理。陳光理看過介紹信後就對平岡貞說：「我們在基督面前都是兄弟。你就住在我這兒，不用客氣，當是自己的家好了」。陳光理認識平岡貞後，當晚就帶他到公理會堂參與祈禱會，並因此而認識堂主任翁挺生牧師。平岡貞回憶時指出：

> 這天晚上，陳先生帶我到美華公理會堂參加特別傳道祈禱會。在煤氣燈火下，穿中國衣裳、梳辮的牧師擔任司會。這位牧師就是日後我尊為師、尊為父的翁挺生牧師，他引領我、愛護我，以自己的一身體現基督的愛。到九十三歲蒙主寵召為止，翁牧師跟我相交五十多年，是我難以忘記的人。[2]

平岡貞在公理堂參與聚會，視翁牧師為師為父。對於隻身來港發展的平岡貞而言，初期在陳光理家居住，與他們家庭過敬虔的信仰生活。而他亦在公理會堂遇上當時香港名牧之一的翁挺生牧師，並恆常到公理會堂和香港浸信教會聚會，他的信心亦慢慢堅固起來。在面對流行疫症，平岡貞表示：「如果我來香港是符合神旨意的話，又或我活下去是符合神意思的話，神一定會眷顧

2　平岡貞，《平岡貞自傳》，陳湛頤編譯，《日本人訪港見聞錄（1898-1941）下冊》（香港：三聯書店，2005），頁464；平岡貞、平岡菊子編，《平岡貞自傳》（東京：出版社不明，1975），頁27。

我的」。[3] 平岡貞對公理堂的情感，在他的奉獻上可以略知一二。平岡貞除了對公理堂堂捐外，並他如賀誕捐、聖誕活動、堂外的慈善事業、國內佈道會和福音船傳道等，他都會在經濟上支持，這可見他對公理堂的一切活動和傳福音工作相當重視。[4] 在太平洋戰爭爆發的半年前，公理堂爲了建教堂而籌募捐款，當時平岡貞就奉獻五百元給公理堂，這數目對當時而言絕對可觀。[5]

　　另一方面，平岡貞與中國基督徒一起生活，無論語言學習和文化適應都有莫大好處。加上不少香港名流富商都是基督徒，故此在教會聚會亦可助他廣結人脈，他與中國人的感情越來越深厚。他曾直言：「從入信基督教開始到今天爲止，我生活上的一切都托庇於中國和中國人，我親自感受到：不向中國和中國人尋求協助的話，我的事業便沒有發展」。[6] 戰後見平岡貞再次來港時，不少富商和友人到機場迎接他，他更可以直接以流利粵語與記者交談。可見他在中國人的形象相當正面，並且與不少中國人有深厚友誼，這反映出中國基督徒群體對他有相當多的幫助。[7]

（二）盡己力保護香港教會

3　平岡貞，《平岡貞自傳》，陳湛頤編譯，《日本人訪港見聞錄（1898-1941）下冊》，頁 467-468。

4　《香港公理堂堂費第三一期公產部二十期年報合刊》（香港：香港樓梯街第五號公理堂，1934），頁 12，14-16。

5　《中華基督教會公理堂籌建聖堂募捐冊》（1941 年 6 月 15 日），頁 4。

6　平岡貞，《平岡貞自傳》，陳湛頤編譯，《日本人訪港見聞錄（1898-1941）下冊》，頁 474。

7　〈日股商平岡貞重來香港訪問故交〉，《華僑日報》，1955 年 3 月 5 日。

1941 年初，香港防空當局進行的人口調查透露，在港的日本人共 593 人。[8] 而在同一時間，日本政府勸喻在港的日本僑民盡早回國。自此，在港的日人開始逐步撤離香港，因人數眾多之故，當時日僑會長小野六郎更把在港的日人分組，以便疏散。[9]到 1941 年 9 月 21 日，在港的日本人教會最後崇拜只有二人出席，而當天的崇拜由平岡貞領會並致感言，而藤田一郎則負責認罪祈禱，崇拜後教會正式關閉。[10]

當日本佔領香港初期，社會還未恢復秩序以前，教會尚未能如常聚會。而日軍強徵多間教堂作為駐軍或辦公室等用途，部分教會更遭到若干程度的破壞。可是，中華基督教會公理堂卻成為少數被日軍禮待和保護的教會，原因是平岡貞在離開香港前，把日本基督教會的物品託給公理堂暫時保存之故。平岡貞表示，他與藤田一郎一起整理好教會的聖禮器皿後，然後附上一份用日文寫的信件說「把聖器交於中華基督教會公理堂的翁牧師保管，翁牧師對日本人以及日本人教會歷史最為理解，也曾給予支援」。[11]後來的香港基督教總會顧問鮫島盛隆牧師回憶時指出：

> 當關閉日本人教會時，平岡先生將教會所屬的聖餐或洗禮所用銀質禮器，交請中華基督教會公理堂翁挺生牧師保管，誰

8　藤田一郎，〈香港往事談〉《香港：香港日本人俱樂部創立廿五週年紀念特集號》，陳湛頤編譯，《日本人訪港見聞錄（1898-1941）下冊》（香港：三聯書店，2005），頁 490。

9　關禮雄，《日佔時期的香港》（香港：三聯書店，1993），頁 11。

10　鮫島盛隆著、龔書森譯，《香港回想記：日軍佔領下的香港教會》（香港：基督教文藝出版社，1971），頁 15。

11　平岡貞、平岡菊子編，《平岡貞自傳》，頁 104。

也料不到翁牧師的公理教會，因保管聖禮祭器，而於日軍佔領香港時，記得免禁止崇拜的處分。詳細情形是這樣的：當日軍命令所有新教會（即中國人教會，因為英人教會已悉數撤退）不可再集會，傳道，某日，日軍將官偕同翻譯，前來教會視察，翁牧師出示平岡先生交托保管的祭禮用器及請託書信，該將官閱信畢，突舉手行禮，就貴教會可以集會。於是在全港教會被禁止禮拜或傳道集會時，公理堂卻成唯一例外，允許教會活動。平岡先生於一九四二年由日回港，才知悉這事，對神的奇妙運用，讚美聖名，久久不已。[12]

鮫島牧師雖然說平岡貞沒有想過會有這樣的後果，可是他離開香港以日文寫下寥寥數字，連同聖禮器皿交給翁挺生牧師，這實難以讓人不聯想平岡貞對公理堂的用心良苦。因為信件是以日文寫的，所以平岡貞並不是想寫給中國人看，而是即將來臨的日本軍人。因此，日本軍官不需要翻譯而直接閱畢信件，隨即向聖禮器皿敬禮後：「你們的教會可以進行禮拜與集會」，然後離開了。當時翁挺生牧師不知道信內的內容，但卻受到日軍的特別待遇，故此教會上下也知道這事。當平岡貞於 1942 年 2 月回到公理堂參加主日崇拜的時候，他雖然遲到了，但崇拜卻因他遲到而暫停，他回憶說：「年輕的副牧師在講道，看到我進來後終止了講道，向大家說到『現在我們教會的大恩人平岡貞先生來參加禮拜。請大家起立歡迎』。」[13] 往後，平岡貞成為後來香港基督教總

12   鮫島盛隆著，龔書森譯，《香港回想記：日軍佔領下的香港教會》，頁 15。
13   平岡貞、平岡菊子編，《平岡貞自傳》，頁 104-105。

會參議之一，對香港教會給予不少的幫助，尤其是對公理堂。

1945 年 8 月日本戰敗投降後，平岡貞即將回日本，故此他寄出一封信給翁牧師說：「謝謝您長年的關照，也感謝您的指導。我將於今日回國。也許在這塊土地上將不會再見到先生。但我仍然期待精進自己的信仰同時在天國與先生再會。祈禱先生的健康與榮光」。翁牧師收到平岡貞信件後即回信說：「得知您即將回國，感到十分的可惜與不捨。感謝您對於教會與教友，特別是對於我以及我的家人長久的關愛。您在信中寫到我們在這片土地上不能再相見，但是期待著在天國與您相見。雖然我們在天國可以再會，但是我期待著自己在回天家之前再次相見……」。[14] 從平岡貞與公理堂及翁挺生牧師的交往表達，可見平岡貞不單在戰時盡力幫助香港教會，而且他對翁牧師一家確是有恩。

三、穩定教會的互動── 岡田五作牧師

（一）背負政治任務──成立香港基督教總會

當日本佔領香港後，香港總督部跟隨日本本土實施宗教團體法，同樣要求香港各宗派教會合併為一個教團。當時總督部認為香港基督教會組織不夠緊密，原有的華人基督教聯會只是聯盟組織，並未盡包括所有教會，因此有需要成立一個中央組織來硬性規定所有教會加入。[15] 當時《華僑日報》曾有以下記述：

14　平岡貞、平岡菊子編，《平岡貞自傳》，頁 105-106。
15　胡恩德，《我們的教會》（香港：喜樂福音堂，2002），頁 137。

查各宗教團體，戰前因宗教上不相統屬關係，各立門戶，絕
無聯絡。但在聖戰開展下，思想自加以統一必要，總督部決
定設立一中央機關，統一此等教會。關於統一基督教部分，
經已籌備就緒。將網羅全部基督教團體歸納其中，並加強傳
教力量，至其宗教，亦將採取一個步驟云。[16]

　　而當時負責推動這計畫是來自日本基督教團東京教區田園調
布教會的岡田五作牧師。1943 年 2 月 27 日，由多個宗派教會合
併而成的「香港基督教總會」（以下簡稱「總會」）在中華基督
教會合一堂正式成立，當天代表教堂的出席者有四十九間，而代
表人數則是一百人。[17] 岡田五作牧師在成立總會過程中，曾有意
把道風山成為總會的神學院。[18] 總會成立後，會長由德國背景的
禮賢會王愛棠牧師擔任，而副會長則是香港浸信教會的劉粵聲牧
師，而日本信徒平岡貞及藤田一郎則成為參與一職。[19]

（二）短暫友情

　　岡田牧師的工作主要是聯繫華人教會領袖，並且嘗試在總督
部和教會之間建立起關係來。總督部為了與各宗教團體建立關

16　〈設立中央機關‧統一宗教團體〉，《華僑日報》，1942 年 6 月 24 日。

17　〈信徒代表大會紀錄〉，《香港基督教總會─執行委員會會議紀錄（1943-
　　1945）》，1943 年 2 月 27 日。

18　《基督教香港崇真會教恩堂一百週年紀念特刊本 1867-1967》（香港：該堂，
　　1967），頁 55。

19　〈昭和十九年冬季代表大會議案紀錄〉，《香港基督教總會─執行委員會會議紀
　　錄（1943-1945）》，1943 年 2 月 27 日。

係，故此邀請平岡貞和日本佛教徒宇津木二秀舉辦宗教懇談會，並邀請數十名宗教團體派代表參與，而岡田五作牧師聯同香港浸信教會劉粵聲牧師等人一同參與。[20] 對於華人教牧而言，岡田牧師是可以信任的日本人。當岡田牧師完成他的任務後，他並沒有留在香港繼續擔任香港教會與總督部的橋樑。岡田牧師離港時對訪問他的記者說：

> 記者昨據岡田五作牧師談稱。本人來港。協力基督教徒聯合。於茲數月。工作已完成。將於月中或月尾返東京。此來有如進行築橋聯合中日教友。溝通團結。如欲橋樑堅固。大家應多真誠祈禱。增進雙方國民福利云。[21]

香港基督教總會成立的目的，岡田牧師認為這有助中日基督徒聯合起來，故此眾人應為這溝通橋樑可作出保護與支援。岡田牧師明言他來港的任務已經完成，但總會的成功與否則有賴中日信徒如何看待之。隨著岡田牧師的離開，總會執委會隨即希望日本基督教團派遣日本牧師：

商請日本基督教團派遣牧師來港助理教會案
議決用會名義繕函請日本基督教團派遣牧師來港助理教會一切事務，若蒙派遣則以日前來港之岡田五作牧師為最理想中

20　劉粵聲著、李金強整理，〈粵聲事記 1918-1955〉，全文刊於《華南研究資料中心通訊》，第 29 期（2002 年 10 月），頁 8。

21　〈中日基督教友團結・有如造橋溝通兩方〉，《華僑日報》，1943 年 3 月 10 日。

的人，並須上函文教課長請其匡助玉成此舉。一致接納通過。[22]

在執委會的討論中，顯示他們雖然想有一位日本牧師來港助理教會，但卻期望理想人選是成立總會的岡田五作牧師。平岡貞那時在香港已有三十多年的時間，與香港教會有深厚感情。他清楚知道日本軍隊統治下香港教會急切的需要是什麼，他自然希望有日本牧師可以來港協助教會，與總督部打交道，讓教會得到保護。這既合乎日本政府的宗教政策，亦確是香港教會當務之急的需要。

對於香港教會領袖而言，總會的成立徹頭徹尾是新統治者的東西，他們未必真的希望有一位日本牧師管束他們。可是，若有一位真正幫助他們的日本牧師在總會當中，那也不是壞事。既然如此，那他們希望這位是岡田牧師也實屬正常。從華人教牧這舉動，反映出岡田五作牧師在港期間，這些華人教會領袖與他接觸與互動的數月中，岡田牧師成功贏得這些領袖的信任和肯定。

岡田五作牧師除了得到當時各主流教會領袖認同外，就連沒有加入總會的教會領袖對他也有好感，其中喜樂福音堂胡恩德就是其中一位。當時總會曾派人勸告他加入，他經過多番考量後，決定不加入香港基督教總會。[23] 總會會長王愛棠立即與胡恩德聯絡，並且對他說：「在日本人面前不可輕慢，他們絕不好惹。」[24]

---

22 〈執行委員會第六次會議記錄（此為常會）〉，《香港基督教總會─執行委員會會議紀錄（1943-1945）》，1943 年 5 月 5 日。

23 胡恩德，《我們的教會》，頁 116、138。

24 胡恩德先生訪問紀錄，2003 年 1 月 9 日。

後來有一位在總會裡辦事的兒時朋友對胡恩德說，總會的日本的岡田五作牧師要約見他。之後，胡恩德就到總會辦公室會督府找岡田五作牧師。當岡田牧師與胡氏見面後，詢問了他三個問題：「胡恩德先生是誰？誰人叫胡先生來見他？爲什麼要找他？」胡恩德對岡田牧師所提出的問題感到驚訝，於是就把事件的始末告之。當岡田牧師明白事件的來龍去脈後，就把一份加入香港基督教總會的表格交給他，並鼓勵他填寫妥當後可隨時交回，之後就叫他可以離開。

誠然，作爲成立香港基督教總會的岡田牧師，理應希望香港所有教會也加入其中。可是，他卻沒有任何威嚇或強勢地要求胡恩德加入，只是簡單給予申請表格和鼓勵一下而已，隨即讓胡恩德離開了。岡田牧師是創立總會的人，但卻尊重每一位華人教會領袖的決定。這事件雖然令胡恩德覺得被兒時朋友出賣，但他卻沒有對這位日本牧師有任何反感，而他後來亦聞這日本牧師是一位好牧師，[25] 可見岡田五作牧師在香港教會圈子中的名聲實屬不錯。

四、甘願共渡難關——鮫島盛隆牧師

（一）初次與香港教會的接觸

因著香港基督教總會透過總督部請求日本基督教團差派日本

牧師協助，有關當局經過一輪程式後，最後關西學院宗教部主任鮫島盛隆牧師被選上，並於 1943 年 9 月 19 日由日本福岡乘軍用飛機經上海到廣州，再坐火車到香港九龍就位。鮫島牧師到香港後，首先到總督部向文教課人員報到，然後就到鄰近松原旅社與總會的人見面。當時在松原旅社等候鮫島牧師的有平岡貞、會長王愛棠牧師、副會長劉粵聲牧師、司庫林植宣和幹事黎綽如等。在這第一次主要會面中，他們主要向鮫島牧師交代其住宿的安排等事項。[26] 然而，這數位教會領袖在這次見面相當緊張，並對鮫島牧師有很多的猜疑顧慮，據鮫島牧師回憶說：

> 來迎接我的這幾位代表，對初次見面的我似甚好奇與不安；所邀來的牧師，將居於軍方與教會中間做橋樑，這個人究竟是何等樣人？將會軍裝出現嗎？其性格究竟如何？將為我方夥伴？抑為敵對的彼方人員？希望他將是與前曾住此的岡田牧師一樣的人……等，這些後來他們回憶當初時所吐露給我的話。[27]

華人教會領袖步步為營，小心觀察這位新來的日本牧師究竟將會是什麼樣的人，是會站在日本軍方一邊說話？還是站在教會一方說話？因他們只有與岡田五作牧師相處合作的經驗，故此他們難免會把鮫島牧師與剛離開的岡田牧師作出比較。在未真正瞭解之前，他們除了辦隆重的歡迎活動外，而且亦為鮫島牧師準備

26　鮫島盛隆著，龔書森譯，《香港回想記：日軍佔領下的香港教會》，頁 73-76。
27　鮫島盛隆著，龔書森譯，《香港回想記：日軍佔領下的香港教會》，頁 76。

豐足的薪資，務求讓鮫島牧師留下良好印象。

（二）盡心提供協助

　　鮫島牧師的到任，很快就站在牧者角色來協助教會和信徒。當時不少人被憲兵拘禁，在羈留期間，被囚的身心皆會受到折磨虐待。縱使他們不是每一刻受到直接的肉體傷害，但當日夜聽見冤枉慘叫之聲時，精神上的損害也是與日俱增。[28]

　　其中有聖公會信徒鄭宗樑曾被憲兵拘捕，他的牧師立即到拘留所瞭解。為了讓鄭氏在監獄中可以藉信仰來支撐這段黑暗日子，故此牧師請求憲兵把一本中文聖經轉交給鄭宗樑，但遭拒絕，而此舉亦引起憲查開始關注鄭氏的教會。於是，該牧師在沒有辦法的情況下，唯有請求鮫島盛隆牧師送聖經到監中。[29] 故鮫島牧師接到求助後，就成功把一本日文聖經送到被拘禁的鄭宗樑手中。當時鄭宗樑收到那聖經後，內心頓然感到滿有平安。他曾回憶著當時的感受：

> 當時余接收到此本聖經時，如親見天父上帝，立即跪地感謝；自後每日讀經祈禱度過。在拘留期間，上帝與余同在，因此余精神上非常安慰。在無一絲陽光的黯淡囚房，我每天讀著這些細小的文字。讀完一章就停下祈禱，而後在斗室中

28　張祝齡，〈香港淪陷期間之合一堂概況〉，《中華基督教會香港合一堂二十週年紀念特刊》（香港：該堂，1946），頁39。

29　鮫島盛隆著，龔書森譯，《香港回想記：日軍佔領下的香港教會》，頁24。

來回踱步，不下數百次，以之聊充運動，藉保健康，也藉之消卻心中的冤仇與恐懼。走乏了，再開始讀聖經，如此周而復始，成了我的維生之道，也是生存的表象。由於閱讀聖經，我心復趨平靜。[30]

除了鄭宗樑外，中華基督教會合一堂張祝齡牧師亦曾被懷疑是重慶間諜而被憲兵拘捕，並且施以酷刑。後來鮫島牧師知道此事後，即與平岡貞到西區偵探部瞭解，他回憶時說：

最初有人告訴我這消息，查了許久才知道是憲兵隊的西區偵探部把他拘捕的，主持該部的，是牛山大尉，副手名叫石井曹長。我曾和平岡貞先生同去拘留所探張牧師，並與石井談話，請他善待張牧師，但石井說張牧師涉嫌是重慶方面間諜。我說：如真有罪證，也應依法解決，不可濫用私刑，人與人之間，應該以愛心平和對待（註：日文「平和」即和平之意）。怎知石井曹長咆哮大怒，罵我說：「現在是戰時啊！講什麼平和？」我見他這樣，也不想和他爭辯，只有轉向當時憲兵最高負責人野間大佐交涉，後來既見張牧師被釋出，我便沒有找菅波少將了。[31]

因華人教牧信徒斷不敢正面面對日軍憲兵，故此每當遇上無辜被憲兵盯上或被拘捕的時候，那他們就只能向鮫島牧師和平岡

30　鮫島盛隆著，龔書森譯，《香港回想記：日軍佔領下的香港教會》，頁24-25。
31　〈鮫島牧師感慨話當年〉，《基督教週報》，256期（1969年7月20日），頁2。

貞等日本人求救。鮫島牧師等人每每收到這些求助，必盡力而爲協助。

可是，縱使他們是日本人，但因其目的是協助或營救那些被拘留的中國人，他們在過程中也必遭到百般的難阻，甚至質疑其用心。鮫島牧師曾有這樣回憶說：

> 我這樣自述，或許有人會認爲我在憲兵面前非常義正辭嚴，理直氣壯，事實上剛剛相反。像我們這種傳教者之輩，在權力者面前蓋處於無力的地位。所以每當我要去見憲兵時，必先禱告。由於祈禱「求上帝賜愛心與勇氣」，我才有膽量爲那些可憐的被壓迫者，坎入那戒備森嚴，令人心悸的憲兵隊之門。有時候被憲兵叱責：「爲什麼要這樣親切對待中國人。」有時則說：「現在正忙……還在調查中」等，三言兩語，被支吾趕出，滿心要救助正需要救助的人，卻常不能如願，我就是如此常常乘興而去，敗興而歸。在我屢次重複這種說情工作當中，我也覺到有一日或者我本身竟被猜疑而受拘捕，這時我只有勉勵自己；應該早作萬一之時的心理準備。[32]

鮫島牧師不單冒著被同胞懷疑或惡言相向，他甚至有被牽連入獄的心理準備。可是他知道自己來香港的角色與責任，故此仍盡力援救及協助被憲兵拘捕的中國人。在華人教牧信徒無助的時

32　鮫島盛隆著，龔書森譯，《香港回想記：日軍佔領下的香港教會》，頁132。

刻，他施以援手，給予他們協助，這都使教會領袖信徒對鮫島牧師的恩情銘記於心，他們彼此的信任亦因此而建立起來。[33]

另一方面，鮫島牧師在香港短短兩年的時間裡，他亦會爲香港教會向當時的政府部門爭取權益問題，其中較爲明顯的事件是與日本官員交涉基督教墳地問題。總會因承繼了香港華人基督教聯會管理墳地的責任，可是其中一處九龍城墳場卻被軍政管轄，故此不能埋葬。[34] 1944 年 5 月 4 日，總會的公墓部長曾紀嶽牧師約鮫島盛隆牧師、平岡貞和王愛棠牧師往見九龍地區所長，以請求他撥送墳地。[35] 然而，總會的申請卻得不到有關當局答覆，故此就請鮫島牧師跟進墳地申請一事。[36] 於是，鮫島牧師就曾與王愛棠、林植宣、黎綽如、平岡貞數次向各管理的官員交涉，以請求發還墳場使用。鮫島牧師更力陳原因說：「中國人最重視慎終追遠的墓地，欲安家中國民心，最重要的莫過於敬重其墓地，並予喪葬方便」。可是當時的有關官員卻不理會鮫島牧師的陳情，故此九龍城墳地的安葬地段不能有所擴展。[37]

（三）患難見眞情

當鮫島牧師在香港基督教總會任期將滿之際，他的後盾菅波

33　鮫島盛隆著，龔書森譯，《香港回想記：日軍佔領下的香港教會》，頁 94。

34　鮫島盛隆著，龔書森譯，《香港回想記：日軍佔領下的香港教會》，頁 44。

35　〈執行委員會第廿三次會議記錄（五月份常會）〉，《香港基督教總會─執行委員會會議紀錄（1943-1945）》，1944 年 5 月 1 日。

36　〈執行委員會第廿七次會議記錄（八月份常會）〉，《香港基督教總會─執行委員會會議紀錄（1943-1945）》，1944 年 8 月 8 日。

37　〈鮫島牧師感概話當年〉，《基督教週報》，256 期（1969 年 7 月 20 日），頁 2。

一郎參謀長建議他任期滿後就回國，不要再回到香港。而鮫島牧師亦知道美軍對日本本土多次轟炸，香港將會成為戰場，那他不得自問再回香港是否合宜。可是，當他想到曾與香港教會領袖所建立的感情，那份情誼讓他陷入兩難之間。鮫島牧師回憶時指出：

> 以平岡貞為首，諸執行委員的友情與殷望，又使我不得不退而三思。又想到時局日趨困難，雖然任期已滿，卻在此時棄置未完的使命回國，似乎顯得不負責任，也是卑怯懦弱；凡此種種念頭使我進退維谷，不知去就。然而，經熟慮結果，我的想法是這樣的：先前離國時曾一度有死在任上的感覺，後來也曾幾次寫好遺書，委託總督部他日轉寄家族，既然早有決心，我還是留在此地直到最後吧！應中國良友們的要求，為他們再盡幾分棉力。自己一旦回國，在現今戰況下，總會要申請繼任者，幾乎是毫無希望。留此直到最後，也許是神的旨意。[38]

鮫島牧師清楚知道，若他一去不返，香港教會再不會有日本牧師來協助他們。所以他是唯一和最後的一位，那就變成零和一的問題。此外，他認為當初到香港已經有犧牲性命的準備了，此刻再加上建立了的中國情誼，以及香港教會確實需要他的存在與幫助，他就更沒有一去不返的理由了。這些因素都令鮫島牧師決

---

38 鮫島盛隆著，龔書森譯，《香港回想記：日軍佔領下的香港教會》，頁107-108。

定回香港與香港教會眾人同渡難關。在這過程中，這不單反映出這位日本牧師對這些香港教會朋友有情，華人教會領袖亦渴望鮫島牧師回香港協助他們。鮫島牧師曾回憶說：「我重返香港，華人教會的牧師或總會的委員們，莫不歡喜相迎」。[39] 對於這些華人教會領袖而言，鮫島牧師對他們而言實在太重要，因只有他才可以充當總督部與教會的橋樑。而在戰爭後期，整個香港資源嚴重缺乏，教牧的生活陷入極度困境。故此，這些華人教會領袖期望透過鮫島牧師可以向總督部得到一些救援方法。可是當時總督部也自顧不暇，那自然就不會應允教會的要求。最後鮫島牧師與平岡貞商量後，決定向各教會發動特別聖誕獻金幫補傳道牧者的需要。[40] 於是總會舉辦聖誕感恩聯合歌頌會，目標是籌得軍票六千円，但總會在歌頌會舉行之前已收到四千餘円獻金了。[41] 經過兩天的聖誕感恩歌頌會後，是次特別獻金共籌得軍票 26,095.48 円。總會收到這些金額後，立即分發給總會屬下的堂會和六個慈善團體。[42] 鮫島牧師對香港教會的協助，那是當時華人教會領袖沒辦法做到的。

當日本戰敗投降後，鮫島牧師準備回國。中華基督教會張祝齡牧師就曾寫信給鮫島牧師說：「弟同是天國勞人，曾在危險火煉中，荷牧師愛護拯救，又何敢忘。我們祈禱間時刻以靈相聯

39　鮫島盛隆著，龔書森譯，《香港回想記：日軍佔領下的香港教會》，頁 119。

40　鮫島盛隆著，龔書森譯，《香港回想記：日軍佔領下的香港教會》，頁 119。

41　〈昭和十九年度冬季代表大會議案紀錄〉，《香港基督教總會—執行委員會會議紀錄（1943-1945）》，1944 年 12 月 5 日。

42　〈執行委員會第三十四次會議記錄（二份份常會）〉，《香港基督教總會—執行委員會會議紀錄（1943-1945）》，1945 年 2 月 9 日。

絡，望救主祝佑牧師平安歸國……」[43] 此外，聖保羅書院校長胡素貞亦寫信給不同的人來保證鮫島牧師說：「在此我願確證：在其居港期間，鮫島氏以中華基督教總會最高顧問身分，給予中國基督教信徒繼續不斷、並無可數計的援助；因其援助，教會、學校及個人之財產始免於陸海軍當局的搶奪沒收，更因其努力，諸多無辜遭受憲兵逮捕之民眾，終得釋放脫險。對鮫島牧師之此一服務貢獻，香港諸基督徒無不由衷感激」。[44] 1969 年 7 月，鮫島牧師重臨香江，香港教會除了為他舉行歡迎宴會外，亦讓鮫島牧師到昔日華人教會領袖好友張祝齡牧師（中華基督教會合一堂）、王愛棠牧師（禮賢會香港堂）和劉粵聲牧師（香港浸信教會）墳前致敬。[45] 從以上所見，因鮫島牧師給予華人教會的協助，贏得華人教牧信徒的信任和愛戴。故此，戰後他們彼此的信任和情誼加深了不少，就算鮫島牧師重回香港，他們仍視鮫島牧師為恩人般看待。

五、總結

在三年零八個月的香港日治時期，香港華人經歷前所未有的黑暗歲月，當中教會也遭到嚴重的衝擊及破壞。教會面對強大及

43　〈張祝齡牧師給鮫島盛隆牧師信件〉（1945 年 11 月 10 日），轉引於鮫島盛隆著，龔書森譯，《香港回想記：日軍佔領下的香港教會》，頁 194。

44　〈胡素貞信件〉（1946 年 1 月 10 日），轉引於鮫島盛隆著，龔書森譯，《香港回想記：日軍佔領下的香港教會》，頁 195。

45　〈鮫島盛隆牧師訪港 特赴故舊墳前致敬〉，《基督教週報》，256 期（1969 年 7 月 20 日），頁 2。

蠻橫的政治壓力，香港教會與其他華人一樣，生活極度艱辛，甚至隨時有生命危險。然而，華人教會領袖在這暗黑歲月中，遇上平岡貞、岡田五作牧師和鮫島盛隆牧師這三位從日本而來的基督徒。他們站在教會角度，扮演教會與政府的橋樑，有需要時更與有關官員周旋。

這三位日本教會領袖中，平岡貞雖然是信徒領袖，但他的角色至為關鍵。從保護公理堂的舉動開始，到之後一直參與香港基督教總會參議的工作，他不單只是充當日本牧師和華人教牧的翻譯角色。按鮫島牧師所說，總會是以他為首的，這可見他在當時香港教會中的重要地位。然而，他並沒有意圖掌管整個香港教會，沒有把自己安放在總會顧問一職。反而他希望日本本土差派日本牧師來香港協助教會，幫助華人教牧及信徒，讓日本牧師擔任顧問。而平岡貞願意這樣為教會設想，全心幫助教會的原因，是因為教會對他有莫大的恩惠。

當平岡貞初到香港遇到對他友善的基督徒，在教會遇到翁挺生牧師這樣的良牧，這使他願意決志成為基督徒。這樣，平岡貞從此在香港基督徒圈子生活，這不單讓他可以快速學習語言，也使他更容易融入華人社會文化。在排日的日子中，他亦得到華人基督徒的幫助和鼓勵，讓他可渡過困難。此外，他亦在教會結識不少當時香港的社會菁英，他的人際網絡建立是從香港教會開始的，這對他隻身到香港發展事業是有莫大的幫助。故此，平岡貞在戰前已經與不少香港教會領袖建立了超過三十年的深厚感情。當香港被日本佔領後，他的良師益友面對空前的困難，而施壓者正是他的同胞。故此他理所當然會盡力協助教會，幫助他的朋友、恩人。他被認為是中國通，故此被總督部信任。另他與華人

有多年的交往，故此他亦得到華人信徒的信任。誠然，若沒有平岡貞，相信後來到香港的兩位日本牧師沒有那麼容易取得華人教牧的信任，教會亦不容易渡過這段時間。

雖然平岡貞角色重要，可是他只是一般信徒領袖，不是教會的神職人員。在教會體制中，他的身分角色始終有其限制。若要在這非常時期協助香港教會渡過困難，那就不能沒有日本牧師的參與。因著這緣故，岡田五作牧師和鮫島盛隆牧師才先後有機會到香港參與教會的工作。岡田五作牧師的角色任務是成立香港基督教總會而已，雖然在華人信徒眼中，這徹頭徹尾是日本控制香港教會的手段。但在日本教牧信徒眼中，總會縱使是因戰爭所產生的「畸形兒」，可是它卻是保存了香港教會的重要組織。[46] 岡田五作牧師雖然充當這任務的負責人，可是卻沒有讓華人教會領袖對他有任何厭惡之感。不單如此，華人教牧更希望岡田五作牧師從日本再到香港，擔任總會顧問一職，這足見他們在短短數月的交往，已經建立起一定的信任和情誼。至於鮫島盛隆牧師，他更全力全力地協助香港教會。在戰爭後期的艱難歲月中，盡他一己之力來協助教會。面對憲兵及其他日本官員的威脅，華人教會救助無門，他們只能寄望這位日本牧師可以伸出援手。而鮫島牧師亦不負眾望，他堅毅不屈地與日本官員周旋，贏得香港教會領袖的信任。

戰後，平岡貞和鮫島盛隆牧師也曾回香港探訪友人，他們都

46　鮫島盛隆著，龔書森譯，《香港回想記：日軍佔領下的香港教會》，頁57、141。

受到熱烈歡迎和接待，[47] 這反映出香港教牧信徒對他們心存感激之心，亦印證了他們昔日對香港教會所作出的貢獻。這三位日本教牧信徒的共同點，就是他們不單沒有站在強權的一方來欺壓教會，也沒有以自己是日本大和民族的身分自居。他們反而是利用自己日本人的身分來幫忙被欺壓的香港教牧信徒。在大環境的恐怖歲月中，他們勢單力弱，實難以幫助所有被迫害的香港人。可是，他們卻願意在關鍵的時候挺身而出，盡力協助香港教會渡過難關。

高牆與雞蛋，教會領袖未必一定要站出來對抗高牆，但關鍵時刻願意站在弱勢的雞蛋一方，盡己之力來施以援手，表達關懷與支持，或許這就是贏得信徒信任的法則。因著這互信，教會才可以承受外來的壓力衝擊。

47　〈日殷商平岡貞重來香港訪問故交〉，《華僑日報》，1955 年 3 月 5 日；鮫島盛隆著，龔書森譯，《香港回想記：日軍佔領下的香港教會》，頁 3-53。

安村三郎：
「南京國際救濟委員會」唯一的日本成員
——「日軍的內線」抑或「和平工作者」？[+]

松谷曄介*
（MATSUTANI, Yosuke）

摘要

　　在中日戰爭時期的「南京安全區國際委員會」（後來改名爲「南京國際救濟委員會」）中有一位日本成員安村三郎（YASUMU-RA, Saburo）。他的訪華有相當複雜的背景，例如日本陸軍特務機關、日本外務省、日本青年會同盟、中支宗教大同聯盟、南京國際救濟委員會等不同的機構與身分。他的確幫助解決南京國際救濟委員會的一些困難，亦且他向日本當局提出建議，日本當局不應該逼迫歐美傳教士，反而應該保護他們。從這個角度來看，他算是「和平工作者」。

　　但是歐美傳教士，例如貝德士，對安村三郎在華活動仍然存

[+]　本文是筆者在 2015 年 7 月在南京開辦的「社會群體視角下的抗日戰爭與中國社會」學術研討會裡發表論文的修訂版。目前仍然沒有公開出版。

*　日本基督教團（United Church of Christ in Japan）牧師，西南學院大學（Seinan Gakuyin University）兼職講師。

有戒心。貝德士認為，派到中國的日本基督徒一定是得到了軍方的允許或支持。從這個角度來看，我們可以將安村三郎視為「日軍的內線」。

一方面如果從安村三郎的行動來評價，我們可以將他視為「和平工作者」，另一方面如果從他的背景來評價，他的確是「日軍的內線」。然而，關鍵的問題不單單是他的行動或背景，而是他的思想如何。雖然他幫助南京國際救濟委員會的活動，又對日軍在華佔領政策有一些保留與批評的態度，但是總體來說，他仍然支持將日軍佔領狀態合理化的「新東亞建設」構想。因此，如果從他的思想來評價，筆者認為，他是「大東亞共榮圈的代理人」。

關鍵詞：中日戰爭、安村三郎、南京安全區國際委員會

一、前言

在中日戰爭史研究中，關於南京大屠殺與「南京安全區國際委員會」（後來改名爲「南京國際救濟委員會」）的研究有不可忽略的重要位置。迄今爲止，已經有許多的先人研究。[1] 之前的研究經常提及外國人對救濟活動的貢獻；最近也有論著提及中國人參與救濟活動的研究，這類人物研究包括程瑞芳和[2] 楊紹誠等。[3] 然而，關於南京國際救濟委員會中唯一的日本成員安村三郎（Yasumura, Saburo）[4] 的研究，在中國史學界幾乎沒有學者關注。[5] 安

1　日文研究有：笠原十九司，《南京難民區の百日——虐殺を見た外國人》（岩波書店，2005）。中文研究有：張開沅編譯，《天理難容——美國傳教士眼中的南京大屠殺（1937-1938）》（南京大學出版社，1999）。

2　松岡環，《戰場の街南京 松村伍長の手紙と程瑞芳日記》（社會評論社，2009）。

3　松谷曄介，〈楊紹誠與他的生平〉，松谷曄介《中國佔領地域に對する日本の宗教政策：キリスト教を中心とした政策・組織・人物の關連性》（筆者2012年11月提出的博士學位論文，2013年3月獲得博士學位，日文）。

4　安村三郎（1891-1970），青山學院高等科畢業後，留學於美國俄亥俄州的丹尼森大學（Denison University）與紐約的聖經學校（Bible Teachers' Training School），回國後任教於基督教大學「關東學院」，以及作爲日本浸信會的傳道人在神奈川與大阪做牧師。1939年自1942年，他三次出訪中國，參與日本當局對中國基督教界宗教工作。太平洋戰爭爆發後，他被日本政府派遣到東南亞的戰線。戰後，他活躍於關東學院與日本基督教協議會（協進會）。

5　據我所知，到現在爲止，日本學術界裡提及安村三郎的論文只有三篇。1. 松谷曄介，〈大東亞共榮圈建設と佔領下の中國教會合同〉（筆者2006年9月提出的碩士學位論文，2007年3月獲得碩士學位，日文）。該論文的簡略論文刊登於日本東京神學大學的期刊《神學》69卷（2007: 140-165）。2. 渡邊久志，〈南京國際委員會に派遣された日本人——安村三郎〉，《季刊 戰爭責任研究》第58卷（2007: 32-39）。3. 松谷曄介，〈安村三郎與中國——以南京的活動爲中心〉，《中國佔領地域に對する日本の宗教政策：キリスト教を中心とした政策・組織・人物の關連性》。

村三郎是日本浸信會的著名牧師，曾經在美國留學，在二戰之前活躍於「關東學院」[6]、日本主日學協會[7]和大阪的密德（Mead）社會館[8]，戰後也擔任訪日的外國基督徒的英文翻譯等工作。儘管他是非常著名的牧師，但是他在中日戰爭時期在中國工作的史實，即便在日本基督教界裡也一直沒有受到任何關注。[9]可以說，關於中日戰爭時期安村三郎的研究是幾乎尚未開拓的領域。

本文將安村三郎三次訪華的背景與他在華的活動加以整理，並以他的文章為史料根據，分析當時的他對戰爭的看法，並對他本人的言行加以評價。

二、日本基督教青年會的慰問事業與大陸事業

討論安村三郎的中國出訪之前，首先需要瞭解中日戰爭爆發

徐志耕《南京大屠殺》（昆侖出版社，1987）以及高興組編著《日本帝國主義在南京大屠殺》（南京大學，1979）裡面也有一些提及安村三郎的部分，但是他們的敘述仍然是非常局部的。

6　1884年，美國浸信會建立橫濱浸信會神學院，後來改爲基督教學校「關東學院」（Kanto Gakuin），現在發展爲「關東學院大學」（Kanto Gakuin University）。

7　主日學是基督教教會於星期日進行的兒童宗教教育。日本主日學協會（Japan Sunday School Association）於1907年建立，現在改爲日本基督教協進會（National Christian Council of Japan）的教育部。

8　密德（Mead）社會館是於1923年日本浸信會女子神學院建立的社會服務機構，從美國的女傳教士 Rabiniasi Mead 起名。

9　日本基督教歷史大事典編集委員會編《日本基督教教歷史大事典》（教文館，1988）裡面的〈安村三郎〉的部分（頁1422）也沒有提及關於安村三郎在華的事實。海老澤義道《齋藤惣一と YMCA》（日本 YMCA 出版部，1965）以及新堀邦司《青年の使徒──井口保男》（日本 YMCA 同盟出版部，1985）的確提及參與日本青年會大陸事業的安村三郎，但是依然沒有對他的詳細探討。

後日本青年會同盟的情況。1937 年 7 月 7 日，中日戰爭爆發；7 月 21 日，日本青年會同盟發表「時局決議」，說「我們爲了儘快確立東洋和平祈禱」。[10] 7 月 22 日，日本基督教聯盟也發表「關於非常時局的宣言」，同時該聯盟新設「皇軍慰問事業部」，[11] 討論「皇軍慰問事業計畫實施案」。[12] 7 月 24 日，日本青年會同盟常務委員會也決議，接受日軍當局的指導，與日本基督教聯盟一同從事慰問工作。[13]

同年 9 月 8 日，日本青年會同盟的全國總主事會也通過了「設置時局特別事業部」的提案，開始計畫「軍隊慰問事業、對避難者的救護活動、留日中國基督教青年會財產保管以及接替其未了事務、皇軍駐紮地方的文化事業、海外興論的改善」。該計畫在「皇軍駐紮地方的文化事業」與「海外興論的改善」的部分說：[14]

四、皇軍所在地之文化事業
針對皇軍所在地業已恢復秩序地區，與當地官方及在支日人青年會、民團、教會等保持緊密聯繫，賴其協助，開展下述各項事業，至於預備實施地區及事業細目尚需按軍方指示籌畫。（一）針對支那良民之福祉事業；（二）針對皇軍所在地之中國青年會、教會，順應新形勢給予必要援助，尤需致

10　日本基督教青年會同盟編，《開拓者》，1937 年 8 月號，頁 1。
11　日本基督教青年會同盟編，《開拓者》，1937 年 9 月號，頁 78。
12　日本基督教青年會同盟編，《開拓者》，1937 年 8 月號，頁 2。
13　日本基督教青年會同盟編，《開拓者》，1937 年 8 月號，頁 1。
14　日本基督教青年會同盟編，《開拓者》，1937 年 10 月號，頁 42-43。

力於深化其對我國之認識；（三）給予宣教士團體以必要之
援助。

五、海外輿論之導正
致力於研究討論海外（以基督教界為主）發表之有關事變之
意見、感想，必要時呈送正確報導，申明我公正之立場，以
喚起正確輿論。

　　由此可見，中日戰爭爆發之後，日本青年會很快開始接受日
軍當局的指導，以計畫在華文化事業的展開、與歐美傳教士的接
觸以及海外基督教界對日輿論的改善等。之後，在同年9月17
日，日本基督教聯盟以海老澤亮（Ebisawa, Akira，該聯盟的總幹
事）為領袖的慰問事業班被派遣到中國。日本青年會也在10月
5日，以管儀一（Suga, Yoshikazu，東京青年會幹事）[15]與近森一
貫（Chikamori, Ikkan，臺灣青年會幹事）[16]為領袖，派遣第一批
團隊到中國；並為了改善海外輿論，而將齋藤惣一（Saito,
Soichi，日本青年會同盟總幹事）等派遣到美國。[17]自1937年10
月末至1938年11月末，日本青年會在華的皇軍慰問事業，主要
以派遣六次慰問班的方式展開，後來轉變為建立在華日本青年會
的「大陸事業」。[18]日本青年會展開的這些皇軍慰問事業與大陸

15　日本基督教青年會同盟編，《開拓者》，1937年10月號，頁45。
16　日本基督教青年會同盟編，《開拓者》，1938年1月號，頁40。
17　日本基督教青年會同盟編，《開拓者》，1938年1月號，頁27。
18　雖然日本青年會同盟的慰問事業與大陸事業是連續性的事業，但是海老澤義道
　　仍然將「東亞青年協力事業計畫」被提議的1939年2月視為大陸事業的正式

事業，都是安村三郎在華活動的大背景。

　　安村三郎的在華活動可以分成三個階段：第一次派遣為
1938 年 4 月至 8 月，第二次派遣為自 1938 年 11 月至 1939 年 2
月，第三次派遣為自 1939 年 11 月至 1942 年 5 月。下文將分析
和討論每一次派遣的背景、目的以及行程。

三、第一次派遣（1938 年 4~8 月）

背景

　　日本青年會同盟在 1937 年 10 月派遣慰問班第一班，笠谷保
太郎（Kasatani, Yasutaro）為班長，並在 1938 年 1 月派遣慰問班
第二班，奈良傳（Nara, Tsutae）為班長；這兩個班的派遣地都是
華北。[19] 笠谷與奈良探訪北京青年會的美國傳教士 Dwight W. Ed-
ward 等，試圖接觸歐美傳教士。負責日本華北派遣軍與傳教士
之間聯絡的奈良傳 [20] 探訪在北京的日軍司令部的時候，該司令部
情報部主任橫山眞彥（Yokoyama, Hikomasa）[21] 邀請他成為日軍無
酬囑託而承擔基督教工作的領袖。[22] 但是奈良拒絕了邀請，卻推

　　　開始時期。可參海老澤義道，《齋藤惣一と YMCA》（日本 YMCA 同盟出版部，
　　　1965），頁 141。

19　日本基督教青年會同盟編，《開拓者》，1937 年 11 月號，頁 39，以及《開拓
　　　者》，1938 年 2 月號，頁 24。

20　日本基督教青年會同盟編，《開拓者》，1938 年 3 月號，頁 39。

21　當時，橫山眞彥少校好像已經把握天主教方面的情況。可參橫山眞彥，《東亞
　　　建設的理想與其實踐》（農村更生協會，1943），頁 21。

22　奈良傳，《千里の道》（創元社，1974），頁 128。

薦英文比他更流利的安村三郎。[23] 按照基督教報紙「日刊基督教新聞」的報導，奈良與當地的日軍協商後，日軍華北派遣軍情報部給日本青年會打電報，通知該情報部願意邀請大阪密德社會館館長的安村三郎為無酬囑託；後來日本青年會同盟得到日本浸信會的瞭解與支持，讓安村三郎成為「駐華北的日本青年會同盟囑託」，承擔中日文化工作。[24] 安村三郎同意了這個請求，於 1938 年 4 月 30 日被派到華北地區。由此看來，他的派遣背景包括了日軍當局的直接邀請，所以與其他日本青年會同盟慰問班的派遣背景不同。

行程

由於史料限制，無法全面把握安村三郎的訪華經過。下面僅按當時安村在青年會的雜誌《開拓者》裡發表的文章，整理第一次派遣行程的概要：[25]

1938 年

4 月 30 日　　離開日本。

5 月 3 日　　　到達北京。

5 月 10 日　　到達保定，探訪當地的長老會、公理會的傳教士。

5 月 11 日　　到達石家莊，探訪五旬節派的丹麥人傳教士。

23　奈良傳，《千里の道》，頁 129。

24　《日刊基督教新聞》，1938 年 5 月 4 日。

25　安村三郎，〈北支より歸りて〉，日本基督教青年會同盟編，《開拓者》，1938 年 10 月號，頁 32-33。也參《日刊基督教新聞》，1938 年 5 月 4 日。

5 月 13 日～ 16 日　到達順德，探訪長老會的傳教士。

　　　　　　　15 日（星期日）在當地講道。

5 月 18 日　　到達彰德，探訪加拿大聯合教會的傳教士。

5 月 20 日　　回到北京，參加日本教會、中國教會和歐美傳教士代表會議。

5 月 28 日後　離開北京，經由新鄉到達衛輝，探訪加拿大聯合教會的傳教士。

6 月 8 日　　經由清華鎮到達懷慶，探訪加拿大聯合教會的傳教士。

　　　　　　在中國人的聚會中演講兩次。

6 月 13 日　　經由新鄉到達石家莊。

6 月 15 日　　到達太原，探訪英國浸禮會教會。

6 月 18 日　　在太原傳教士的崇拜中講道。

6 月 21 日　　到達汾陽，探訪公理會的傳教士。

6 月 23 日　　到達平遙，探訪丹麥的女傳教士。

6 月 25 日　　回到太原，向日軍有關部門提出「山西地區基督教傳教士分布表」。

6 月 26 日　　從太原坐飛機到石家莊。

6 月 28 日　　回到北京。

6 月 29 日～ 7 月 14 日　在橫山眞彥少校那裡寫出報告。

7 月 15 日　　在北戴河，探訪避暑中的歐美傳教士。

7 月 19 日～ 7 月底　在北京準備寫報告。

8 月 12 日　　回到日本。

活動

　　安村三郎探訪的城市與慰問班第三班探訪的城市幾乎一致。[26] 這些城市都是日軍佔領不到半年的地方，需要各種治安工作與宣撫工作。雖然我們無法瞭解安村接觸傳教士的確切人數，但是從上面的行程可以看出，他為了探訪華北廣大範圍的歐美傳教士而東奔西走。他在日本華北派遣軍橫山眞彥少校的指導下，承擔的任務是調查歐美傳教士的現況以及改善他們的對日輿論。他在上面的行程裡寫出的報告，都是提交給日軍的調查報告。

四、第二次派遣（1938 年 11 月~1939 年 2 月）

背景

　　安村三郎從華北地區回日本之後不久，在 1938 年 11 月又被派遣到華東地區。這第二次派遣與第一次派遣一樣，與日軍有聯絡（特別是日軍華中派遣軍指揮下的特務部與特務機關），同時有與日本外務省、中支 [27] 宗教大同聯盟以及南京國際救濟委員會的關係，背景非常複雜。以下整理第二次派遣的概況。

　　就安村三郎的第二次派遣而言，有渡邊久志的研究。[28] 渡邊在論文裡提及：安村三郎是應日本外務省的需求成為日本青年會

26　日本基督教青年會同盟編，《開拓者》，1938 年 6 月號，頁 35。

27　當時的日文史料裡出現的「中支」指的是民國時期的華中地區，包括四市（上海市、南京市、漢口市、重慶市）與七省（江蘇省、浙江省、安徽省、江西省、湖北省、湖南省、四川省）。

28　渡邊久志，〈南京國際委員會に派遣された日本人 —— 安村三郎〉，參本文註 5。

同盟的慰問班第六班成員而訪華的。[29] 但是渡邊久志依據的日本外務省的資料記錄卻是如此：[30]

> 日本基督教青年會同盟特派員安村三郎氏，基於與陸軍軍方所定協議，以時下主要謀求英美宣教士團體與我方之聯絡，並將來開闢宣教士團體與本邦基督徒間之協作為目的，擬前赴華中數月。該氏抵達貴地之際，務請為達成其上述目的，儘量提供諸般方便、妥善處置。上述介紹委託悉隨尊意。

從上文資料可見，安村三郎首先與日本陸軍方面已有聯繫。可以說，日本外務省是應陸軍的需求而要求在上海與南京的駐華日本總領事給安村三郎提供一些幫助。實際上，他第二次訪華時期，都在日本陸軍上海特務部與南京特務機關的指導下進行「文化思想」工作，[31] 以及他在南京時期有「南京特務機關出仕囑託」的身分。[32] 可以說，他的第二次派遣是由日本陸軍特務部／特務機關的主導與日本外務省的合作來推動的。

就渡邊久志提及安村三郎的身分為「日本青年會同盟的慰問班第六班」這一點而言，雖然他的確也有日本青年會同盟囑託的

29　渡邊久志，〈南京國際委員會に派遣された日本人——安村三郎〉，頁34。

30　外務省亞米利加局，〈日本基督教青年會同盟囑託安村三郎氏ニ對スル便宜供與ノ件〉，JACAR（アジア歷史資料センター）：Ref. B04012549000，《各國ニ於ケル宗教及布教關係雜件／基督教青年會關係》（外務省外交史料館）。

31　《基督教世界》，1939年2月9日。

32　安村三郎，〈基督教工作員第二次報告〉，JACAR，Ref. B04012580900，《中國ニ於ケル諸外國ノ傳道及教育關係雜件／米國關係0・一般並雜》（外務省外交史料館）。

身分以及與慰問班第六班同時訪華，但是他在華的活動與他們的在華活動不同。因此，筆者認為，安村三郎並不是慰問班第六班成員。[33]

行程

下面是用不同的史料整理出來的第二次派遣行程概要：

1938 年

10 月 29 日　與慰問班第六班一同往長崎。[34]

10 月 30 日　在長崎青年會演講，題目為「被派遣到華北」。

10 月 31 日　離開長崎。

11 月 1 日　到達上海。上海日本青年會總幹事島津岬（Shimazu, Misaki）迎接他。[35]

11 月 7 日　與島津岬等幾位日本基督徒領袖協議基督教工

33　隨軍醫生麻生轍男在他的回憶錄《上海より上海へ》裡面記著，他在 1939 年 2 月 8 日於南京的酒店裡遇見安村三郎。因為他前一年與日本青年會慰問班第六班見面，他將安村三郎與他們的名片一同記錄在該著作的 114 頁。渡邊久志誤會這兩張名片是同一張名片的兩面，判斷安村三郎為該慰問班的成員。麻生轍男解釋這兩張名片說：「安村三郎氏與其前一年為了皇軍慰問而探訪南京的日本青年會同盟成員們的名片」，從此可見，安村三郎與慰問班遇到麻生轍男的時期不同。另外，麻生轍男也提及：「聽他（引者按：安村三郎）說，他訪華的目的是應廣田外相（引者按：當時的日本外務大臣，廣田弘毅）需求的非常重要的一件事情」，但是筆者仍然沒有找到可以證明的其他史料。參麻生轍男，《上海より上海へ》（石風社，1993），頁 114-115。

34　自 10 月 29 日至 11 月 1 日的行程都基於以下的史料。日本基督教青年會同盟編，《開拓者》，1938 年 12 月號，頁 41。

35　池田鮮，《曇り日の虹——上海日本人 YMCA40 年史》（教文館，1995），頁 267-268，原史料的來源是〈島津岬日記〉。

作。[36]

11 月 17 日　與前往印度參加馬德拉斯國際宣教會議途中停
靠在上海的賀川豐彥（Kagawa, Toyohiko）、千
葉勇五郎（Chiba, Yugoro）等日本基督教領袖
會晤。[37]

12 月 18 日　參加外國人英文崇拜。[38]

12 月 25 日　參加外國人英文崇拜。[39]

12 月中或 12 月底　加入了南京國際救濟委員會。[40]

1939 年

1 月 16 日～ 18 日　探訪鎮江的傳教士。[41]

1 月 24 日　與金陵女子學院的女傳教士魏特琳通電話。[42]

1 月 31 日　與末包敏夫一同探訪魏特琳。[43]

36　池田鮮，《曇り日の虹──上海日本人 YMCA40 年史》，頁 268。

37　池田鮮，《曇り日の虹──上海日本人 YMCA40 年史》，頁 268。

38　張連紅、楊夏鳴、王衛星等編譯，〈魏特琳日記〉，1938 年 12 月 18 日，張憲文主編，《南京大屠殺史料集》，第 14 冊（鳳凰出版社，2006），頁 408。

39　張連紅、楊夏鳴、王衛星等編譯，〈魏特琳日記〉，1938 年 12 月 25 日，張憲文主編，《南京大屠殺史料集》，第 14 冊，頁 413。

40　〈史德蔚（Steward, Albert, N.）日記〉，1938 年 12 月 14 日，章開沅編譯，《天理難容──美國傳教士嚴重的南京大屠殺（1937-1938）》（南京大學出版社，1999），頁 354。以及參 "Personnel of the International Committee" in Zhang Kai-yuan ed., Eyewitnesses to massacre – American missionaries bear witness to Japanese atrocities in Nanjing (New York : M.E.Sharpe, 2001), p. 451.

41　安村三郎，〈基督教工作員第二次報告〉。

42　張連紅、楊夏鳴、王衛星等編譯，〈魏特琳日記〉1939 年 1 月 24 日，張憲文主編，《南京大屠殺史料集》，第 14 冊，頁 429。

43　張連紅、楊夏鳴、王衛星等編譯，〈魏特琳日記〉1939 年 1 月 31 日，張憲文主編，《南京大屠殺史料集》，第 14 冊，頁 434。

2 月 8 日　　與基督徒醫生麻生轍男相遇。[44]

2 月 13 日～ 17 日　探訪揚州的傳教士。[45]

2 月 21 日　　給魏特琳帶來一包日本教會幼稚園爲了捐給南京幼稚園裡的孩子而送來的禮物。[46]

2 月 26 日　　參加外國人英文崇拜。[47]

2 月末　　　回到日本，寫出報告「基督教工作第二次報告」。[48]

3 月 27 日　　參加外務省亞米利加（引者按：美國）局主辦的懇談會議。[49]

4 月　　　　將一篇文章〈新東亞建設與基督教〉投稿至日本青年會雜誌《開拓者》。[50]

活動

　　日軍開始佔領南京以來，日軍的南京特務機關一直傷腦筋如何處理安全區國際委員會（後來改爲國際救濟委員會）；[51] 日本

44　麻生轍男，《上海より上海へ》，頁 114-115。

45　安村三郎，〈基督教工作員第二次報告〉。

46　張連紅、楊夏鳴、王衛星等編譯，〈魏特琳日記〉，1939 年 2 月 21 日，張憲文主編，《南京大屠殺史料集》，第 14 冊，頁 441。

47　張連紅、楊夏鳴、王衛星等編譯，〈魏特琳日記〉，1939 年 2 月 26 日，張憲文主編，《南京大屠殺史料集》，第 14 冊，頁 444。

48　安村三郎，〈基督教工作員第二次報告〉。

49　安村三郎，〈基督教工作員第二次報告〉。

50　安村三郎，〈新東亞建設與基督教〉，《開拓者》，1939 年 4 月號，頁 18-24。

51　井上久士編・解說，《華中宣撫工作資料》（十五年戰爭重要文獻シリーズ第 13 集）（不二出版，1989），頁 151。

政府也憂慮歐美傳教士對日輿論的惡化。[52] 安村三郎的第二次派遣是在這樣處境下進行的。他的主要使命是與南京的傳教士接觸。

1938 年 11 月 7 日，安村三郎與島津岬等其他早就開始特務機關宗教工作的日本基督徒領袖協議「關於將來中國基督教的幾條根本事項」：「一：善導傳教士，二：取締牧師、傳教士，三：復興各個教會的□□，四：□□□□□我們日本基督教」（引者按：□是無法辨認的字）。[53]

雖然無法把握安村三郎與南京國際救濟委員會的傳教士們接觸的正確日期，但是他至遲於 1938 年 12 月初已經開始在南京工作。[54] 他每個週日都參加在金陵大學舉行的英文崇拜，這或許是他接觸傳教士的契機。

安村三郎在南京開始工作的 12 月初，國際委員會面臨一個問題，即該委員會的幾個中國職員由於妨害治安行為的嫌疑，被南京特別市政府逮捕。金陵女子學院的魏特琳在她的日記[55] 裡記

52　笠原十九司，〈第 7 章 日中戰爭とアメリカ國民意識──パナイ號事件と南京事件をめぐって〉，中央大學人文科學研究所編，《日中戰爭──日本・中國・アメリカ》（中央大學出版，1993），頁 416。外務省編，《日本外交年表並主要文書 1840-1940》下卷（原書房，1966），頁 422。

53　池田鮮，《曇り日の虹──上海日本人 YMCA40 年史》，頁 268。

54　張連紅、楊夏鳴、王衛星等編譯，〈魏特琳日記〉，1938 年 12 月 8 日，張憲文主編，《南京大屠殺史料集》，第 14 冊，頁 400。

55　由於魏特琳聽錯抑或記錯日本人的名字，她在日記裡面寫的日本人名也寫錯，結果該日記中文版的日本人名也不正確。例如：（1）原文：Mr. Madobe，中文：惑邊牧師，這個人物應該是「的場常藏（Matoba Tsunezo）」，是一個從日本派到南京的牧師。（2）原文：Mr. Takoja，中文：田口座先生，這個人物應該是「田川大吉郎（Tagawa, Daikichiro）」，是一個基督徒政治家。（3）原文：Shiba，中文：司馬，這個人物應該是「千葉勇五郎（Chiba, Yugoro）」，是日本

著：「安村〔三郎〕牧師將盡全力幫助他們（引者按：指米爾士、宋煦伯等）。」[56] 史德蔚也在他的日記裡提及安村三郎：[57]

在一位來自日本的基督教青年會牧師的幫助下，通過聯絡，使救濟委員會的問題得以解決。委員會同意增加一個日本人和一個中國人，如果能找到合適的無政治色彩的市民，將更有助於澄清問題。

從他們的日記記錄可見，安村三郎當時盡力參與釋放該委員會中國職員的活動。史德蔚在他的日記裡也提及安村三郎的援助。

魏特琳在她的日記裡另提及他，說：「〔國際救濟〕委員會可以吸收一位中國人和一位日本人，但他們不能有政治偏見，也不能是軍事組織的成員。……安村〔三郎〕牧師在解決國際救濟委員會的困難時幫了很多的忙。」[58]

如此，國際委員會在 12 月中已經下了判斷，讓安村三郎加入該委員會應該有益於解決他們與日軍當局以及南京特別市政府之間發生的一些問題。該委員會的報告記錄寫著："S. Yasumura / Japanese / Japan Baptist Church, Elected December, 1938"[59]。因此，

浸信會與日本基督教聯盟（協進會）的牧師。

56　張連紅、楊夏鳴、王衛星等編譯，〈魏特琳日記〉，1938 年 12 月 8 日，張憲文主編，《南京大屠殺史料集》，第 14 冊，頁 400。

57　〈史德蔚（Steward, Albert, N.）日記〉，1938 年 12 月 14 日。

58　張連紅、楊夏鳴、王衛星等編譯，〈魏特琳日記〉，1938 年 12 月 16 日，張憲文主編，《南京大屠殺史料集》，第 14 冊，頁 406。

59　"Report of the Nanking International Relief Committee, November 1937 to April 30,

可以大體確定的是，他正式加入該委員會的日期是在 1939 年 12 月中與 12 月末之間。

他在〈基督教工作員第二次報告〉裡提及他加入該委員會的經過：[60]

> 尤屢與負責南京宣教士團體之長老會密爾士、美以美會宋煦伯、基督會麥卡倫及貝德士、聖公會福斯特（以上均係南京國際救援委員會之執行委員）、金陵女子大學魏特琳女士等相訪談，並待國際救援委員會之委員制調整後，以日方委員身分加入，密爾士遂屢訪寒舍，會談二小時乃至三小時半。

從此可見，安村三郎試圖與一些留在南京的美國傳教士們（例如米爾士、宋煦伯、麥卡倫、貝德士、福斯特、魏特琳等）交流，而能夠在一定程度上形成信任關係，結果，國際救濟委員會接受他成為該委員會的唯一日本成員。當時，他當然不公開提及他與南京特務機關的關係。1939 年 1 月 24 日，他與魏特琳通電話的時候，否定了他與日軍的關係。[61]

此外，安村三郎自 1939 年 1 月 16 日探訪鎮江，2 月 13 日至 17 日探訪揚州，試圖接觸這些城市的歐美傳教士。[62] 他在 2 月末與至遲 3 月初之間回到了日本，3 月 27 日在日本外務省裡

1939," p. 54.

60　安村三郎，〈基督教工作員第二次報告〉。

61　張連紅、楊夏鳴、王衛星等編譯，〈魏特琳日記〉，1939 年 1 月 24 日，張憲文主編，《南京大屠殺史料集》，第 14 冊，頁 429。

62　安村三郎，〈基督教工作員第二次報告〉。

進行工作報告。[63]

　　當時，日本陸軍與外務省痛感改善歐美傳教士對日態度的必要性，因此，對日本當局來說，安村三郎與南京的傳教士能夠建立良好的關係並加入國際救濟委員會，可以視爲成功的宗教工作。

五、第三次派遣（1939 年 11 月~1942 年 5 月）

背景

　　儘管安村三郎的第三次派遣也有日軍陸軍等官方背景，表面上是作爲日本青年會同盟計畫的「東亞青年協力事業」（後來改爲「大陸事業」）來進行的。該事業是 1939 年 3 月開辦的日本青年會全國主事會（總幹事會）提出的建議：「選擇大陸的兩三個重要地方，將我們的代表派遣到那裡，爲了對在華日本青年人工作的開始，以及爲了服事在困境裡的中國同工，貢獻於新時態的認識。」[64]

　　當時上海已有日本青年會，此後，日本青年會同盟從日本派遣總幹事到北京、南京、廣東，在各地建立了日本青年會。首先，1939 年 7 月，有皇軍慰問經歷的近森一貫被派到廣東。同年 10 月，奈良傳被派到北京，安村三郎與末包敏夫被派到南京。[65]

63　安村三郎，〈基督教工作員第二次報告〉。
64　日本基督教青年會同盟編，《開拓者》，1940 年 3 月號，頁 1。
65　關於大陸事業的詳細經緯，可參海老澤義道，《齋藤惣一與 YMCA》，頁 141-156。

雖然安村三郎與末包敏夫在南京的主要任務是建立日本青年會，但是《日刊基督教新聞》提及安村三郎訪華的目的不僅僅是建立日本青年會，而且是進行一些「文化工作」。[66] 這個「文化工作」不是日本青年會同盟所需求的事務，而是日本陸軍針對歐美傳教士的「對日輿論改善工作」。日本陸軍省軍務科在 1939年 10 月 13 日給分布於中國各地的日軍派遣軍參謀長發出的檔〈關於在華美國與加拿大傳教士指導〉中指出：[67]

> 鑒於美國對日輿論惡化與在支美國宣教士反日親中之報導關係甚大，意識到對其加以反利用之效果與必要，昨秋以來漸次實施，近自基督教青年同盟及各宗派，分別派遣工作員至南京（安村三郎、末包敏夫）、北京（奈良傳）、廣東（近森一貫，另一名業已派遣），主要從基督徒立場介入我方與美國及加拿大宣教士之間，旨在疏通思想，並促彼等瞭解我東亞建設之意義。
>
> 但上述意圖若明顯表現為基於我官方指導，即於工作不利，故各當地機關應於表面上與此等工作員絕無任何關係，留意從旁促成其工作取得效果，並暗中加以支援指導。

行程

安村三郎的第三次派遣，雖然中間有短期的回國，但一共有

66　《日刊基督教新聞》，1939 年 10 月 27 日。

67　陸軍省軍務課，〈在支米加宣教師指導ノ件〉，JACAR：Ref.C04121686000，陸軍省－陸支密大日記 -S14-100-189（防衛省防衛研究所）。

兩年半之久的時間在華，比前兩次的派遣時期更長。前兩次派遣
是他單獨訪華，但是第三次派遣是與末包敏夫同行訪華的。第三
次訪華的主要工作是在南京建立日本青年會、幫助日本基督教會
的黑田四郎（Kuroda, Shiro）牧師建立南京第一日本人教會等，
與前兩次的派遣訪華不太一樣。

下面是用不同的史料整理出來的第三次派遣行程概要：

1939 年

10 月 25 日　與末包敏夫、黑田四郎一同離開日本。[68]

11 月 14 日　與末包敏夫、黑田四郎以及齋藤末松（Saito,
　　　　　　Suematsu）（中支宗教大同連盟基督教部幹事）
　　　　　　一同到達南京。[69]

11 月 16 日　探訪板垣征四郎總參謀長、憲兵隊長、報導部
　　　　　　長、特務機關等。末包敏夫、黑田四郎、齋藤
　　　　　　末松、永倉義雄（第二日本人教會牧師）、的
　　　　　　場常藏（東亞傳道會牧師）、生越實造（東亞
　　　　　　傳道會牧師）同行。[70]

11 月 19 日　參加黑田四郎牧師的第一日本人教會首次崇
　　　　　　拜。[71]

68　《日刊基督教新聞》，1939 年 10 月 27 日。黑田四郎，《主は生きておられ
　　る──大戰下南京傳道の奇迹》，（黑田會（非賣品），1990），頁 7。

69　《黑田四郎書簡》，1939 年 11 月 17 日，日本基督教會本部宛（日本：日本基
　　督教團富士見町教會藏〔未整理資料〕）。

70　《黑田四郎書簡》，1939 年 11 月 17 日。

71　《黑田四郎書簡》，1939 年 11 月 27 日。

11 月底～ 12 月初　組織「南京基督教聯盟」。會長：安村三郎。委員：末包敏夫、黑田四郎、永倉義雄、的場常藏、生越實造。[72]

12 月 3 日　參加第一次南京日本青年會籌備會議於福昌飯店，參加者：佐藤貫一、玉置豐助、河野仁、黑田四郎、末包敏夫、安村三郎。[73]

12 月 4 日　被美以美會的會督黃安素（Ward, Ralph）以及該差會的傳教士 Gale 夫妻與末包敏夫一同邀請午餐。[74]

12 月 7 日　探訪金陵女子學院的魏特琳。[75]
　　　　　　與貝德士與末包敏夫一同晚餐。[76]

12 月 24 日　參加南京第一日本人教會的聖誕崇拜。[77]

1940 年
1 月底　　　探訪貝德士。[78]
1 月 28 日　參加外國人英文崇拜，講員爲貝德士。[79]

72　末包敏夫，〈日本基督教青年會同盟　中支派遣員報告（五）〉，JACAR：Ref. B04012581600《本邦ニ於ケル教會關係雜件》（外務省外交史料館）。

73　日本基督教青年會同盟編，《大陸事業の一ヶ年──昭和 15 年度報告》（日本基督教青年會，1941），頁 9。

74　末包敏夫，〈日本基督教青年會同盟　中支派遣員報告（五）〉。

75　張連紅、楊夏鳴、王衛星等編譯，〈魏特琳日記〉，1939 年 12 月 8 日，張憲文主編，《南京大屠殺史料集》，第 14 冊，頁 538。

76　末包敏夫，〈日本基督教青年會同盟　中支派遣員報告（五）〉。

77　《黑田四郎書簡》，1940 年 1 月 10 日。

78　日本基督教青年會同盟編，《開拓者》，1940 年第 3 號，頁 25-30。

79　張連紅、楊夏鳴、王衛星等編譯，〈魏特琳日記〉，1940 年 1 月 28 日，張憲文

3月5日	與末包敏夫一同坐飛機去漢口視察旅遊。[80]
3月8日	探訪武昌，聖公會傳教士孟良佐（Alfred Alonzo Gilman）主教帶到他們參觀聖公會醫院與學校。
3月12日	坐船到九江，探訪美以美會傳教士 Edward Perkins 經營的醫院（The Water of the Life Hospital）。
3月14日	坐軍用火車移到南昌，探訪美以美會的傳教士 Leland Holland。
3月17日	坐飛機到安慶。
3月18日	探訪安慶的聖公會醫院與幾個傳教士。
3月20日	坐船經由蕪湖回到南京。
3月24日	在南京第一人日本人教會講道（由於黑田四郎生病）。[81]
3月25日	南京日本青年會借用費吳生（George Fitch）的住所。[82]
4月4日	任南京日本青年會開幕典禮的主禮。[83]
4月19日	短暫回到日本東京。[84]

主編，《南京大屠殺史料集》，第 14 冊，頁 562。

[80] 自 1940 年 3 月 5 日至 3 月 20 日的行程基於以下的史料。日本基督教青年會同盟編，《開拓者》，1940 年第 6 號，頁 31-44。

[81] 《黑田四郎書簡》，1940 年 3 月 26 日。

[82] 日本基督教青年會同盟編，《大陸事業の一ヶ年 —— 昭和 15 年度報告》，頁 10。

[83] 日本基督教青年會同盟編，《開拓者》1940 年 5 月號，頁 50。

[84] 《日刊基督教新聞》，1940 年 4 月 22 日。

4 月 30 日　　參加日本青年會全國幹事會。[85]

5 月 16 日 017 日　參加日本基督教青年會同盟主辦的「在華青年會幹事會議」，參加者：安村三郎、末包敏夫、奈良傳、永井三郎、齋藤惣一、近森一貫、熊谷仁三郎。[86]

5 月 23 日　　離開日本，回去南京。[87]

12 月 21 日　在南京日本青年會，邀請 60 多個中國教會的牧師開辦聖誕聚會，主禮人：末包敏夫。分享：黑田四郎。禱告：永倉義雄、楊紹誠。

1941 年

1 月 10 日　　參加在東京的松本樓開辦的日本宗教聯盟新年開會，議題：關於中支宗教大同聯盟，基督教界的參加者：千葉勇五郎、阿部義宗、都田恒太郎、野口末彥、小林誠、小崎道雄、眞鍋賴一、安村三郎。[88]

3 月 18 日　　在南京邀請貝德士、米爾士、宋煦伯晚餐，末包敏夫夫妻均參加。[89]

4 月 29 日　　將一篇文章〈基督教西漸之道的歸結〉投稿於

85　《日刊基督教新聞》，1940 年 5 月 4 日。
86　《日刊基督教新聞》，1940 年 5 月 4 日。
87　《日刊基督教新聞》，1940 年 5 月 22 日。
88　《日刊基督教新聞》，1941 年 1 月 13 日。
89　Correspondence from Miner.S. Bates to his son Bobby, 18 March 1941, Folder 8, Folder: MSB/ Wife &sons 1941 Jan.-Mar., Box 1, Record Group 10, Special Collection, Yale Divinity School Library.

日本青年會雜誌《開拓者》。[90]

9月5日　　將一篇文章〈長江見聞餘錄音〉投稿於日本青
　　　　　年會雜誌《開拓者》。[91]

1942 年
3月20日　將一篇文章〈從南京觀察的大東亞建設〉投稿
　　　　　於日本青年會雜誌《開拓者》。[92]
3月23日　參加南京日華基督教聯盟成立典禮。
5月27日　離開南京，回日本。[93]
6月3日　　去東京。[94]
6月5日　　在日本青年會同盟的總會進行報告會。[95]
6月18日　任橫濱青年會的總幹事。[96]

活動

　　從上述的行程可見，安村三郎的第三次派遣主要有中支宗教
大同聯盟、南京基督教聯盟、南京日本青年會三個組織的背景。

90　安村三郎，〈基督教西漸の道極りて〉，《開拓者》，1941 年 8 月號，頁 2-12。
91　安村三郎，〈長江見聞余〉，《開拓者》，1941 年 10 月號，頁 16-18。
92　安村三郎，〈南京から眺めた大東亞建設〉，《開拓者》，1941 年 6 月號，頁 7-11。
93　《基督教新聞》，1942 年 6 月 7 日。
94　《基督教新聞》，1942 年 6 月 7 日。
95　《基督教新聞》，1942 年 6 月 7 日。
96　《基督教新聞》，1942 年 6 月 22 日。

中支宗教大同聯盟的工作

中支宗教大同聯盟是於 1939 年 2 月在上海建立的專門負責日本官方宗教政策機構。該聯盟的工作物件是：（1）在華日本宗教團體、（2）中國宗教團體、（3）歐美宗教團體。它有三個部門：神道部、佛教部、基督教部，而每一個部分擔上述的三個工作。[97]

1939 年 11 月，安村三郎到了上海的時候，中支宗教大同聯盟基督教部幹事的齋藤末松陪伴他一同去南京；1941 年 1 月 10 日，他在東京的松本樓參加了協議該聯盟工作的日本宗教聯盟會議，中支宗教大同聯盟的年度報告也提及安村三郎與末包敏夫的南京派遣。[98] 由此可見，安村三郎的第三次訪華的確是被包括在中支宗教大同聯盟基督教部工作業務的一部分。

該聯盟基督教部實施要領的第一項說：「外國人傳教士、中國人牧師以及信徒的善導」[99]。而且，其計畫概要也說：「將宗教工作人員配置在重要地方，使他們特別負責對外國傳教士、中國人教會以及傳道人的啟蒙、指導、協助。」[100] 可以說，該聯盟基督教部的主要工作是歐美傳教士對策。安村三郎自 1940 年 3 月

97　關於中支宗教大同聯盟的詳細研究，可參松谷曄介，〈日中戰爭期における中國佔領地域に對する日本の宗教政策——中支宗教大同聯盟をめぐる諸問題〉，《社會システム研究》，第 26 號（立命館大學，2013），頁 49-82。

98　中支宗教大同聯盟編，《昭和十四年度中支宗教大同聯盟業務報告》（中支宗教大同聯盟，1940）。

99　大倉精神文化研究所調查部編，《大陸に於ける宗教工作狀況——佛教工作を主として》（大倉精神文化研究所調查部，1939），頁 49。

100　大倉精神文化研究所調查部編，《大陸に於ける宗教工作狀況——佛教工作を主として》，頁 51。

5日至3月20日探訪武漢、武昌、九江、安慶等各地的傳教士，可以視爲該聯盟基督教業務的調查旅遊。

南京基督教聯盟

安村三郎在南京的另外活動是建立「南京基督教聯盟」。該聯盟是由日本青年會派遣的安村三郎與末包敏夫、在寧日本人教會的黑田四郎與永倉義雄、東亞傳道會派遣的的場常藏與生越實造，以六位日本基督徒爲主構成起來的。該聯盟維持日本人基督徒之間的聯絡，互相協助，例如黑田四郎生病的時候，安村三郎替他負責講道。與此同時，該聯盟也將聖誕慰問金與奉獻贈給中國人教會，舉行茶會而邀請傳教士等，試圖與他們建立友好的關係。安村三郎在第二次訪華時已經認識了南京的一些傳教士與中國人牧師，因此南京基督教聯盟的日本基督徒比較順利地與他們接觸。

南京日本青年會

除了上述的兩個工作之外，建立南京日本青年會也是安村三郎的主要工作之一。他經常接觸歐美傳教士與中國基督徒領袖，請求他們幫助他在南京建立日本青年會。末包敏夫提交給日本外務省的報告也提及安村三郎的情況：[101]

針對西人宣教士的工作正逐步展開（主要由安村負責）。日

101　末包敏夫，〈日本基督教青年會同盟　中支派遣員報告（五）〉。

本人青年會事業若純係基督教事業（且非常必要），即與協助支援。此即我等所會宣教士異口同聲之言。雖稱如自家般指明適當位置，定當盡力援助，然當具體指明適當場所，或借用幾乎不用之物，總會以非常遺憾已預定為職員住宅為由予以婉拒。總之借用會館等事，最為困難，彼等亦似深以為憾、痛感有責。

如此，一方面，歐美傳教士對安村三郎表面上採取同情與合作的態度，另一方面，他們卻不願意為了建立日本青年會而提供差會或者教會所擁有的會館。末包敏夫推測，他們的這樣消極態度有三個原因：（1）避難到華西地區的教會學校有可能回來，（2）他們怕華西地區的基督徒會批評他們，（3）所有的決定權在上海。[102]

就中國基督徒的反應而言，末包敏夫在該報告裡也說，「中國人牧師與教授等寧可關心［會館的事情］。……他們的聲音會改變傳教士的態度。」[103] 不過，有比較親日的楊紹誠幫助安村三郎尋找合適的會館。[104]

安村三郎與末包敏夫很難找到合適用於建立日本青年會的會館，也曾幾次尋求貝德士與魏特琳的幫助。[105] 魏特琳盡力幫助他

102　末包敏夫，〈日本基督教青年會同盟　中支派遣員報告（五）〉。

103　末包敏夫，〈日本基督教青年會同盟　中支派遣員報告（五）〉。

104　安村三郎在他對日本外務省的報告裡也將楊紹誠視為親日派。參安村三郎，〈基督教工作員第二次報告〉。實際上，楊紹誠經常幫助黑田四郎等日本基督徒。參黑田四郎，《主は生きておられる──大戰下南京傳道の奇迹》。

105　日本基督教青年會同盟，《開拓者》，1940 年 3 月號，頁 28。張連紅、楊夏鳴、王衛星等編譯，〈魏特琳日記〉，1939 年 12 月 8 日，張憲文主編，《南京

們，通過楊紹誠與他們保持聯繫。[106]

最後，他們得到了在上海的青年會領袖 Dwight W. Edward（當時已經從北京調到了上海）的同意，[107] 借用費吳生曾經使用的保泰街住所，1940 年 4 月 14 日才舉行南京日本青年會的開幕典禮。75 名參加者當中，除了日本領事館的人員、汪精衛政權教育部部長趙正平的代理、南京市特別市長高冠宗的代理等官方人員之外，還有楊紹誠等中國牧師，以及畢范宇、宋煦伯、史蔚德等不少歐美傳教士。[108]

南京日本青年會的主要活動有：座談會、北京官話講習會（每天，三個月一期）、日語俱樂部（每週兩次）、唱片演奏會（每月一次）、北京官話社交會（每月兩次），英語補習會（每週兩次）等。日本人與中國人都一同參加這些活動。聖誕時期，邀請一些中國教會的牧師與青年人，一同舉行聖誕崇拜（主席：末包敏夫，分享：黑田四郎，禱告：永倉義雄、楊紹誠）。

六、安村三郎對中日戰爭的看法

從上述可知，安村三郎三次訪華的一貫目的，是接觸歐美傳教士、並改善他們對日本的意識與態度。以下要討論他當時寫的

大屠殺史料集》，第 14 冊，頁 538。

106　末包敏夫，〈日本基督教青年會同盟　中支派遣員報告（五）〉。

107　日本基督教青年會同盟編，《大陸事業の一ヶ年 —— 昭和 15 年度報告》，頁 10。

108　日本基督教青年會同盟編，《大陸事業の一ヶ年 —— 昭和 15 年度報告》，頁 10。該資料裡的「宣教師ホール」指的應該是「ゲール（Gale）」。

一些文章，分析他如何看待戰爭時局以及對傳教士的接觸。

　　他第一次訪華時，與在順德的一個傳教士說：「就中日之間的問題與東亞的事態而言，如果日本不能得勝，蘇聯會替日本進來中國，中國就必定赤化，而且這會帶來無法收拾的混亂。皇軍正在代理世界進行不能不勝利的聖戰」。[109] 他後來在一個報告裡，提及他在華北接觸不少傳教士後的感受，說：[110]

> 想來在華新教宣教士六千人中，有約三千餘居於皇軍佔領區，其五分之三為美國人、五分之一點五係英國人與加拿大人，故觀其經其本國母會及諸後援團體所發揮之宣傳效力，實屬巨大。且思及蔣介石政府在其歷史上多受彼宣教士之感化，而彼宣教士自然缺乏有關日本之知識材料，觀其對共產主義侵入，即如對蘇關係、俄國傳統東方政策、東亞動盪實況之相關知識亦極之貧乏，更痛感為確保東亞及日美和平關係，針對彼等宣教士之工作事業應佔極大比重。察今日華北新教宣教士大多取觀望姿態，深信佔領區對華宣撫工作與針對宣教士之工作，關乎日美中之未來關係，如同車之雙輪般同屬極為重要之事業。

　　如此可見，安村三郎在第一次訪華時試圖使歐美傳教士瞭解，在華日軍的目的並不是侵略中國，而是防止蘇聯共產主義侵略東亞。

109　安村三郎，〈北支より歸りて〉，頁32。
110　安村三郎，〈北支より歸りて〉，頁33。

第二次訪華時，他對戰爭的看法有一些變化。他認為，這次戰爭是「建立共存共榮的共同體」以及「保證自國（引者按：指日本）的安全」。他在一篇文章〈新東亞建設與基督教〉裡說：[111]

日本今日欲建設之東亞共同體，其主張乃單純基於天地公道堂堂正正之道義正論。……且其理想確與基督教之根本主張相一致，非吞併、榨取之霸道，乃以共存共榮、相互融通、和合之精神，致力於世界和平。基督教宣教士諸君亦本此認識，深信協助該理想之達成，不僅絲毫不違天職，更係有效發揚其使命之機會，東洋誠為宣教士諸君面臨之一大挑戰。

他還指出：[112]

（宣教士）應探討並明確採納日支提攜的根本理念，為達成此理想而激發誠意予以協助，進而積極指導兩國基督徒參與援助，方為至當。……美國豈不應即時停止離間日支，放棄以一方為友一方為敵的愚蠢立場，轉而充任理解日支提攜的援助者。如此，美國才堪稱人道冠軍之國，其引以為傲之榮光亦愈加光輝。

如此，他基本上將日軍侵略與佔領中國合理化，而呼籲歐美傳教士瞭解與支持中日兩國建立友好關係。但是，他也提及傳教

111　安村三郎，〈新東亞建設與基督教〉，頁 20-21。
112　安村三郎，〈新東亞建設與基督教〉，頁 22-23。

士對他的反對：[113]

> 華中當下之事實豈非恰恰相反？此係君之空想或希望，並無
> 事實佐證。今日各領域悉為日本勢力所獨佔，舉凡電力、交
> 通機關、所有企業均完全置於日本商人獨佔之下。若非日本
> 停止上述行徑，令人信服日本意圖實係提攜支那人，而非獨
> 佔、佔領，則千百聲明、說明均無效果。

安村三郎也認為傳教士對日本的批評是理所當然的。因此，
他在「基督教工作員第二次報告」裡用婉轉的說法來提出一些勸
告與建議：[114]

> 基於上述經驗，就第三國宣教士工作方針，略述二、三所
> 見。……軍隊雖一兵、一班員、一臣民，應徹底覺悟若行有
> 損支那人對日信賴之事，即為違反國策、玷污國民鮮血之國
> 賊。望其努力以日支提攜、新東亞建設之冠軍之自覺，取得
> 建設成果，同時待第三國宣教士以大國胸襟，不以偵查情報
> 等區區小事致其神經焦慮不安，常以積極指導立場，令彼等
> 與支那民眾共沐王道樂土之恩惠。
> 強制壓迫彼等，只會徒勞地導致國際關係惡化，無益於東亞
> 百年大計。反之，若愛撫保護彼等，以不違反東亞建設大政
> 綱要為限，予以宣教之自由，則凡原秉純真感恩服侍之動機

---

113 安村三郎，〈新東亞建設與基督教〉，頁 21。
114 安村三郎，〈基督教工作員第二次報告〉。

佈道者，確信必自我反省為日支提攜之大力支持者。

他在該報告書裡直率地指出，日軍的行為會損失中國人對日本的信賴，並強烈批評那種「違反國策、玷污國民鮮血之國賊」。

亦且，安村三郎在前面所提的文章〈新東亞建設與基督教〉裡呼籲美國應該成為「人道冠軍（champion）之國」，他在「基督教工作員第二次報告」裡用同一個「冠軍」兩個詞建議日本當局也應該成為「新東亞建設的冠軍」。由此可見，安村三郎觀察日軍佔領南京的現實以及被傳教士批評日軍在華的行動之後，一方面向傳教士辯明說，日軍在華的目的並不是侵略；但是另一方面又向日本當局建議說，日軍應該慎重行動，避免失去中國人對日本的信賴，以及建議保護歐美傳教士。

七、歐美傳教士與中國牧師對安村三郎的評價

安村三郎在華時期，周圍的中國牧師與歐美傳教士如何評價他呢？

中國牧師當中，與安村三郎有最多交流的是楊紹誠。安村三郎尋找日本青年會的會館的時候，楊紹誠與魏特琳一同幫助他；而且楊紹誠在南京日本青年會建立後也參加該青年會的聖誕崇拜，並帶領禱告。安村三郎也在「基督教工作員第二次報告」裡將楊紹誠視為親日派牧師。如此可見，楊紹誠對安村三郎採取一定的信任態度。

然而，當安村三郎詢問魏特琳可否同意擔任南京日本青年會

的義務英語查經班時，楊紹誠卻勸告她這麼做會被人誤解。[115]
可見，連比較親日的楊紹誠都沒有將該青年會視爲純粹的青年會
事工。儘管日本當局試圖使安村三郎等基督教工作員隱藏日本當
局的背景，但是楊紹誠還是對他有一些懷疑。

　　因爲安村三郎第二次訪華時已經加入了南京國際救濟委員
會，第三次訪華時也繼續保持該委員會成員的身分，[116] 所以可以
經常與南京的歐美傳教士接觸。他第二次訪華時，魏特琳與史蔚
德等感謝他對國際救濟委員會的幫助。第三次訪華時，雖然楊紹
誠勸告魏特琳不要擔任南京日本青年會的義務工作，但是魏特琳
原本是有幫助安村三郎的意願的。

　　貝德士也是與安村三郎有密切交流的傳教士之一，他們有時
相邀吃飯。安村三郎在一篇文章裡詳細描述他與貝德士的交
流。[117] 儘管如此，貝德士還是發覺在南京的日本基督徒的背後，
有日軍與日本政府的影子。貝德士在一份寄給美國朋友的信件裡
說：[118]

　　　日本宗教活動向中國進行半政治化的擴展，對這個問題已進
　　　行了專門研究，並開會討論。派到中國的日本基督徒一定是

115　張連紅、楊夏鳴、王衛星等編譯，〈魏特琳日記〉，1939 年 12 月 8 日，張憲文
　　　主編，《南京大屠殺史料集》，第 14 冊，頁 538。
116　"Report of the Nanking International Relief Committee, May 1, 1939 to April 30,
　　　1941", p. 5.
117　日本基督教青年會同盟編，《開拓者》，1949 年 3 月號，頁 25-30。
118　〈貝德士夫婦致國外朋友函（1939 年 11 月 28 日）〉，章開沅編譯，《天理難
　　　容——美國傳教士眼中的南京大屠殺（1937-1938）》，頁 55。引用文的最後兩
　　　個句子是筆者自己翻譯的。

得到了軍方的允許或支持；派來的個人中，有醒悟的人道主義者，也有無恥的軍事征服的代理人。當局促使日本宗教人士說服中國人相信，日本的事業都是以慈善為目的的。從而挑撥中國人和西方傳教士之間業已存在的真誠關係。傳教士和中國牧師是如何回應在「和平、合作」名義下提出的動議呢？這些問題必須在上帝面前與在（日本）憲兵的監察下要回答。侍奉兩個主人（引者按：指上帝與日本當局）是很難的。

貝德士寫這封信件的1939年11月末，中支宗教大同聯盟已經建立（1939年2月），並開始展開對傳教士與中國教會的一些宗教工作。亦且，安村三郎、末包敏夫和黑田四郎等一批日本基督徒到達南京，開始接觸貝德士等歐美傳教士與楊紹誠等中國牧師，以及計畫建立南京日本青年會等一系列活動，也正好發生在1939年11月這段時期。貝德士也瞭解安村三郎第二次訪華時對國際救濟委員會的一些貢獻，因此，貝德士也許將安村三郎視為「醒悟的人道主義者」，而不是「無恥的軍事征服的代理人」。然而，貝德士對從日本派來的基督徒在「和平、合作」名義下展開的一些慈善事業，仍然存有戒心。

八、結論

安村三郎的三次訪華有比較複雜的背景，例如日本陸軍特務機關、日本外務省、日本青年會同盟、中支宗教大同聯盟、南京國際救濟委員會等不同的機構與身分。就日本陸軍與外務省的政

策意圖而言，將安村三郎派遣到中國的目的是將歐美傳教士的反日態度轉變為親日態度。結果，他與歐美傳教士建立良好關係，加入了南京國際救濟委員會。從日本當局的角度來說，這可以算是一個成功的政策。但是，從貝德士的信件可見，歐美傳教士對日本宗教在華活動仍然存有戒心。如此，安村三郎無法完全解除傳教士對他的疑慮。這意味著，他針對傳教士的宗教工作並非都產生效果。無論宗教工作的效果如何，從這個角度來看，我們的確可以將安村三郎視為「日軍的內線」。

另一方面，他的確幫助解決南京國際救濟委員會的一些困難。亦且他向日本當局提出建議，日本當局不應該逼迫歐美傳教士，反而應該保護他們。這意味著，他並不是「無恥的軍事征服的代理人」，而算是一個「醒悟的人道主義者」。從這些行為來看，我們可以將他視為「和平工作者」。

但是關鍵問題是這個「和平工作者」的思想如何。雖然他對日軍在華佔領政策有一些保留與批評的態度，但是總體來說，他仍然支持將日軍佔領狀態合理化的「新東亞建設」構想。筆者認為，這樣的主張與態度使他成為大東亞共榮圈的代理人。

「恆居其間，民將自化」——
澤崎堅造的「東亞新秩序」觀及其熱河宣教

宋軍[*]

摘要

　　熱河宣教起步於 1935 年底，福井二郎夫婦受「滿洲傳道會」（1933 年成立，1937 年更名「東亞傳道會」，1943 年併入日本基督教團東亞局）差派來到承德，逐步開拓承德教會、赤峰教會、圍場教會、興隆教會、隆化教會、平泉教會、青龍教會，形成該傳道會的第三教區。受福井影響，先後有 10 名男性、13 名女性日本宣教士及其 13 名子女先後來到熱河。其中就有經濟學者澤崎堅造一家，1942 年抵達承德，爲向蒙古族傳道，次年經赤峰、林西，最終定居大板上。1945 年 8 月蘇軍進攻日本關東軍，8 月 3 日澤崎送妻子離開，之後失去聯絡。有說被蒙古兵槍殺，有說被隨後蘇軍先頭部隊所殺。這家人除澤崎本人之外，其次子在林西病死，長女則死於回國途中。本論文擬梳理澤崎堅造頗具日本皇國時代烙印的「日本基督教」觀，再現其對基督信仰的高度熱情和委身，從中呈現出他獻身宣教的複雜面向——時代、信仰、個人的多元組合，進而爲全面客觀認識中日戰爭期間日本基督徒在信仰與實踐中所體現的超越性與局限性，提供一個個案。

---

[*]　中國神學研究院副教授。

關鍵詞：澤崎堅造、熱河宣教、滿洲傳道會、「日本基督教」觀、日本帝國

「哪怕微不足道，也想爲同胞對鄰國犯下的罪行作出補償。」[1]所以，澤崎堅造這位日本京都大學的經濟學者，作爲宣教士攜妻帶子來到在日本殖民統治下的「滿洲國」熱河。[2]而今，他的名字在中國幾乎無人知道，而在其祖國日本，也是毀譽參半。

本文試圖呈現這位日本基督徒學者，是如何在其風雨飄搖的時代，於極爲複雜的處境下，掙扎在種種張力和兩難之中，尋索踐行基督教信仰的可能性——既愛神，同時又愛鄰舍；作忠於上帝的基督徒，同時又作效忠國家的日本人；作有獨立性批判性理性思考的學者，同時又作擁有深厚神祕主義信仰經驗的宣教士。期望能帶出對這位具有多重身分的歷史人物較爲適切的理解和評價，並爲其信仰經驗和有關跨文化宣教的思考與實踐，尋求神學意義上的定位。

一、澤崎堅造其人生平 [3]

1907 年 3 月 13 日澤崎出生在東京。1925 年，就讀東京外國語學校英語部貿易科，其間受到英人教師的影響，開始參加英文查經班，並於 1926 年 10 月 15 日在一間屬公誼會（Religious So-

---

1　澤崎良子，〈澤崎良子の手記〉，飯沼二郎編，《熱河宣教の記録》（東京：未來社，1965），頁 85。

2　熱河，簡稱「熱」，1928 年設省，省會承德，轄區位於今河北省、遼寧省、內蒙古自治區交界地帶；1933 年日軍攻占熱河，歸屬「滿洲國」治下，省域縮窄。1955 年撤省。

3　參〈澤崎堅造年譜〉，飯沼二郎編，《澤崎堅造の信仰と生涯》（東京：未來社，1974），頁 7；〈澤崎良子の手記〉，頁 75-143；澤崎良子，〈思いいずるまま〉（永久的回憶），《澤崎堅造の信仰と生涯》，頁 87-100。

ciety of Friends）的教會受洗。

1927 年外語學校畢業後，澤崎入讀京都大學經濟學部，受到本校馬克思主義經濟學家河上肇博士影響，並成爲基督徒學人團體「共助會」的活躍會員。

大學畢業工作幾年之後，1934 年再度回到京都大學，師從經濟學說史教授石川興二攻讀碩士學位，其間經常在共助會主辦的研究會上發表演講，並投稿給其機關刊物《共助》。翌年，與該會資深成員奧田成孝一同發起成立北白川日本基督教會，擔任教會主日學校校長。

經奧田氏介紹，澤崎與畢業於京都平安女子學院英文科的良子相識，二人於 1936 年秋訂婚，次年 5 月完婚，一年後長子望出生。此時澤崎已是同志社大學神學部的講師，講授經濟學導論。

1940 年 9 月，澤崎受京都大學「中國慣行調查會」派遣，前往北京、天津、承德、青島、濟南、南京、上海等地考察，其間拜訪了在承德宣教的福井二郎牧師，深受影響。歸國不久，澤崎獲得日本頂級研究機構京都大學人文科學研究所的研究職位，但他卻毅然決定去中國熱河宣教。1942 年 5 月，不顧父母親人的反對，隻身抵達承德，妻兒也隨後於同年秋季前往，並於翌年 5 月，舉家北移赤峰；11 月再北遷到林西；1944 年最終安家在林西以東的大板上。

1945 年 8 月 3 日，迫於戰況危急，居住大板上的日本人開始撤離，由於汽車座位已滿，澤崎先送妻兒離開，準備次日再去與家人會合，從此失聯，時年三十八歲，到中國宣教僅三年零二個月。

二、殉道聖徒？殖民共謀？

今人對澤崎堅造的瞭解，有賴於熱河宣教的參與者和支持者在戰後的緬懷聚會和系列相關書籍的出版。這包括 1963 年 5 月 13、14 日於伊豆長岡舉行的第一屆熱河會，此後根據與會者的講話錄音和其他相關文字資料，1965 年結集出版了《熱河宣教記錄》。這本書得以問世或許與戰後出現的一些質疑有關，有人指熱河宣教的推動是「乘當時日本向大陸擴張浪潮之便」[4]，值得留意的是，幾位遇難者在編者筆下並未定性為「殉道」，而是以「召天」（歸天）指稱永見愛藏及夫人松子之死[5]；稱被中共軍隊帶走不知所終的砂山貞夫為「消息不明」；[6]對下落不明的澤崎堅造的記述是「戰敗時有其殉道的傳聞，尚無確報」[7]。

《熱河宣教記錄》問世後引起日本基督教界頗為熱烈的反響，於是，熱河會進而舉薦二橋正夫、和田正、山田晴枝三位親歷者組成編委會，在 1967 年完成並出版了《前往荒野：熱河·蒙古宣教史》，此書可以說代表熱河宣教士自身立場所作出的自我描述。福井二郎作為熱河宣教的發起者和精神領袖，在後記中開始將澤崎堅造、砂山貞夫、永見愛藏夫婦之死稱作「殉教」。[8]這也是該書的敘事基調。

4　奧田成孝，〈前言〉，《熱河宣教の記錄》，頁 3。
5　《熱河宣教の記錄》，頁 190。
6　同上，頁 42。
7　同上，頁 76。
8　福井二郎，〈後記〉，熱河會編，《荒野をゆく（前往荒野）：熱河·蒙古宣教史》（東京：未來社，1967），頁 258。

同年，澤崎堅造文集《在新之墓》得以付梓出版。此外，1970 年 11 月 22、23 日，共助會和北白川教會共同主辦了澤崎失聯二十五週年紀念集會，與會者有關澤崎堅造的講話與回憶，結集爲《澤崎堅造的信仰與生涯》，於 1974 年面世。至此，以澤崎堅造爲首的熱河宣教殉道聖徒的一組群體像得以確立，成爲日本大多數基督徒的共同記憶。

　　戰後日本基督教界不得不面對戰爭責任的反思，其焦點就是戰時基督教與天皇制下軍國政府的關係。該如何爲熱河宣教定位？日本基督教界似乎傾向於將熱河宣教與東亞甚至滿洲宣教區別看待，強調其單純的傳道性質，與軍部、官僚和滿鐵當局保持距離。[9] 研究滿洲傳道會的開山之作——韓晢曦的《日本的滿洲統治與滿洲傳道會》，運用詳實的第一手史料論證滿洲傳道會與日本侵略國策的關聯性，[10] 但卻對福井二郎及其推動的熱河宣教另眼看待，讚譽有加。[11] 於是，在澤崎堅造等人的殉道者形象之外，更爲熱河宣教添加了一層與滿洲宣教有別的新型宣教色彩。

　　然而，挑戰熱河宣教記憶的聲音仍間有所聞。生於滿洲、在北京作過日本陸軍軍醫的已故日本基督教會牧師小川武滿，曾公開指出熱河宣教被人爲美化，並稱：

9　日本基督教團宣教研究所教團史料編纂室，《日本基督教團史資料集》，第 1 卷・第 1 篇《日本基督教團の成立過程（1930～1941 年）》（東京：日本基督教團出版局，1999），頁 103。

10　韓晢曦，《日本の滿州支配と滿州傳道會》（東京：日本基督教團出版局，1999），頁 36。

11　同上，頁 147。

澤崎堅造也從滿鉄調查局領取經費，由於滿鉄調查局屬於
諜報部門，日後澤崎以間諜嫌疑被槍殺，並非毫無理由。[12]

　　而眞正對熱河宣教士群體像形成強力衝擊的，是 2011 年出
版的《日本的殖民地統治與「熱河宣教」》一書。三位學者各從
不同的側面合力完成「祛神話」的工作。明治大學副教授渡辺祐
子氏再現當時滿洲的歷史、政治處境，指出在日本殖民當局高度
嚴密的監視掌控體制之下，熱河宣教本身絕無可能與當時的日本
殖民統治絕緣。[13] 該校副教授張宏波氏則進一步爲上述觀點提供
實證，他基於對當年日軍討伐、檢舉並製造無人區的興隆縣進行
實地考察，挖掘興隆教會當地骨幹的背景，傾聽當地人的聲音，
從而指出熱河宣教實際上與滿洲傳道會二者在整體上是同構
的。[14] 此外，已故惠泉女學園大學副教授荒井英子，則透過分析
福井、澤崎、砂山三對夫婦的言論，指出其中戰爭「受害者」的
缺位，認爲以福井爲首的熱河宣教存在非政治化傾向。[15]
　　上述研究令戰後熱河宣教的親歷者和支持者所建構的不沾滿
洲殖民政治的純宣教形象被解構，使我們可以看到更加完整的圖

12　小川武滿，〈中國傳道の課題と展望──熱河宣教の視點から〉（中國傳道之
　　課題與展望──以熱河宣教爲視點），信州夏期宣教講座編，《中國・韓國・
　　日本の教會》（東京：いのちのことば社，1997），頁 136。
13　渡辺祐子，〈滿洲プロテスタント史から見た東亞傳道會と熱河宣教〉（從滿
　　洲新教史看東亞傳道會和熱河宣教），渡辺祐子、張宏波、荒井英子，《日本
　　の植民地支配と「熱河宣教」》（東京：いのちのことば社，2011），頁 32。
14　張宏波，〈熱河傳道の「語られ方」──戰爭協力という文脈の欠落〉（熱河
　　傳道的「敍述法」──協助戰爭文脈的缺失），同上，頁 74。
15　荒井英子，〈傳道者たちの言說における戰爭「被害者」の不在〉（傳道者言
　　說中戰爭「受害者」的缺位），同上，頁 87。

畫，聽見原本被淹沒或忽略的聲音。於是，我們就不能不面對一個頗爲嚴峻的局面，不論熱河宣教士的主觀願望如何，甚至包括最終獻出生命的砂山貞夫、澤崎堅造等，他們都成了日本侵華戰爭的協助者即共謀甚至幫凶，殉道聖徒的光環自然也就消失無蹤了。

對於上述三位當代學者的深入研究，筆者除讚賞之餘，仍覺有必要意識到，固然我們應將熱河宣教士置於當時的社會、歷史脈絡中，但研究者和讀者同樣也需將自己盡量帶入當時的社會、歷史處境，去體會戰時「不可避免」的無奈、以及戰後「盡力回避」的苦衷，從而在某種程度上生發同情和理解，避免以今日的處境和標準，來要求和評判歷史人物。

有鑑於此，我們仍需要追問下去：面對三位學者已然究明的事實，該如何評價那些付出相當代價甚至生命的宣教士們？一端是殉道的聖徒，一端是侵略殖民的共謀，在黑白二者之間，有無可能存在一個較爲持平折中的形象？該爲他們當年在熱河的經歷，在宣教神學意義上尋得怎樣的定位？限於史料與篇幅，本文僅聚焦於澤崎堅造。

三、基督教版「東亞新秩序」構想

澤崎堅造所處的時代是日本崛起爲亞洲強國的時代，乘日清、日俄戰爭勝利之威，「祭政一致」的天皇制中央集權國家獲得至高無上的地位。與此共生，集權體制的意識形態必定謀求將自我絕對化。基於《明治憲法》（1889）天皇擁有「神聖不可侵犯」的崇高權威，天皇制意識形態霸權覆蓋日本社會每個角落；而

《教育敕語》（1890）則使各級學校徹底淪爲實施「皇民化」教育的基地。成長於如此環境的澤崎，自然難以避免受其影響。

中日戰爭全面爆發之後，作爲國策方針，近衛內閣於 1938 年底發表建立「東亞新秩序」聲明，提出「日、滿、支三國」在政治、經濟、文化等各方面的相互提攜與合作，實現以日本爲中心的「確保東亞永遠安定」的新秩序。並强調實現東亞新秩序是「賦予現代日本國民的光榮責任」。[16] 進而在 1940 年的《基本國策要綱》中重申並强化這一設想。[17] 太平洋戰爭爆發後，爲了合理化對亞洲各國的侵略，東條內閣大力提倡「大東亞共榮圈」，宣稱日本的使命是要將亞洲各國從歐美列强的殖民統治下解放出來，爲「東亞各民族各得其所、互相緊密聯繫、享受共存共榮、建立亞洲人的亞洲而傾注全力」。[18]

崇高的理想掩飾並美化了侵略戰爭的醜惡與殘暴，作爲當年的日本學者，爲「新東亞建設」獻計獻策並不令人驚訝。澤崎爲此設定基督教思想基礎的嘗試，集中反映在他前往熱河宣教之前付梓出版的《東亞政策與支那宗教問題》一書中。總括澤崎的思考，就是以日本傳統爲核心，吸收基督教精神，使之具有普世性

16　〈帝國政府聲明〉，昭和 13 年 11 月 3 日，JACAR（Japan Center for Asian Historical Records，日本國立公文書館亞洲歷史資料中心，http://www.jacar.go.jp），Ref. B02030528700，《支那事變關係一件》第六卷（A-1-1-0-30_006）（外務省外交史料館）。

17　〈基本國策要綱〉，昭和 15 年 8 月 1 日，JACAR，Ref. A02030162600，《公文類聚》第 64 編‧昭和十五年‧第二卷‧政綱二‧統計調查‧雜載（類02281100）（國立公文書館）。

18　〈大東亞共榮圈ノ政治建設ニ關スル件〉，昭和 16 年 11 月 11 日，JACAR，Ref. A04018584700，《公文雜纂》昭和十六年‧第三卷‧內閣三‧大政翼贊會關係（纂 02596100）（國立公文書館）。

價值，如此才能實現新東亞建設的理想。

延續日本古來「和魂漢才」及明治維新「和魂洋才」的對外
學習套路，澤崎首先強調日本的主體性原則，他當時誠心相信日
本發動大東亞戰爭，是幫助亞洲諸國從歐美殖民統治下恢復獨
立，而真正的獨立則取決於重建「主體性」：

> 東亞的主體性，首先必須具有東亞的中心性地位。這並非單
> 純的自然地理位置問題，而是取決於其軍事、政治、文化、
> 思想，更重要的是其歷史實踐。

從這些因素衡量，日本無疑堪當此任。[19] 基於近代日本明治
維新後在亞洲乃至世界舞臺上的成就及表現，相信在同時代的日
本不止澤崎有此觀點。然而，澤崎的日本中心論還有其特有的內
涵。

作為中心性的本質，澤崎認為除了「領導性」之外，還必須
同時具有「服侍性」。此即權威與責任的並存關係——「最高權
威是對一切負有責任，同時為成全一切而服侍。」[20] 這是澤崎從
基督論引申出的主張，他期望日本在東亞所扮演的領袖角色「當
然必須是深感責任重大、如履薄冰，進而為東亞諸國、諸民族倒
空自己竭力服侍。」[21]「為了東亞，日本必須成為父母，必須既為
主又為僕。」[22]

19　澤崎堅造，《東亞政策と支那宗教問題》（東京：長崎書店，1942），頁 297。
20　同上，頁 298。
21　同上，頁 299。
22　同上，頁 305。

日本憑藉什麼來領導東亞？澤崎關注的不是武力，而是「日本精神」，此即日本的特殊性——「大家」的精神。在日本，國家與家庭同構，「家的原則遍及所有領域」，包括君民關係，即所謂「忠孝一致」，這就是日本作爲一個國家的特殊性所在。考慮到或許有人會質疑中國也有類似情況，澤崎便以家的封閉性與外延性程度來衡量對比，認爲日本家庭比中國家庭的外展度更大，一直外延到國。[23]

　　基於日本的特殊性在於家國同構，澤崎進而主張日本的「大家精神」應再往外多跨一步——以世界爲家。[24] 表面看來這與當時軍國政府爲合理化侵略戰爭所提出的宣傳口號「八紘一宇」，即世界一家沒有什麼不同，但實際上澤崎賦予其新的內涵——提倡日本精神需要與世界人類的根基相關聯，從而獲得普世性。換言之，「八紘一宇」內蘊的是以日本爲本位的對外擴張，而澤崎所主張的向度恰好相反，是通過吸納與學習而令「日本精神」獲得普世性。

　　日本需要吸納與學習什麼？澤崎強調應借鑒「希伯來精神既有國際性即普世性，又不失其特殊性」[25] 這一先例，「具體而言，就是猶太教、回教、基督教所展現的宗教向度的普世精神。」[26] 在澤崎看來「日本精神與希伯來傳統在根本上是相通的，就是家的精神，大家的精神。」[27]

23　同上，頁 307-308。
24　同上，頁 309。
25　同上，頁 303。
26　同上，頁 305。
27　同上，頁 316。

猶太教、回教、基督教，實際上均以大家精神為根基和目的……家既為始點，亦為終點。且不僅是封閉的家，而是一種複式結構，外延成社會與國家。

然而，澤崎認為源於西亞的希伯來傳統雖獲得普世性卻仍不完全，因其特點是父愛「太過強調義的一面，愛的表達是間接的」。相較之下，日本精神強調母愛「彰顯的是直接的愛的關係。因此，兩者各執一面，若相結合就完全了。」[28]

澤崎上述思想可以說許多都明顯帶有那個時代的印記，諸如「東亞新秩序」、「日本精神」、「八紘一宇」等，但澤崎作為一名基督徒學者，立足於信仰和獨立性、批判性思考，將基督教的信仰元素逐個注入其中，最大限度地避免墮入軍部御用文人的窠臼。正如清泉女學院大學教授芝山豐氏在比較了關東軍參謀石原菀爾的主張之後，指出：

石原的思想與澤崎的思想的確可以發現相通之處，可以說是日本特殊論或日本選民論……只是澤崎的主張並不能被斷定為日本擴張論的基督教版……澤崎的普遍並非簡單作為霸權根據的普遍……與石原的日本主義相距甚遠。[29]

或許可以說澤崎有關新東亞秩序建設的主張過於理想化，是

28　同上，頁 312-313。

29　芝山豐，〈澤崎堅造とモンゴル〉（澤崎堅造與蒙古），《モンゴル研究》（蒙古研究），第 21 號，頁 25。

與現實格格不入的空想，但卻不能將其簡單等同於當日狂妄的軍國主義侵略狂想，或視作在國家權力壓力下，主動或被迫思想「轉向」[30] 的日本知識份子的隨聲附和，更不能將他對宣教的理解或前往熱河宣教動機，僅止定位於上述東亞新秩序框架中。因為澤崎有關東亞新秩序的言說主要集中於他前往熱河之前，而在他1942 年抵達熱河之後，澤崎的講論則主要集中於他的神祕主義式的信仰經驗。

四、神祕主義式的信仰經驗

澤崎作為學者型的基督徒，走上熱河宣教之路，並確定向蒙古人傳道，是經過一段尋索的過程的。澤崎夫人憶及 1937 年結婚之初，澤崎雖希望獲得作為基督徒的使命，但卻不知該做什麼才好，只是不想在學術象牙塔中為學問而學問，而是希望能透過學問見證基督，基於信仰去尋找人、社會、國家當有的樣式，明白作為基督徒應如何活在當下時代和這個國家之中，以及將自己獻予並跟隨基督究竟是怎樣的一條路。[31] 這是對他短暫生涯相當精準的概括。

可以說澤崎始終都是一位學者，連尋求使命都是由研究入手起步的。筆者在澤崎的文集中發現他探討過天主教多明我會的學

30　關於戰時日本知識份子的思想「轉向」，可參閱鶴見俊輔，邱振瑞譯，《戰爭時期日本精神史（1931-1945）》（臺北：行人文化實驗室，2015），頁 13-31。

31　〈澤崎良子の手記〉，《熱河宣教の記錄》，頁 82。

術與宣教（1939）、[32] 利瑪竇的學者進路及其局限（1939）、[33] 劍橋七傑在山西的宣教（1940）、[34] 席勝魔的生平事跡（1941）。[35] 幾篇文章的共同點是都與受過高等教育的人參與宣教相關，反映了澤崎使命尋索的思考軌跡及其學術關注。

1940 年的中國之行成為澤崎人生的轉捩點，在華見聞令他產生向低處行、為在戰亂中痛苦掙扎的中國人做些什麼的衝動，甚至為自己仍在日本本土安居感到羞恥。[36] 在承德他與福井二郎牧師的短暫相處，給他留下深刻印象。

回國之後，澤崎「開始深度關注蒙古」，[37] 每日均上京都北白川的瓜生山祈禱，尋求前路。大約一年半之後，他遇到一次重要的信仰經歷，據澤崎夫人憶述，1942 年 1 月 17 日，澤崎照常於清晨上山祈禱，其間「聽到主的聲音，他領受了去大陸傳道的呼召」。當時澤崎透過《約翰福音》1 章 38 節「耶穌轉過身來」，感受到耶穌轉身看自己目光，聽見耶穌說「來」。澤崎看到：

> 主正前往大陸，且是北方，去滿洲、蒙古。那是自然環境惡劣、被侵略、掠奪、踐踏之地，是人心荒涼的土地，主前往

32　澤崎堅造，〈聖ドミニコとその教團〉（聖多明我及其修會），《新の墓にて》，頁 17-24。原載《共助》，1939 年 5 月號。

33　澤崎堅造，〈マテリオ・リッチの生涯〉（利瑪竇生平），《新の墓にて》，頁 25-30。原載《共助》，1939 年 7 月號。

34　澤崎堅造，〈山西の劍橋傳道團〉，《新の墓にて》，頁 31-36。原載《共助》，1940 年 9 月號。

35　澤崎堅造，〈席牧師の生涯〉，《新の墓にて》，頁 38-45。原載《共助》，1941 年 12 月號。

36　澤崎堅造，〈支那紀行〉，《東亞政策と支那宗教問題》，頁 346、352。

37　〈澤崎良子の手記〉，《熱河宣教の記錄》，頁 82-83。

那樣的人群當中。[38]

於是，澤崎於 2 月 11 日寫信給福井牧師，表示前往熱河宣教的心意已決。[39]

可見，澤崎的信仰特質具有強烈的敬虔主義和神祕主義傾向，在此後三年的熱河宣教歲月中，澤崎經歷信仰的深化和作出重大決定，均可見到上述模式。[40] 其中對澤崎本人甚至整個熱河宣教團隊產生決定性影響的是「十架異象」。

《約翰福音》19 章 28 節「我渴了」這句耶穌在十字架上所說的話，深深地抓住了澤崎的心，使他「也想成為稍解主渴的人。」[41] 日後他啓程遠赴熱河，在自己母會京都北白川教會以「我渴了」為題作告別講道，講的就是這節經文，作為自己行動的依據：

> 我前往大陸，是回應佇立在滿蒙荒野的耶穌那「我渴了」的呼聲。

38　同上，頁 83。

39　惜未見原信，僅見福井牧師 2 月 20 日回函，收入《新の墓にて》，頁 59-62。

40　1943 年 5 月 8 日舉家自承德搬至赤峰，這一決定來自山上禱告所獲神旨：「為了蒙古宣教，應北進。」（〈澤崎良子の手記〉，《熱河宣教の記錄》，頁 93）同年 10 月 20 日，澤崎自山上禱告回家，告訴夫人良子：「主命我們前往林西。」（〈澤崎良子の手記〉，頁 99）1944 年 9 月底，「經山上禱告，得神命令——無論如何都要去大板上。」（〈澤崎良子の手記〉，頁 113）

41　澤崎堅造，〈祈りの山〉，《新の墓にて》，頁 109。

這成為他「走向荒野」的神學思想的起點，[42] 也是他日後經常宣講的信息。抵達承德後澤崎每日清晨在山上圍繞十字架展開默想，剛滿一個半月就有了特殊的信仰經歷——見到了「血紅十架」：

> 七月一日（周三）清晨，正沉浸在默想之中，不經意地抬頭仰望，感到看見一個巨大的紅色十字架，如晨月當空。仔細凝視那十字架，見是鮮紅的顏色，如同塗滿鮮血。[43]

澤崎所見「十架異象」令他更專注於十架默想，又進而見到「生命樹異象」、[44]「三釘異象」：

> 開始默想，剛閉目就立即有十字架浮現。最初見十字架為赤紅血色，繼而變作生意盎然的樹幹，轉眼再至深秋時節，發現生命樹的枝幹上釘有三顆大釘，樹幹形狀即為十字架，故而十架三釘仍留在生命樹的枝幹上。[45]

此後，澤崎反覆思想所見異象的含義，基於基督教的若干教義——人罪、代贖、與基督聯合、聖靈的工作，對此異象作出詮釋。[46] 可以說澤崎的十架神學就是建構在「血紅十架異象」、「生

42　川田殖，〈我、渴く〉，《澤崎堅造の信仰と生涯》，頁 13。
43　澤崎堅造，〈祈りの山〉，《新の墓にて》，頁 102。
44　同上，頁 110。
45　同上，頁 117。
46　同上，頁 123-124。

命樹十架異象」、「十架三釘異象」三者之上，他對這些異象的
詮釋，進而成為他抉擇和行動的基礎，即落實在曠野實踐之上：

> 在地上的我們與基督同行，就是被基督背負，不論何往，都
> 必須與基督同路。[47]

對於澤崎而言，基督何在？要把他帶往何處？答案變得異常
清晰；對自己為何背井離鄉來到熱河一路漂泊，也有了明白的理
解：

> 基督總是與寂寞的人為友，去往淒涼之處。因此，基督的路
> 是在淒涼寂寞之處，是下行前往城外倒灰之處的路，是通往
> 十字架的路。……於我而言，首先在東蒙古（熱河）尋求基
> 督之路，於是先來到承德，在山上的禱告中親見基督的容
> 顏。隨後基督開始向北而行，於是我便告別令人留戀的群山
> 環繞的南熱河，前往一馬平川的北熱河中心地赤峰。繼而基
> 督仍要前行，是我們「強留」（路二四 29）他，主雖短暫停
> 留，最終仍繼續一路北進，我只有追隨他的腳蹤。於是遷徙
> 到興安嶺附近——有寂寞的人群，自然條件既惡劣，又飽受
> 世人皮鞭苦待的地方……有許多人未嘗聽聞主的福音、在全
> 然黑暗之中喘息。主的十架之路由此更向北延伸，跨越聳立
> 在北方的興安嶺白雪覆蓋的山梁，經過被萬里寒風勁吹的戈

47　澤崎堅造，〈曠野へ〉，《新の墓にて》，頁 182。

壁荒原，一直向前延伸。基督的路實在嚴酷、孤單。然而，走在其上的人，作為得蒙救贖者，卻充滿著歡喜與榮光。[48]

若為澤崎的上述信仰及其經驗尋求基督教神學思想史上的定位，或可將其安置於 16 世紀宗教改革發起者馬丁・路德（Martin Luther, 1483-1546）的十架神學的脈絡中。路德的十架神學思考的核心，在於十字架上基督的受難與門徒追隨受難的基督，即神學認知與敬虔經驗的一體性，二者的交匯點就是十字架。顯然，澤崎圍繞十字架的信仰認知與內在敬虔的外顯——跟隨基督的宣教實踐，二者的一體性正反映了路德十架神學的進路。

五、與當地人認同的宣教實踐

澤崎來到承德一個月後，即 1942 年 6 月中旬，福井牧師就在承德教會開設了熱河宣教塾，包括澤崎在內一共有八名陸續加入的年輕宣教士，澤崎負責講授宣教神學和希臘文。可以想見，當澤崎向身邊等候選定宣教工場的年輕人傳遞上述經驗和思考時，會得到多麼熱烈的反響、敬重甚至崇拜。大家經常聚在福井牧師房間，談論熱河宣教和蒙古宣教，學員福富春雄、山田晴枝、野澤貞子均贊成澤崎的主張，認為「熱河傳道必須進一步推至蒙古傳道，宣教塾責無旁貸」。[49]

這便造成了與福井牧師之間相當的張力。福井牧師 1935 年

48　同上，頁 183-184。
49　〈澤崎良子の手記〉，《熱河宣教の記錄》，頁 91。

底隻身來到承德，步履維艱地在熱河宣教近六年，直到 1941 年才陸續有新生力量加入，形成熱河宣教團隊。他原本計畫以承德為中心差派宣教塾成員前往熱河各地，針對華人展開宣教，此時卻面對澤崎的挑戰，澤崎不但主張宣教中心應北移至赤峰以便向蒙古人佈道，甚至主張「熱河傳道可以說是蒙古傳道的一部分」。[50]

　　為了確定此後的大方向，1943 年 1 月在承德召開熱河宣教會議，會前澤崎曾與圍場教會的中出清，一同到平泉教會找二橋正夫，再一起乘火車前往承德。福井「鑒於最近宣教塾的氣氛，感到莫名焦慮，預感為商議熱河傳道今後方針而召開的本次會議，從一開始就不會輕鬆。且擔心三人齊集二橋那裡，恐怕是事前有所商量。可見大家情感出現裂痕，這對熱河宣教而言是最大危機。」[51]

　　事起有因，自從太平洋戰爭爆發，已在熱河宣教數十年的「弟兄會」西教士被迫撤離，原屬教會置於滿洲基督教會錦州教區熱河分區之下，交由分區長福井負責照管，於是福井必須時常巡迴區內各教會，行動範圍擴大至錦州、熱河、興安西三省，無暇顧及宣教塾。[52] 此外，在研經講道方面，他的靈意解經，與澤崎基於希伯來文、希臘文聖經原文的默想式神學釋經，自不可同日而語。加之上述澤崎的「聳立在沙漠中的血紅十架」、「我渴了」、「去荒野」等帶有十足敬虔主義和神祕主義魅力的十架神

50　《荒野をゆく》，頁 119。
51　同上，頁 115。
52　同上，頁 136。

學思想，極易令年輕學員產生共鳴，心向往之。[53] 因此，澤崎對宣教塾的影響力超過福井後來居上，成爲新一代熱河宣教士的核心人物，幾乎可以說是順理成章的事。

會議結果，澤崎的主張顯然獲得宣教塾年輕宣教士的支持，熱河宣教中心北移令福井難以接受，便於 3 月夫婦二人前往灤河退修。[54] 接下來的 5～6 月，是熱河宣教塾的大搬遷。澤崎全家、福富、山田、野澤均陸續前往赤峰，「承德宣教塾人去屋空，自然解散，一時間給人以在赤峰新設了以澤崎爲中心的蒙古宣教塾之感。」[55]

蒙古「曠野」深深吸引著澤崎，在他筆下的「曠野」充滿某種浪漫的情懷：

> 向往曠野之心，總是存在人們內心的最深處。每逢見到平坦廣袤的沙漠，即使是照片或繪畫，都不能不在我心中喚起莫名的對遠方的思慕，或許可以稱作類似鄉愁之情，是對精神故鄉的思念。[56]

澤崎對蒙古的瞭解是一個漸進的過程，在這方面給他極大幫助的是李達古鐸 —— 在蒙古人中間有十幾年佈道經驗的漢族傳道人，澤崎特別在信中提到，在他幫助下自己才有可能移居赤峰，

53　同上，頁 93。
54　福井在灤河長達十九個月，直到 1944 年 10 月才移居赤峰，接受從熱河向蒙古宣教的必然性。參《荒野をゆく》，頁 172。
55　《荒野をゆく》，頁 136。
56　澤崎堅造，〈曠野へ〉，《新の墓にて》，頁 168。

到「純粹蒙古人」那裡。[57]

1944 年 5 月 2～21 日，澤崎曾隨李達古鐸在林西境內步行傳道，平生第一次深入到蒙古人中間，觀察體驗蒙古人的實際生活，在當地蒙古人家投宿；第一次嘗到蒙古人的家常便飯 ——「炒米、茶、奶豆腐」；瞭解到缺醫少藥的蒙古人一旦生病只能臥床靜養或請喇嘛念經的苦境；[58] 目睹放牧歸來的數百頭綿羊、山羊群各回各圈的盛況；[59] 也經歷了圍著牛糞篝火與路遇的蒙古人席地喝茶的感動。在蒙古人中間，只能不流暢地講一些漢語的澤崎，常痛感「假如能說蒙古語，哪怕只能講一點點基督的見證該有多好。」[60]

雖然在此次艱苦而難忘的旅程終點，等待澤崎的不是鮮花和歡笑，而是未滿周歲的次子「新」在他到家前一日夭折，然而喪子的不幸並未令他退縮，放棄蒙古宣教的使命，反而更強化了他的決心。他在紀念亡兒的詩中寫道：

蒙古傳道——
太過沉重的詞語，
在微小的旅程中，
獻上了一個微小的死。
為了激勵笨父親，
這個孩子，以死，

57　澤崎堅造致奧田成孝函，1940 年 3 月 10 日，《新の墓にて》，頁 289。
58　澤崎堅造，〈巴林傳道記〉，《新の墓にて》，頁 221。
59　同上，頁 233。
60　同上，頁 260。

在我腳上釘上釘子，

好讓我不再知還。[61]

　　澤崎的十架神學終結於曠野，恰在他的信仰經驗的延長
上。與其說他「混淆了內在的精神曠野與作爲自然環境的曠
野」，[62] 毋寧說他藉著自然曠野進入了更爲眞實、深刻且碩果纍纍
的「靈性曠野」。

　　當初福井牧師得知他前來熱河的心意已決，便在回信中勸勉
他：

　　深信尊兄定能作為一粒麥子落在這片土地上，使神借你結出
　　更多的籽粒來。[63]

　　而當澤崎踏上熱河這片他魂牽夢繞的土地不久，便道出了他
的盼望和作爲宣教士的自我定位：

　　我們是在大陸教會中一直禱告到消失的人。盼望這片土地上
　　出現好的信徒和好的傳道者，我們就是為此而祈禱、侍奉。[64]

　　澤崎有關宣教的思考成形於剛搬到林西不久，他希望日本神
學能充分包括向「海外傳道、異邦異教傳道」的內容。基於他一

61　澤崎堅造，〈新の墓にて〉，《新の墓にて》，頁 272。
62　芝山豐，〈澤崎堅造とモンゴル〉，《モンゴル研究》第 21 號，頁 26。
63　福井二郎致澤崎堅造函，1942 年 2 月 20 日，《新の墓にて》，頁 60。
64　澤崎堅造，〈熱河傳道について〉，《新の墓にて》，頁 136。

貫的主張「眞精神較之權利更多擁有義務面向」，他認爲日本精神和基督教精神的互通之處即在於此。基督教原本就是向異邦異教傳道，就是「離開自己家」。澤崎不滿於當時日本的東亞傳道只是名義和形式上的，日本牧師大部分不懂中文，單向在滿洲的日本人傳道。因此，他強烈呼籲日本基督教必須向東亞、向世界開放，進入中國人中間與他們一起生活。

當然，澤崎鑒於自己的經驗也承認「由於風俗、習慣、語言的差異，無論怎樣進入異邦人中間共同生活，也會遇到一道無法深入其中的墙。」如何克服障礙？澤崎指出：

> 傳道不是自上而下地施予，如果將來日本東亞傳道的方法、態度及思想不能突破此局限，將會全盤失敗。我認為傳道即見證，既不是用語言，也不是借行為，更不是靠事務性研修，而是「恆居其間」，是令其自化的方法。在我看來就是走十字架之路，只能如此……我無能為力，也無自己的打算，只是住在這些人中間而已。此實言易行難。衣食住必須全部和當地人一樣，即使生病也不能隨意吃西藥，而是用銀幣刮出血痕來；敲打一番讓血液集中，再用沒有消毒的針刺手指尖。無疑這會產生難以忍受的痛苦和不安，但卻要以感恩的心領受。無論發燒多麼嚴重，也絕不能物理降溫，只能保暖。我曾趁沒人時，用濕手巾放在額頭，就被當地人嚴厲責備。我本人以及妻兒都在這樣的處境中。雖然附近有一位日本醫生，卻決定不請他診治。總之，離開日本人的世界是宣教絕對必要的條件，要盡可能地放棄作為日本人的特權，

如此才能與當地滿洲人建立親近關係。[65]

作為一介書生，有如時代狂風巨浪中的一葉孤舟，面對急劇
變化的時局無能為力，連全身心投入的蒙古宣教都幾乎看不到果
效，反而屢遭當地官憲懷疑甚至辱罵，[66] 然而澤崎仍不為所動地
持守自己的信念：

> 正因為活在這樣的時代，禱告才特別重要。較之做什麼 to
> do，更應該思想自己在神面前應如何為人 to be。[67]

於宣教成果而言，澤崎堅造幾乎沒有什麼建樹，三年間他幾
乎每天都非常有規律地禱告、研經、學語言，也做一些與宣教相
關的學術研究，帶領一家人緩慢地向北遷徙，直到喪命之地大板
上。在那裡他也只是建立了自己家中的聚會，他稱之為「家的教
會」：

> 在家的教會裡單單有基督之光映照就行，我只要能在這裡成

65　福井二郎致山本茂男函，1943 年 8 月 21 日，《澤崎堅造の信仰と生涯》，頁
　　189-192。

66　大板上位於「滿洲國」的邊境地區，日本軍、警、憲的監控極為嚴密。澤崎曾
　　被懷疑為赤色份子而遭調查，戰局危機時當局甚至對他下驅逐令（〈澤崎良子
　　の手記〉，《熱河宣教の記錄》，頁 122）。某次澤崎被當地日本官員謾罵：「正
　　因為有像你這樣游手好閒之輩，日本才會戰敗。快回日本去哪怕製造一顆子
　　彈！」（《荒野をゆく》，頁 225）

67　澤崎堅造致堀合道三函，1945 年 3 月 29 日，《新の墓にて》，頁 304。

為看守燈臺的人就心滿意足了。[68]

　　澤崎是以走上不歸路的心志追隨基督踏上熱河這片土地的，在他見「血紅十架異象」前後，即已「頻繁想到殉道、天國的盼望及宣教的內在動力」；[69] 日本戰敗前夕，一日黃昏與友人漫步大板上河灘草原，澤崎言及在生命的終結時，「會對自己經歷的一切口稱阿們」。[70] 最終除自己和次子「新」的死亡之外，連生於逃難歸國途中的遺腹女「香」，也死在已望見日本的船上。

　　表面上看，澤崎在宣教領域似乎做得甚少，但若從建基於十架思考的宣教神學的建構意義上言之，他在三年間的思考、言說與實踐，似乎比同時代的其他日本宣教士做得多得多。他擁有基督教宣教所不可或缺的普世性視角（儘管帶有時代烙印）、殉道的心志、融入當地生活與文化的胸懷。從熱河省的首府城市承德，到頗有鄉下情調但卻是北熱河商貿中心的赤峰，再到春季風暴黃沙漫天、夏天雨季泥濘難行、冬季酷寒長夜難熬的林西，最終定居於無電缺糧、仇日甚烈、治安危險的小鎮大板上，[71] 凡四易其居；從西教士所建華美舒適的牧師居所，到中式土屋土炕；從西服革履，到中式長衫；澤崎實在走在一條向下認同的路上。而作為他人生終結的方式──消失在荒野，或謂死得其所，如其

68　〈澤崎良子の手記〉，《熱河宣教の記錄》，頁 102。

69　澤崎堅造，〈祈りの山〉，《新の墓にて》，頁 117。

70　古屋野哲二，〈古屋野哲二手記〉，《荒野をゆく》，頁 178。

71　由於日本軍警憲的高壓政策，甚至連蒙古人日常必需品茶磚都被控制，高價實物換購，導致當地人對日本人極為怨恨，曾有仇殺日本人的事件發生（〈澤崎良子の手記〉，《熱河宣教の記錄》，頁 113、115-116）。

所願。

六、結論：日本人 & 基督徒；學者 & 宣教士

澤崎堅造究竟何許人也？先遍讀收集到的所有他自己寫的文字，再讀戰後他家人、朋友和同道對他的回憶，繼而閱讀熱河會自己編修的歷史和當代學者對他的研究，可以發現對他的評價存在殉道聖徒和殖民共謀兩個端點。兩者都出現在戰後，前者產生於 20 世紀 60、70 年代日本經濟高度增長時期，後者則出現在 20 世紀末至今。

從修史者的角度來看，前者基本上是熱河宣教的親身參與和支持者、同情者，而後者則無論是時代還是關係，均是具有相當距離的觀察者、研究者。基於上述差異，雙方觀點相左應是在所難免。後者既能在資料上有新的發現，可以相對完整地呈現熱河宣教的實態，也因時過境遷能較少受情感因素影響，相對客觀地思考判斷。

另一方面，若從觀念史的角度看，明治時代至平成時代，日本經歷了從神化國家到祛國家神話的轉變。表面上看，當今日本學者對熱河宣教其人其事的研究是在解構「愛國」宏大敘事下的「殉道聖徒」光環。然而再想一步，也有可能是不自覺地戴著某類有色眼鏡，來審視和評價這些不得不在戰時回應信仰召命的男女宣教士。如果一段口述史料來自深被日本軍國主義意識形態所陶塑的人，其所建構的歷史是需要批判性分析的話，那麼同樣，經歷幾十年愛黨愛國意識形態教育，其中不乏仇日思想灌輸的中國人，他們的追憶亦難免有意無意地被裁剪、再詮釋甚至扭曲，

歷史研究者自然也就不能不加批判和修正地直接拿來作為重構歷史的鐵證。

研究者必須自覺意識到自己的特定立場和預設，以及有據此詮釋史料得出結論的傾向。作為克服的方法，我們一方面需要將作為研究對象的人物置於他自己的時代，同時我們也需要嘗試將自己帶入那個時代，體會在那個時代裡行事為人究竟是怎樣一回事，這樣就能以更加貼近當時語境的心態，閱讀當時代的文本，於是才可能讀懂並加以合理詮釋，盡可能地避免用今天的價值判斷，諸如人權、解放人類、爭取尊嚴等，加諸與今日處境完全不同的歷史人物身上，或簡單地用今天對宣教的理解衡量並要求當日的宣教工作。或許，也多少可以降低在被嚴密監控、連信件都四處開天窗的時代，要求當事人為受害者發聲抗議的苛刻期待。大概亦能少些出現袖手沉默是冷漠、利用當時可能的空間盡可能出手相助是共謀，這樣令人左右不是的標籤。

澤崎堅造究竟何許人也？人生在世，其身分往往是複雜多重的。澤崎堅造是日本人，受其時代的局限；同時，他也是基督徒，因其信仰的緣故，雖然不能完全徹底，但總能在某些方面、在某種程度上超越其時代。我們可以從其對東亞新秩序的思考中，品出些許其中的局限和超越。因此，對他真實的認識和公允的評價，應二者兼備，而非偏於任何一端。

他是學者？還是宣教士？二者當然也不是非此即彼。作為學者，他有深邃的思想，有旺盛的求知欲，有嚴謹的治學態度和經過良好學術訓練的研究方法，甚至到了荒野之地，他都筆耕不

輟，[72] 有如同時代很多親臨第一線實地考察研究的日本學者。不可否認，他也是宣教士，他的思考和研究除了經濟專業之外都與宣教相關，而且他自己也遠離故土和學術殿堂，帶著宣講基督教信仰的使命來到中國，並進入他念茲在茲的蒙古人中間，努力與其認同。總之，無論是學者還是宣教士，任何單方面的界定都不足以完整地描述他的身分。

作為一個深愛自己國家同時有著普世視野；兼具國族主義、敬虔主義、神祕主義特質；神學認知、經驗與實踐高度一致；不會蒙文卻願意作蒙古人之友甚至為朋友捨命的人，我們該如何評述他呢？照著其本身的複雜性，理解固然是重要的，還有一個方面不可忽略，就是需以動態和發展的眼光去整體地把握他的思想，其中或存在轉變或顯出矛盾，若從成長的角度看就是再自然不過的現象了。

總之，人們今後對澤崎堅造的看法或仍不免見仁見智，也是極為正常，就如同中國人至今仍對近現代西方宣教士的功過是非觀點莫衷一是一樣，雖然在西教士身上或多或少都烙有西方殖民大潮所造成的時代烙印，但他們對信仰的委身、對使命的執著，

---

72 在熱河宣教三年期間，澤崎聚焦於熱河和蒙古宣教，撰寫相關文章〈熱河傳道について〉（關於熱河傳道），《新の墓にて》，頁 125-136，原載《共助》，1943 年 7 月號；〈ギルモアの晩年──熱河傳道誌（一）〉（景雅各的晚年──熱河傳道志一），《新の墓にて》，頁 78-97，原載《共助》，1943 年 12 月號；〈巴林傳道記〉（1944.7.14），《新の墓にて》，頁 219-269。學術性論文〈熱河烏丹におけるカトリック村〉（熱河烏丹的天主教村落），《新の墓にて》，頁 137-167，原載《東亞人文學報》3 卷 3 號，1944 年 1 月；〈蒙古傳道と蒙古語聖書〉，《新の墓にて》，頁 185-218，原載《東亞人文學報》4 卷 2 號，1945 年 3 月。此外，據澤崎夫人稱還有很多未曾發表過的稿件。

更重要的是他們對宣教工場人民的服務、貢獻和愛，實在是難以一筆抹殺和輕易能夠歪曲的。

對於中國人而言，近鄰日本是令我們感受非常複雜的國家。其中負面印象主要源自近代以來日本對中國的侵略歷史，以致於與這個美麗島國的人民所有美好的交往、其百姓的聰明與善良、武士的氣節與勇敢……幾乎都被莫名的仇恨所淹沒，陷入集體無意識的報復性躁動之中，令人不無憂慮仇恨的種子若代代相傳，是否能結出和平的果子。

作為歷史學人，自覺其使命與責任，就是透過建構歷史記憶反省己過、寬恕人非；協助人們認識到歷史就是人性的記錄，黑暗與光明共舞，良善與邪惡相隨，暗中有光，光中有暗，根本不存在非黑即白、善惡分明的歷史。極端化的歷史敘事只能造成偏見與仇恨，人類不止一次從中嘗到苦果。國人勿忘日本侵華痛史的同時，亦應知道當時仍有像澤崎堅造這樣的和平使者，與苦難中的國人在一起，儘管他們自身並非十全十美，且無法完全扭轉現實，但筆者深信他們的「恆居其間」至今仍有其非凡的價值和意義。

日本帝國主義下的醫療事工——
基督教大連聖愛醫院之研究（1906-1943）

蕭錦華*

摘要

　　本文主要根據日人檔案文獻探討 1906-1943 年大連聖愛醫院的醫療與傳教事工及其跟日佔當局關係，說明日本帝國主義殖民政策下大連市日本人基督教機構服務、傳教及政治化情況。在日中滿親善共榮方針下日本人信徒經營的大連聖愛醫院獲日佔機構和天皇恩賜金等多方面支持拓展財源，擴建院舍分院，增聘醫生。它改為財團法人組織後增置護士學校、病房樓、專科及職員，使本院分院各類治療水準提升，具備現代綜合醫院規模。醫院本著基督博愛理念診療越來越多病人，包括免費、委託、中產收費三類。日本人佔多，次為中國人包括滿洲人，外國人最少，性別比例亦趨平均。多類專科診療達 60 種病，有效治療大連流行傳染性病。它還推行禮拜、聖誕會等傳教事工，跟基督教機構合作，向員工病人及院外人士傳福音。其管理層多是日佔機構人員，經費多靠日佔當局，服務活動配合殖民統治，協辦政治活動推動日帝主義，故事工既富信仰與社會意義，又具政治動機。

---

*　　香港中文大學歷史系高級講師。

關鍵詞：大連市、日本殖民統治、醫療事工、大連聖愛醫院、日
人基督教機構

一、引言

　　1905年日俄戰爭後日本佔據中國大連，成爲日佔關東都督府民政統治下的都市和負責民政署部分事務的自治機關。隨著自治思想發展，大連從1915年起施行市政，在教育和衛生方面實行自治，執行救護窮民旅客和處理死者等事務。1924年起大連市仿效日本內地實施自治市制，接管日佔關東廳的社會服務，成爲關東州社會服務中心。關東州及滿鐵附屬地是以中國人口佔大多數的日佔殖民區，有百餘萬人。中國人包括滿洲人（滿洲出生者）佔約八成人口，日本人佔近二成，還有少數朝鮮人和外國人。1919年日佔當局廢除關東都督府，關東廳負責地方行政和員警事務，改革強化關東州的帝國主義殖民統治，故於1930年劃分大連、旅順等五個行政區，各設民政署管轄行政。1934年底關東州改設州廳管理行政。1937年州廳從旅順遷至大連市加強殖民行政，撤除民政署，大連市成爲獨立行政機構。市設市長負責殖民管治和公共團體事務。1939年起市制改革使大連市接管教育、道路、稅收及民政署所掌宗教、社會教育、軍事、救恤及殖產事務，加強殖民統治。[1]

　　1920年代起滿洲包括關東州的社會經濟急劇變化，所在中

1　滿洲社會事業協會編，《滿洲社會事業要覽》（簡稱滿洲要覽）（大連：同會，1931），收近現代資料刊行會編，《植民地社會事業關係資料集「滿洲・滿洲國」編》（簡稱資料集）卷24（東京：同會，2005（其他卷冊出版年相同）），頁23-24、55；關東局官房文書課編，《關東局要覽（昭和16年）》（新京：同課，1942），頁16-22；王勁松等，〈日本殖民時期大連城市發展狀況初探〉，《大連大學學報》第33卷4期（2012），頁33-34。

國人甚至日本人生活不安，社會危機叢生。日佔當局以救民濟世的社會工作為要務，致力完善社會設施穩定民生，在滿洲締造新天新地，增進「文化的恩惠和生活的福祉」。為扶植殖民統治支持力量，日佔當局主張基於人道主義採取「共存共榮」的融合同化社會政策，全面向各類人包括中國人及外國人提供社會服務，建立四海一家的共同社會生活，建設日中滿「融合和樂」社會。所以，大連市大力推動官私及宗教團體經營各類社會服務，配合共存共榮政策。響應這政策，大連市三類團體經營的社會機構致力向所在居民包括日本移民，提供社會救濟、醫療保護及教育等多方面服務。但從日本人的社會事業檔案文獻所見，日本人或其基督教團體營運的社會服務很少，較具規模和代表性的就只有財團法人大連聖愛醫院，推行醫療及傳教事工。目前尚未有研究專論其事工發展。管見只有倉橋正直撰文論及該院首任理事長柴田博陽與當時醫院（大連慈惠病院）發展之關係。[2] 所以，本文主要根據日人檔案文獻探討 1906-1943 年間該院的醫療與傳教事工發展及其跟日佔當局的關係，揭示日本帝國主義殖民政策下大連市的日本人基督教機構的社會服務與傳教活動實態，以及其政治化情況。

2　　大連市社會課，《現代の社會事業》（大連：同課，1926），收資料集卷 5，頁 24-28、31-32、36-37；《滿洲要覽》，頁 24；倉橋正直，〈柴田博陽と大連慈惠病院〉，收資料集別冊［解說］，頁 43-76；蕭錦華，〈日佔時期（1919-1945）大連市之社會服務基金及團體〉，《中國史研究》111 輯（2017），頁 150-200。

二、財團法人大連聖愛醫院的成立背景與理念

日俄戰爭（1904-1905）中擔任軍隊慰問部員從軍的日本基督教青年會主事益富政助在戰後滯留大連，設立婦人救濟會，收容救濟從日本被誘拐到滿洲過悲慘生活的日本婦女。當時滿洲還有許多日本人健康不良甚至染上惡疾，更有貧病未得適切醫療者。益富氏站在人道立場諮詢支援婦人救濟會的滿洲軍倉庫長基督徒日足信亮，並獲以大連民政署長關屋貞三郎和滿洲軍陸軍一等主計佐野會輔爲首的有志救助貧病日人的大連日本人信徒的協助和交涉，委託岡田工務所主岡田時太郎修葺大連浪速町的俄治時代遺留民房，借用作爲病院。1906 年命名基督教慈惠病院開院診病，益富政助擔任首屆主任。病院創立時缺乏資金，除益富氏外還有許多日人信徒協辦病院。益富氏等以「救世主基督的博愛精神」爲創院理念，收容治療貧困無棲身之所病人，被視爲滿洲內日本人經營社會事業的始祖。病院空間狹小，只收容 7～8 名病人。[3]

三、從基督教慈惠病院到財團法人大連聖愛醫院之發展

慈惠病院成立以後經歷下述四個階段的遷院擴展變革，發展成爲頗具現代規模的財團法人大連聖愛醫院。

3　　《滿洲要覽》，頁 143；星野順吾編，《大連聖愛醫院三十週年史》（簡稱《三十週年史》）（大連：同院，1936），收資料集卷 7，頁 33-34。

1. 前期（1906-1916）：關東都督府與大連民政署支持下遷院、開拓財源、增築病樓、改革院名組織、興建新院舍

隨著大連市街人口增加，需要救療病患者日增。但慈惠病院無法容納眾多病人，故病院在 1907 年遷移到日俄戰爭時日軍在大連紅葉町一番地伏見臺的陸軍縫工廠，獲日佔當局免費借用，成為小規模救療機構，收容約 20 名病人。當時大連還沒有處理初生嬰胎盤設備，病院理事乾丑太郎乃從大連民政署長關屋貞三郎取得處理胎盤許可，使這服務成為支持病院事工發展重要財源。病院救療病人數目急增，中產階層人士的收費診療需求成為時代趨勢，病院乃聘專任醫生，添置收費服務設備。1909 年病院舉行慈善演藝會，獲 1,800 圓收益用以建築第二棟 38 坪大煉瓦造病房樓，專門收容傳染病人。至 1910 年初，病院職員會以病院冠以基督教名稱在觀感上失諸偏狹，決定以所在地改名大連慈惠病院，迎合日佔殖民統治的時勢。病院事工發展迫切需要增築病房樓，故關東都督府在 8 月向病院捐獻 3,000 圓，增築第三棟 42 坪大煉瓦造精神病樓，專門收容精神病人，使病院收容病人總數多達 60 餘名。病院基礎規模穩固了，乃於 1915 年 3 月改以財團法人組織營運。大連市人口乃至病患人數按年遞增，病院急需拓展，但市街區擴張使病院可用地不足。病院理事長柴田博陽向大連民政署和關東都督府民政部具陳問題，民政部長官白仁武肯定社會服務的重要性，故關東都督府在次年免費借出大連播磨町 4,304 坪多用地，資助病院本館及附屬建築物建築補助金 110,000 圓並其他常費補助金，讓病院在用地建成 1,281 坪大院

舍。[4]

2. 中期（1917-1930）：關東都督府廳及天皇恩賜金支持下再遷本院、改設分院、新設護士養成所、改名大連聖愛醫院

　　1917 年病院舉行十一週年創立紀念日，正式從伏見臺遷移到播磨町新院舍，仍以舊本院爲分院，設 40 個床位收容精神病人。《大連聖愛醫院三十週年史》（簡稱《三十週年史》）作者即病院事務局長星野順吾指病院獲得宏大的新院舍，「是獲（關東都督府民政部）白仁長官理解而加以援助所賜」，又是理事長柴田博陽多年來刻苦精勵的成果。此外，病院重視培養理想的護士，在 5 月取得關東廳認可設立護士養成所，委託病院職員爲講師，開始每年培訓大量護士。由於多年來病院服務卓著，1923 年起每年 2 月紀元節都獲日本天皇捐贈鉅額恩賜金儲備爲基本金。當時潮流厭忌「慈惠」之類用語，病院乃於 1930 年 7 月改名財團法人大連聖愛醫院，重申服務目的是「依照基督教的博愛主義，對貧困而不能倚靠親戚故舊的傷病者，施予醫藥救療，又以收費方式向中產階級或以下者施行診療服務」，[5] 擺脫純粹社會慈善服務的色彩。

4　《滿洲要覽》，頁 143；滿洲社會事業協會編，《滿洲社會事業年報（昭和 10 年度）》（旅順：同會，1936），收資料集卷 28，頁 166；《三十週年史》，頁 34-35。

5　《滿洲要覽》，頁 143-144；《三十週年史》，頁 7、35-36、44、46、48、119；關東廳內務局地方課編，《關東廳管內社會事業要覽》（大連：同課，1925），收資料集卷 1，頁 52-53。

3. 後期前階段（1931-1936）：關東廳、大連市、天皇恩賜金及滿鐵 會社等支持下增築館樓宿舍、新設專科分院、改建本館、增置職 員

　　經濟不景氣導致求診病人日多，但醫院病床不足，難以貫徹 救療使命。所以，醫院在 1931 年再獲關東廳許可增築病房樓， 增置 50 張病床，又設耳鼻咽喉科治療原屬外科病人。1932 年醫 院在楓町和八坂町建職員宿舍，供 13 戶職員居住。院診療室難 以容納激增病人，乃於次年增築本館南側達 41 餘坪。1934 年又 築別館設眼科，聘專科醫生診療眼疾病人，又把實驗室改建於本 館南側外來診室地下，聘專業技術員給病人進行臨床檢查。護士 宿舍散置本館三樓各處，不方便護士休息和工作，故新築一棟兩 層護士宿舍供 60 名護士居住。伏見臺精神病分院院舍日壞又空 間不足，各方面要求另覓別處興建新院，獲關東廳支持。1934 年醫院乃以天皇恩賜金儲備基金為基礎，加上關東廳、滿洲鐵道 會社、大連市的補助金，從關東廳免費借用大連市外西山會西山 屯約 5,000 坪用地，新築 474 餘坪大的分院，設 50 張病床收容 更多病人，並採用暖房、衛生、採光、通風、保安等現代設備， 給精神病人提供完善服務。醫院病人逐年遞增，1935 年改建本 館三樓舊講堂和會議室為病房，增設 35 張病床收容外科和耳鼻 咽喉科病人，新講堂遷到護士宿舍職員食堂 2 樓。隨著住院病人 日增，又修繕增設男女浴室、洗衣場、乾衣室及護士長室等設 備，增置職員。[6]

6　《三十週年史》，頁 36-38、44、46、119；《滿洲社會事業年報（昭和 10 年度）》， 頁 166-167。

4. 後期後階段（1936-1943）：本院與分院擴張、分院獨立

　　1936 年起醫院收容病人規模進一步擴張，到年底病床已增至 200 張，次年末達 208 張。1938 年醫院更把西山會精神病分院擴大 223 坪餘，病床從 50 張倍增至 100 張。1940 年 5 月精神病分院脫離醫院獨立爲財團法人西山屯病院。1941 年 3 月醫院病床增至 210 張。1943 年醫院改隸大連市役所，改稱大連市立病院。[7]

四、醫院位置交通與結構設備

　　醫院分爲本院和分院。本院位於播磨町終點南山麓，可從大連驛、大連埠頭或町車站步往本院，也可乘公共汽車、馬車或人力車抵院，因爲院四周鋪有平坦道路。本院東接大連神社，供奉傳說日本天皇祖先天照大神等神祇，由滿鐵會社和日本居民捐獻支持其社殿修築擴建，是大連日本人舉行冠婚葬祭等日常生活禮儀的神道中心。可見醫院員工病人生活頗受推崇日本天皇的神道信仰影響，後述醫院事務局長星野順吾便以獲得天皇恩賜金爲榮。精神病分院位於大連市外西山會西山屯，交通不便，但背靠蒼綠高山，南眺丘陵，環境閑靜，加上新式建築，很適合精神病

7　滿洲社會事業協會編，《關東州社會事業年報（昭和 11 年度）》（大連：同會，1938），關東州廳地方課編，《關東州社會事業概要（昭和 12 年度）》（大連：同課，1939），收資料集卷 2，頁 91、264；同廳內務部地方課編上引概要（昭和 13 年度）（大連：同課，1940），同集卷 3，頁 69、72、234；同廳民生課編上引概要（昭和 14・15 年度）（大連：同課，1942），同集卷 4，頁 113-114、116；李學文編，《大連市衛生志（1840-1985）》（大連出版社，1991），頁 87。

人休養。[8] 茲表析 1936 年本院和分院的結構設備。[9]

樓層	本院
本館	
1 樓	辦公室、初生嬰胎盤事務所、院長室、接待室、小賣店、值宿室、倉庫、藥房調配藥室、蒸汽消毒室、候診室、患者會面室等
2 樓	內科第一、二診室、外科診室與手術室、婦科診室與手術室、分娩室、耳鼻咽喉科診室與手術室、物理治療科 X 光室
3 樓	3 大病房、2 小病房、日光浴室、護士值班所、餐飲室
實驗室	
1 樓	實驗室、標本室
2 樓	小兒科、眼科診室、暗室、沖印室
主病房樓	
1 樓	2 大病房、8 小病房、院內人事諮詢所、護士值班所、餐飲室、倉庫等
2 樓	2 大病房、9 小病房、護士值班所、餐飲室等
3 樓	3 大病房、同上

---

8   大野絢也，〈大連神社調查記〉，《滿洲の記憶》創刊號，2015，頁 9；《三十週年史》，頁 43。

9   《三十週年史》，頁 44-47。

別館	
1 樓	醫務室、食堂、烹飪室、職員浴室、理髮室
2 樓	講堂、從事員娛樂室、圖書室

分病房樓
4 大病房、4 小病房、護士值班所、餐飲室、冷藏室、接待室

護士宿舍	
1 樓	護士長室、接待室、示範室、浴室、護士居室等
2 樓	護士、學員居室等

附屬建築物
解剖室並附屬屍體安置室 1 棟
消毒室 1 棟
等候室
本院建築物總坪數 155,889 坪
本院用地總面積 430,446 坪

　　可見隨著 1930 年代醫院擴大規模，本院全面設有候診室、內外科、婦女科、小兒科、耳鼻咽喉科、眼科等專科診室及手術室、分娩室、X 光室、藥房等醫療設施，以及消毒室、實驗室、標本室、沖印室、胎盤事務所、解剖室並安屍室、講堂、圖書室等醫療設備，還有主樓、分樓的病房病床、護士值班所、餐飲室、冷藏室、倉庫等住院設施，並護士與學員宿舍、示範室、食

堂等職員設施，向病人提供重症監護和長期照顧，頗具現代化綜合醫院的規模。

樓層	分院
本館	
樓下	辦公室、醫務室、藥房、檢查室、接待室、候診室、食堂、娛樂室等
樓上	院長室、接待室、護士宿舍
病房樓	
西側	13 病房、治療室、餐飲室、浴室、護士室等
東側	3 靜養病房、3 病情不穩病房、7 監置病房、2 傳染病房、消毒更衣室、2 餐飲室、診室、作業及娛樂室、2 浴室、2 護士室等
其他建築物	
電機房、廚房、倉庫、屍體安置室、倉庫	
分院建築物總坪數 474,679 坪	
分院用地總面積 4,485 坪	

可見隨著 1930 年代中起分院新建擴大，全面設有檢查室、候診室、藥房等門診設施，以及一般、靜養、病情不穩、監置四類病房、診室、治療室及娛樂室等住院療養設備，成為符合現代標準的專科醫院，為精神病人提供完善治療。

五、醫院的專業醫療、行政、宗教職員

　　茲再表析 1936 年醫院的診療科、實驗室、藥局、事務局並醫療、行政、宗教職員，以及 1941 年新增專科職員的情況。[10]

職位	姓名（學歷 / 1941 年仍在任）
醫院	
院長	牛久昇治（1941 在任）
本院	
外科	
主任醫長	院長兼任
醫生	近藤柾之
內科	
主任醫長	小野崎悌介（醫學博士 / 1941 在任）
醫生	望月和三郎　岡安敬三郎
小兒科	
主任醫長	永野秀一 → 新田司郎（1941 在任）

10　上書，頁 7、47-48、81-86、89；滿洲日日新聞社，《滿洲職員錄‧康德 8 年度》（奉天：同社，1940），頁 108。

	婦產科	
主任醫長	藤川淳（醫學博士）→ 清水義彰（1941 在任）	
醫生	多田熙	
護士產婆	田島ルイ	
產婆	出口由子 簑輪ミサヲ	
	耳鼻咽喉科	
主任醫長	柴垣留雄 → 早間雅博（1941 在任）	
	眼科	
主任醫長	菅原龍德（1941 在任）	
醫生	下村サト	
	以上各診療科護士	
護士長	地場キミ	
護士	37 人	
	齒科（1936 後設）	
主任醫長	脇恒彥（1941 在任）	
	物理治療科	
主任醫長	小野崎悌介（1941 在任）	
技術員	荻尾宰一 木村國義 高橋保男	

分院	
精神科	
主任醫長	土井正德（醫學博士）
醫生	久慈孝三
實驗室	
助手	丸尾澄子
藥局	
局長	野口捨男（1941 在任）
事務局	
事務長	星野順吾（1941 在任）
宗教人員	
宗教主任	山田彌十郎 → 手塚雄

可見醫院具備類似現代綜合醫院的專科醫療團隊組織。本院的內、外科、婦產科、眼科等半數專科都設有主管級主任醫長和醫生。小兒、耳鼻咽喉、齒、物理治療四科只設主任醫長，而物理治療科主任醫長則由內科主任醫長兼任，因為物理治療主要由物理治療技術員提供，不需要專業醫生。內科更設兩名醫生，是本院重點專科服務，大概因為內科病人較多，正如後列治療一般疾病及其他分類表所示。婦產科也設護士產婆和產婆三人助產，規模亦不小。除齒科和物理治療科外，各專科都設數名護士協助，一名護士長主管工作。分院精神科也有主任醫長和醫生。兩

院各科的主任醫長、醫生、技術員、護士及護士產婆都是專業醫療人員。例如，院長兼任外科主任醫長牛久昇治是著名外科肝臟醫學專家，從事相關研究，[11] 其他科主任醫長亦多為醫學博士，可知醫院聘資深專科醫生給病人提供專業治療。藥局設局長主管藥劑和配藥，實驗室設助手負責化驗，協助提供更適切治療。事務局長秉承院長指示管理醫院，下設若干事務員協辦事務。事務長星野順吾對醫院沿革及各方面事務都瞭如指掌，故能編成《三十週年史》。醫院以救世主基督的博愛精神為創院理念，特設宗教主任一職專責院內「各類職員的思想善導和院內病人的個人事情諮詢」，尤其主持每早禮拜祈禱等活動，從信仰關顧職員和病人。當時宗教主任山田彌十郎是著名傳道家，曾任日本救世軍傳道，後來以大連為中心自由傳教，在基督教界頗具影響力。繼任的手塚雄是南滿洲工業專門學校教授，亦是聖經學者，著有《聖書大觀》傳教。[12] 宗教主任都是信仰深厚的傳道人。

六、醫院管理層及其跟日佔當局之關係

〈財團法人大連聖愛醫院寄附行為〉規定醫院財團董事管理層設有理事 8 人包括 1 名理事長、監事 2 人、評議員 15 人或以

11　牛久昇治，〈肝臟ニ於ケル中間糖代謝ニ對スル神經性影響ニ就テ〉、〈肝臟ニ於ケル中間糖代謝ニ及ボス「インスリン」ノ影響〉，《實驗藥物學雜誌》，第13卷1號（1937），頁21-46。

12　《三十週年史》，頁50、89、92；大柴恒，《山田彌十郎：その人と生涯》（東京：キリスト新聞社，1979）；手塚雄，《聖書大觀》（大連：滿洲牧場販賣部，1924）。

上。理事和監事是從評議會評議員中選出，任期四年，可再選任。理事長由眾理事互選出來。評議員也由理事會從志願者中揀選，任期四年，也可再任。理事長統轄醫院財團諸般事務，並代表財團。他負責召集役員會即董事會，是該會議長。眾理事輔助理事長處理財團事務。評議員會參議醫院基金、收支預算及決算等重要事項。1906 年創院以來至 1943 年間醫院先後有 11 任理事長。[13] 首任理事長柴田博陽原為駐大連《日本語新聞》和《遼東新報》的記者，在當時是滿洲婦人救濟會創辦人。次任的金井章次是滿鐵會社衛生課長和滿洲青年連盟理事長代理。第三任的神田純一歷任關東廳內務局長、大連民政署長等職。第四任的辛島知己歷任關東廳事務官、大連民政署長、關東廳專賣局長事務處理員等職。其後的竹內德亥、永井四郎、御影池辰雄、水谷秀雄、米內山震作五任理事長都是大連民政署長。後任的白石喜太郎亦是關東州廳內務部長。[14] 第十三任的浦長贏職位身分不詳。可見首任之後的歷任理事長都是日佔當局包括關東（州）廳和大

13　《三十週年史》，頁 49-51、53；《關東州社會事業年報（昭和 11 年度）》、《關東州社會事業概要（昭和 12 年度）》，頁 77、249；同概要（昭和 13 年度），頁 233；同概要（昭和 14‧15 年度），頁 105；同概要（昭和 16 年度）（大連：關東州厚生事業協會，1943），收資料集卷 4，頁 291。

14　前引倉橋正直論文，頁 44-46；慶應義塾，《慶應義塾百年史：別卷大學編》（東京：同塾，1962），頁 36；秦郁彥編，《日本近現代人物履歷事典》（東京大學出版會，2002），頁 156；人事興信所編，《人事興信錄》第 14 版上（東京：同所，1943），頁 137；歷代知事編纂會編，《新編日本の歷代知事》（東京：同會，1991），頁 766；日本熊本縣松橋收藏庫藏《辛島知己履歷書》錄文，頁 67-68；大連市史志辦公室編，《大連市志：人物志》（北京：中央文獻出版社，2002），頁 465；相澤特派員，〈祖國日本　淺春銃後の現地報告（1-2）〉，《滿洲日日新聞》1942 年 3 月 16-19 日。

連民政署高官及滿鐵會社要員。1930-1936年間理事長一職例由大連民政署長兼任，可知日佔當局藉著掌握這職位直接控制醫院管理權，支配醫院各項事務。

再表析1936年度醫院財團理事長、理事、監事、評議員等董事及其所任機構職位。[15]

姓名	機構職位
理事長1人	
米內山震作	大連民政署長
理事7人	
勝俣喜十郎	滿洲牧場主
土井三郎	三好醫院長
千種峰藏	滿鐵會社衛生課長
長濱哲三郎	大連市社會課長
蟻川久太郎	關東州廳地方課長
藤田秀助	關東廳方面委員
磯部敏郎	日本組合大連中央基督教會牧師
監事2人	
村井啓太郎	滿洲銀行長

15　《三十週年史》，頁53-55。

佐藤至誠	大連製冰會社專務董事
評議員 21 人	
米內山震作	（理事長）見上
勝俣喜十郎	（理事）見上
土井三郎	同上
千種峰藏	同上
長濱哲三郎	同上
蟻川久太郎	同上
藤田秀助	同上
磯部敏郎	同上
丸茂藤平	大連市長
守中清	大連醫院長
山崎元幹	滿鐵會社理事
中西敏憲	滿鐵會社總務部長
豐田太郎	大連療病院長
樋口修輔	旅順醫院長
安永登	旅順民政署長
齋藤末松	大連循道宗教會牧師

島田信	聖公會教會牧師
高橋一男	沙河口教會牧師
張田豐次郎	救世軍育兒婦人之家監理
久下沼美	大連警察署長
杉野耕三郎	律師

　　可見該年度 31 名董事之中，理事長例由大連民政署長兼任，其下 7 名理事主要由日佔當局機構管理層長官要職兼任，只有磯部牧師來自教會。兩名監事亦分別是日本銀行與工商界的管理層。21 名評議員中，8 名是由理事長和理事兼任，尚有 6 名亦是由日佔機構長官及官長出身律師 [16] 兼任，其餘 7 名分別由教會、社福及醫療機構的管理層兼任。可知醫院管理層大都是由日佔當局的關東州及地方官員並滿鐵會社要員兼任。監事亦由跟日佔當局有密切關係的日本人商家兼任。日佔當局要員佔據管理層的比例很大，支配醫院的政策發展、管理行政、醫療及其他方面事務。

七、醫院資金來源

　　醫院財團資金包括基本金和維持金（營運經費）。基本金方面，醫院初建時院專務助理事柴田博陽已捐獻一萬圓，及 1915

16　馬場籍生，《名古屋百紳士》（名古屋百紳士發行所，1917），頁 54。

年醫院改爲財團法人組織以後，籌募 50 萬基本金收取利息計畫因財界不景而失敗，但在指定項目捐款方面獲滿鐵會社捐獻 25,000 金，另外還有天皇恩賜金。基本金是由評議員會評議再經官廳認可而使用。營運經費包括診療雜費收入、捐款、委託患者手續費、日佔官廳並其他機構補助金及基本金利息等。1923 年起恩賜金是維持基本金的重要來源，1934 年醫院便從該金撥出 11,627.16 圓用作精神病分院建築費。1923-1926 年間醫院每年從日本政府宮內省獲贈恩賜金 500 圓作爲事業御獎勵，備受醫院職員重視。事務長視賜金「是無上的光榮」。1927-1936 年間仍舊每年從宮內省獲贈恩賜金一封，金額不詳。從 1936 年 3 月底醫院獲贈「金壹千參百七拾圓貳拾七錢」來看，1927 年度起恩賜金有所增加，約 1,000 多圓。再觀營運經費。醫院改爲財團以後關東都督府每月提供 500 圓補助金。1917 年醫院新築院舍又擴遷，需要更多補助，故開始每年仰賴日佔當局三種補助金：關東都督、長官先後撥付關東廳補助金、關東廳補助恩賜財團慈惠資金補助金、滿鐵會社補助金。1930 年代起醫院逐漸倚賴診療收入，如 1931-1935 年間經常性收入逐年遞增，其總收入多達 1,045,946.63 圓，其中 779,950.3 圓（74.6%）是診療收入，其次是日佔官廳補助金 123,600 圓（11.82%），再次是雜費收入 102,647.33 圓（9.8%），再次是基本金利息 13,355.9 圓（1.28%），再次是捐款 4,224.4 圓（0.4%）。[17]

　　至於捐款，日佔當局包括關東都督府及廳、陸軍部、海務

17　《三十週年史》，頁 39-42、52、169、172-193、226-228。

局、大連民政署、滿鐵會社等機構及人員、大連及附近的社福、工商、新聞媒體機構、行業工會、商會，以及大連教會並福音、教育機構，都常向醫院捐獻金錢和物品。如1906-1935年間捐獻機構及人員包括：關東都督府、都督及土木課員、關東陸軍倉庫、關東廳方面委員、奉天總督、陸軍部人員、海務局人員、大連民政署及署長人員、大連市社會課、大連警察署、大連驛操作管理人員、大連滿鐵地方課衛生人員、滿鐵會社、總裁及人員、滿鐵土木工場連、滿鐵藥鋪、滿鐵養路人員、滿鐵大連醫院、盛倉、白石、增井等洋行、諸商行、麵麭店、料理店、瓦房店、大連理髮組合、大連產婆會、大連婦人會、煉瓦工場、製粉長春分行、大連煉瓦合資會社、大連工材株式會社、大連禮裝（株式）會社、大連臼井工務所、大連硝子製造所、大連阿波共同汽船會社、大連常盤精工舍、大連三井物產會社、大連禮品組合、大連黑田藥品商會、大連商品交易所、大連極東週報社、大連演友會、大連慈善演藝會、大連疊職工同志會、大連バイカル丸司廚部、大連十字堂店員、大連滿洲日報社、滿洲里日本人會、大連懷友會、大連大阪博愛社、旅順婦人醫院、旅順水交社、大連商業學校、俄國領事館通信社、大連遼東新報社、大連新聞社、大連鞍馬連、大連むつみ連、大連藝妓連、東京中央社會事業協會、大連滿洲社會事業協會、大連基督教青年會、大連基督教婦人會、日本赤十字社大連委員部與大連支部、西廣場基督教會、大連聖公會、常磐會會長，以及個別日本人和外國人尤其宣教士。這些捐獻機構和人員都跟醫院有多少關係。醫院還獲得日人

經營的新聞報社、食品店、製冰會社及會所贊助物品和服務。[18]

　　綜觀醫院的基本金和營運經費來源，主要仰賴日佔當局的多方面資助，醫院管理層亦多由日佔機構人員兼任，其政策行政、醫療及思想工作配合日佔當局殖民統治需要自是意料中事。

八、醫院診療服務與收容規模提升

1. 醫院提供貧病者免費治療與中產人士收費治療

　　醫院提供「救療並輕費診療服務，分別提供一般疾病與精神病兩類治療設施」，還有肺結核病治療。醫院向貧病者提供免費的住院和門診治療。住院貧病者分三類：甲類，醫院豁免住院費及特別治療費；乙類，病人只負擔伙食費；丙類，住院費由委託治療病人的機構或人代付。門診貧病者，醫院豁免藥費及其他費用。醫院基於跟日佔官廳及其他團體的協定，讓官署團體負擔委託病人的一定金額醫療費。對於孤獨、不能倚賴親友或生活困難的病人，醫院都接納日佔官廳團體或病人本人的申請施予治療。醫院還提供收費的門診與住院治療。茲表析諸類收費醫療服務及費用。[19]

18　上書，頁 194-226。

19　《關東州社會事業年報（昭和 11 年度）》、《關東州社會事業概要（昭和 12 年度）》，頁 77、249；《三十週年史》，頁 96-100。

服務類別	服務與收費方式 / 費用	
門診藥費		
內服藥	定時服用藥	每日 10 錢
	需要時服用藥	每次 10 錢
外用藥	每劑 10 錢	
撒爾佛散（Salvarsan 梅毒特效劑）	注射	每次 3 圓
門診治療費		
甲類治療	50 錢	
乙類治療	40 錢	
丙類治療	30 錢	
丁類治療	20 錢	
戊類治療	10 錢	
手術費		
特類手術	不定	
甲類手術	10 圓以上	
乙類手術	5 圓以上	
丙類手術	3 圓以上	
丁類手術	1 圓以上	
出診手術	加倍徵收手術和治療費	

住院費		
每日 1 圓 20 錢		
特別治療用品費		
按用品價值徵收費用		
物理治療費		
X 光線治療	1 門放射	每次 1 圓
X 光線攝影	8 分之一	每次 2 圓
	6 分之一	每次 3 圓
	4 分之一	每次 4 圓
攝影複製	大小不拘	每張 1 圓
X 光透視診斷	每次 2 圓	
太陽燈治療	1 門放射	每次 50 錢
出診費		
每次 1 圓 夜間出診加倍收費，大連市外出診臨時定費		
檢查費		
體格檢查	按時定費	
眼鏡選定	按時定費	
診斷證明書等費		
掛號證	1 張 20 錢	

藥方	1 封 1 圓
普通診斷證明書	1 封 50 錢
法律又保險用途等 診斷證明書	1 封 3 圓以上

可見門診醫藥、手術、住院、特用品與物理治療、出診、檢查及診斷證明書等收費的分類很精細，大抵按照各服務成本合理地制定收費。其收費醫療制度已具備現代私營綜合醫院的規模水準。

2. 醫院的收費門診、收費住院、收費出診與免費治療

醫院分別對收費門診、收費住院、免費治療、收費出診四類病人提供不同服務：

（1）收費門診：事務局職員先在接待處向求診病人派發掛號證，診室護士收證後按先後次序安排病人應診，重病或高燒者優先應診。病人應診後獲治療單據和藥方，職員按照單方向病人徵收醫藥費，再把收據轉交配藥處等部門給病人發藥。醫院基於基督博愛理念規定職員收取病人醫藥費時須諒解病人情況斟酌收費，特別在高價藥物和特別治療方面。

（2）收費住院：事務局職員受理病人入院申請時詳記其住所、病狀等資料，取得醫生確認後通報病房安排病人入院。病房護士按照病人資訊給病人準備病床，量度體溫、脈搏、呼吸及體重等，並作記錄和相應處理。入院

病人預先繳付相等於 10 天住院費的住院保證金，每月 10、20 日及月末繳付住院費，出院時退還保證金或從住院費扣除。若病人死亡，醫院整理屍體交還家屬。

（3）免費治療：為貫徹基於人道「向孤寡或貧困的病苦者贈醫施藥」使命，醫院規定職員向這類病人贈醫施藥跟收費病人無異，懇切治療，不容歧視，厚此薄彼。

（4）收費出診：醫院給出診病人詳記住所、初診與否、症狀等資料，通知出診醫生給病人進行適切治療包括接生服務。[20]

醫院處理收費門診、收費住院、收費出診、免費治療四類病人的原則、程式及方法都很完備，合理公平，頗符合現代綜合醫院制度。

3. 1930 年代醫院收容病人能力提升與平等博愛政策

1932 年偽滿洲國建立以後，移居滿洲日本人急增，到醫院求診日本人亦漸多。他們多數是由民政署、市役所及結核預防會等日佔機構轉介委託診療，還有不少自費病人。儘管醫院不斷增加病房病床及職員，還是難以應付日增的病人需要，如 1935 年度住院人次多達 19 萬餘。所以，到 1936 年本院增加病房至 39 間，病床 200 張；分院病房增至 28 間，病床 50 張，大幅提升收容病人能力。儘管醫院分別提供免費、收費兩類治療，卻要求職員在住院和門診治療上平等對待兩類病人，對日本人或外國人都

20　《三十週年史》，頁 108-110。

不設級別，都「藉著各個部門給病人講解適當的治療方法，懇切叮嚀地施予治療處理」，而認定這是「醫院立足於神聖之愛的基督教精神而演進的結果」。[21]

九、大連市社會環境問題與醫院診症類別

1. 大連市社會環境弊病：劣宅疫病、毒娼賭害、性病蔓延

　　20 世紀初以來東北大量人口因政局動盪移居大連市避難，男女都辛苦勞動謀生。所以，1920 年起該市出現房荒，木或土煉瓦造的不良住宅遍布常陸町等地及市場，採光通風不足，不能防禦寒暑，衛生條件惡劣，導致居民生病，如集體住宅長屋每月平均有 3 名居民病死。該市常爆發各種傳染疫症如霍亂，肺結核病更引致大量死亡。1918-1921 年間滿洲內死於這病的日本人每年多達百餘人，中國人更達千餘人。這致命傳染病困擾大連市民直至二戰結束。不良住宅區罪行也對市民身心構成傷害。眾多家庭雜居導致風紀紊亂，凌辱通姦、盜劫騷亂之事不絕。市民承受頗大精神壓力，家庭悲劇屢見不鮮。1932 年起市人口急增，不良住宅乃至衛生及社會問題更趨嚴重。市內又瀰漫毒娼賭風。1906 年起關東州總督府設立鴉片總局及各地分局管理鴉片專賣，尤其在大連市專賣謀利，支持殖民統治。日製嗎啡經大連輸入滿洲及附近各省，日本人經營藥房售賣嗎啡賺取厚利，日本娼妓亦賣之。日人鴉片貿易比嗎啡貿易更能獲利，兩類貿易的鉅子

21　　上書，頁 119-120；《滿洲社會事業年報（昭和 11 年度）》，頁 167。

都是日佔當局高官，使大連市淪為最大嗎啡鴉片中心，嚴重毒害關東尤其大連居民。到1920年代毒害問題更嚴重，日本政府拍賣關東州沒收鴉片，日本基督徒直斥毒禍滅亡中國民族。日資煙館遍布中國人聚居的小崗子區，還有妓院賭場，只接待中國人，故受害者主要是中國人包括滿洲人。男女縱慾行為亦充斥於不良住宅區及官私機構。1920年代初起大連市就業婦女日增，多在滿鐵會社、銀行、大機構及小商店工作。未婚女性受物質誘惑而輕視貞操，紊亂風紀，導致性病蔓延。大連醫院柳原博士曾在1937年設立性病相談所和性病預防會，推動性病預防撲滅運動，但不能解決放縱風氣和性病問題。[22]

2. 1906-1936 年間醫院治療疾病類別

茲表析1906年以來三十年間醫院治療一般疾病與其他類別、腫瘤疾病及傳染疾病的情況。[23]

治療一般疾病與其他類別 / 排名	日本人人數	中國人包括滿洲人人數	外國人人數	男 / 女人數	總人數
一般疾病					
消化器官病 / 1	21964	881	49	12456/10438	22894

---

22 前引蕭錦華論文，頁154-158。
23 《三十週年史》，頁126-130。

呼吸器官病 / 2	21745	695	46	11890/10596	22486
皮膚及附屬器官病 / 3	14661	1199	20	9362/6518	15880
泌尿生殖器官病 / 4	14760	316	23	3704/11395	15099
鼻咽喉病 / 5	13980	363	11	7946/6408	14354
耳病 / 6	8123	233	7	4645/3718	8363
外傷 / 7	5758	1159	13	5519/1411	6930
神經系統病 / 8	6738	154	9	3693/3208	6901
眼及附屬器官病 / 9	6440	283	6	3482/3247	6729
腳氣病 / 10	6346	79	4	3881/2548	6429
妊娠及生產病 / 11	6011	51	25	0/6087	6087
全身病 / 12	5271	226	8	2473/3032	5505
精神病 / 13	3909	449	13	2409/1962	4371
運動器官病 / 14	3318	196	6	2420/1100	3520
循環器官病 / 15	3154	106	10	2038/1232	3270
牙齒病 / 16	770	40	1	499/312	811
寄生蟲病 / 17 （包括十二脂腸蟲、 蟯蟲、蟲、肺蛭、 其他寄生蟲）	561	31	1	303/290	593
慢性中毒病 / 18	314	5	2	232/89	321

急性中毒病 / 19	260	13	0	158/115	273
畸形病 / 20	49	6	0	45/10	55
嚥下異物 / 21	5	0	0	4/1	5
溺死及縊死 / 22	3	1	0	4/0	4
22 類一般疾病總人數	144140	6486	254	77163/73717	150880
其他類別					
預防注射	1212	491	0	783/920	1703
診斷不詳疾病	2531	129	3	1492/1171	2663
2 類治療總人數	3743	620	3	2275/2091	4366

　　可見這三十年間醫院治療一般疾病病人是以日本人為主
（95.5%），其次是中國人包括滿洲人（4.3%），最少是外國人
（0.2%）。診療不明疾病和提供預防注射者亦以日本人居多
（85.7%），其次亦是中國人（14.2%），外國人最少（0.07%）。一
般疾病和其他類治療注射病人的性別比例比較平均，男性比女性
稍多一些。如上表所示，診療人數較多的一般疾病有 15 類，依
次從消化器官病到循環器官病，分別多達三千餘至二萬餘人不
等。他們多少受前述大連市惡劣居住環境與衛生條件、市民過
勞、精神困擾及娼毒賭疫等因素影響，患上諸類疾病。排列在
17、18、19 位的寄生蟲病和慢性急性中毒，亦跟衛生弊病和吸
毒問題有關。治療病人較多的消化器官病、呼吸器官病、皮膚及

附屬器官病、泌尿生殖器官病、神經系統病及腳氣病都屬內科病，故醫院特設兩名內科醫生診治病人，視爲重點專科。1931年底起醫院陸續新設耳鼻咽喉科和眼科加強兩類病人的診療，故鼻咽喉、耳、眼及附屬器官病三類病人日增，分別排列第5、6、9位。妊娠及生產病人亦不少，也是其重要診療病人之一，故婦產科特設多名護士產婆及產婆協助生產。針對精神病人漸多的趨勢，醫院逐步增築精神病樓、精神病分院，增加病床，故這類病人日增，佔第13位。

治療腫瘤疾病類別 / 排名	日本人人數	中國人包括滿洲人人數	外國人人數	男 / 女人數	總人數
其他類腫瘤病 / 1	1185	156	1	678/664	1342
癌腫病 / 2	146	8	2	83/73	156
其他類惡性腫瘤病 / 3	113	7	0	39/81	120
3 類腫瘤疾病總人數	1444	171	3	800/818	1618

可見治療三類腫瘤病人數目不少，僅次於第15位的循環器官病人，而亦以日本人最多（89.2%），其次是中國人包括滿洲人（10.6%），最少是外國人（0.2%）。其性別比例亦頗平均，女性比男性稍多。腫瘤病成因不明，大抵跟市民生活的惡劣衛生環境、吸毒習慣及精神壓力有關。

治療傳染性疾病類別 / 排名	日本人人數	中國人包括滿洲人人數	外國人人數	男 / 女人數	總人數
花柳病 / 1	9901	717	4	8533/2089	10622
呼吸及結核病 / 2	5519	98	5	2961/2661	5622
砂眼 / 3	5221	382	3	2989/2617	5606
流行性感冒 / 4	1217	25	4	762/484	1246
腺結核 / 5	1130	33	0	630/533	1163
百日咳 / 6	717	141	0	505/353	858
麻疹 / 7	567	8	1	377/199	576
其他類結核 / 8	447	22	1	270/200	470
流行性耳下腺炎 / 9	306	13	0	185/134	319
腸傷寒 / 10	261	4	0	143/122	265
丹毒 / 11	217	15	0	129/103	232
水痘 / 12	212	8	0	112/108	220
痢疾 / 13	173	4	1	109/69	178
瘧疾 / 14	106	2	0	76/32	108
猩紅熱 / 15	86	4	0	49/41	90
風疹 / 16	85	1	2	45/43	88
白喉 / 17	78	4	0	46/36	82

結核性腦膜炎 / 18	70	10	0	55/25	80
痘瘡 / 19	72	1	0	64/9	73
格魯布性肺炎 / 20	69	2	0	50/21	71
痲瘋病 / 21	38	1	0	20/19	39
傳染性紅斑 / 22	21	0	0	10/11	21
迴歸熱 / 23	13	5	0	17/1	18
流行性腦脊髓膜炎 / 24	12	1	0	8/5	13
副傷寒 / 25	11	0	0	9/2	11
斑疹傷寒 / 26a	7	0	0	5/2	7
鵝口瘡 / 26b	7	0	0	5/2	7
破傷風 / 27	1	4	0	5/0	5
霍亂 / 28a	3	0	0	1/2	3
敗血及膿毒症 / 28b	3	0	0	1/2	3
產蓐熱 / 28c	3	0	0	0/3	3
嬰兒吐瀉症 / 29	2	0	0	1/1	2
阿米巴痢疾 / 30	1	0	0	0/1	1
33 類傳染性疾病總人數	26576	1505	21	18172/9930	28102

診療傳染性病人數目最多，病類多達 33 種，病人有 28,102
人，是僅次於內科病的重點治療疾病。跟一般疾病和腫瘤病人的
國籍比例相同，傳染性病人以日本人最多（94.6%），其次是中
國人包括滿洲人（5.4%），最少亦是外國人（0.1%）。但其性別
比例跟前兩類病人不同，男性比女性多出近一倍。醫院在這期間
診療人數較多的傳染性病有 14 類，依次從花柳病到瘧疾，分別
多達百餘至萬餘人不等。感染花柳病男性比女性多出三倍餘，染
上流行性感冒、麻疹、痢疾及瘧疾的男性亦分別比女性多出近一
倍甚至一倍有多。這 14 類傳染病人甚至其餘 19 類傳染病人都是
由於市內的娼毒淫風、惡劣環境及流行疫潮，染上各類傳染病。
男性一般比女性有錢，活動較多，接觸傳染病者尤其性病娼妓的
機會較多，故花柳病求診者倍多於女性。

　　總之，醫院基於博愛信仰長期向各類疾病尤其傳染性病的病
人提供適切診療，不分男女，故在近代大連醫療事業上扮演重要
角色。

十、1906-1942 年間醫院診療各類病人之增長發展

　　醫院創立以來三十年間一共診治了 184,966 名病人，超過
200 萬人次，救療成果斐然。就實際人數而言，日本人有
175,903 人（95.1%），中國人包括滿洲人和臺灣人有 8,782 人
（4.75%），外國人包括西方人和朝鮮人有 281 人（0.15%），[24] 日

24　　上書，頁 120、126-130、132、134。

本人一直是其主要診療對象。

1. 1906-1942 年間門診各類病人之增長發展

前述醫院經歷了四個階段的遷院擴展演變，本節先據《三十週年史》「自明治三十九年九月至昭和十一年三月外來患者取扱數（處理人數）」，[25] 分析前期、中期、後期前階段三個階段本院與分院門診病人人次的增長變化。病人分免費、收費診療兩類。

前期（1906-1916）

1906-1907 年度本院只向貧寡病人提供免費門診治療，到 1908 年度才回應中產人士需要開始向他們提供收費診療。隨著財源和規模擴大，醫院改以財團組織營運，漸向更多病人尤其收費病人提供門診。免費、收費門診病人總人次從 1906 年度 1,531 人次反覆增加到 1916 年度 13,448 人次，大增 7.8 倍。免費診療人次從 1906 年度 1,531 人次按年遞增至 1911 年度 5,205 人次，增加兩倍多，後來回落至 3、4,000 人。收費診療人次卻持續按年增加，由 1908 年度 3,764 人次大增至 1916 年度 9,428 人次，增加倍半有多。兩類病人的性別比例一直以男性居多，但漸趨男女平均。其比例從 1908 年度的 78.7% 和 21.3% 演變爲 1916 年度的 59.4% 和 40.6%。

25　上書，頁 120-123。

中期（1917-1930）

　　1917 年起醫院遷至播磨町，仍以本院為精神病科分院，擁有更大新院舍，還設護士養成所，獲天皇恩賜金資助，診療規模提升。所以，免費、收費門診病人總人次從 1917 年度 15,547 人次按年遞增至 1922 年度 25,046 人次。翌年稍微回落後再遞增至 1930 年度 42,585 人次，比 1917 年度增約 1.7 倍。免費門診人次從 1917 年度 4,093 人次反覆增至 1930 年度 7,075 人次，增 0.7 倍餘。收費人次有更大增幅，從 1917 年度 11,454 人次反覆增至 1930 年度 35,510 人次，增約 2.1 倍。兩類病人仍以男性居多，但男女比例更趨於平均。從 1917 年度的 61.4% 和 38.6% 演變為 1930 年度的 52.3% 和 47.7%。

後期前階段（1931-1936）

　　醫院陸續新設耳鼻咽喉眼等專科，擴大本館，新建精神病分院，增置職員，故各科門診進一步加強。免費、收費門診總人次從 1931 年度 46,413 人次按年遞增至 1935 年度 118,427 人次，增約 1.6 倍。免費人次從 1931 年度 4,914 人次按年遞增至 1935 年度 14,585 人次，增約 2 倍。收費人次從 1931 年度 41,499 人次按年遞增至 1935 年度 103,842 人次，增 1.5 倍。這階段承接中期性別比例平均化趨勢，出現女性多於男性情況。如 1931-1932 年度女性（51%）略高出男性（49%）約 2%，到 1933-1934 年度返回男性稍多於女性情況，但至 1935 年度女性（51%）再比男性（49%）稍多。醫院平均地向男女病人提供門診的趨勢進一步加強。

後期後階段（1936-1942）

　　再據 1936-1942 年度的《關東州社會事業年報》和《關東州社會事業概要》記載，[26] 分析後期後階段本院與分院的門診和住院各類病人人次的增長變化。兩院尤其分院進一步擴張規模，加強門診，故免費、收費病人總人次從 1936 年度 113,737 人次按年遞增至 1938 年度 140,463 人次，增約 23%。到 1939 年度分院不再設免費診療，加上收費診療人次減少，醫院診療總人次微減 1.5%。儘管 1940 年分院獨立脫離醫院，這年度醫院診療總人次卻增約 4%。1941 年度人次再續增約 1%。免費診療人次從 1936 年度 13,107 人次反覆減至 1941 年度 11,785 人次，減約 10%。但收費人次除在 1939 年度減少之外，從 1936 年度 100,630 人次按年遞增至 1941 年度 133,483 人次，增 32.6%。本院和分院的免費、收費門診病人包括舊患、新患者，顯示醫院一直診治許多長期病患，他們需要多次到醫院治療。兩院都診療越來越多舊患，從 1936 年度 9,114 人按年遞增至 1938 年度 114,866 人，增 11.6 倍。1939-1940 年度收費舊患病人續增。1937 年度起舊患者甚至比新患多出 3 倍餘。另一方面，新患者亦與日俱增，從 1936 年度 21,961 人按年遞增至 1938 年度 25,597 人，增 16.6%。1939-1940 年度收費新患者續增。前述本院各科診療多達 60 種病，其病人自然遠比精神病分院多。如 1936-1939 年度本院門診病人是分院的 142-249 倍，可見醫院門診以本院爲主體。

26　《關東州社會事業年報（昭和 11 年度）》、《關東州社會事業概要（昭和 12 年度）》，頁 77-78、85-89、249-250、257-261；同概要（昭和 13 年度），頁 62-63、67-70；同概要（昭和 14・15 年度）、同概要（昭和 16 年度），頁 105、112-114、291、298。

2. 1906-1942 年間住院各類病人之增長發展

再據《三十週年史》「自明治三十九年九月至昭和十一年三月入院患者統計表」,[27] 分析前期、中期、後期前階段本院與分院的住院病人人次的增長變化。

前期

住院病人分免費病人、機構或個人委託病人、收費中產病人三類。隨著財源擴大,傳染與精神病房樓增築,本院的三類住院病人顯著增加。免費病人人次從 1906 年度 1,414 人次反覆增至 1916 年度 3,752 人次,增 1.7 倍。委託病人人次從開始提供委託服務的 1908 年度 960 人次反覆增至 1916 年度 1,450 人次,增約 51%。收費病人人次從 1908 年度 3,483 人次反覆增至 1916 年度 4,849 人次,增 39.2%。就像同時期的門診病人,三類住院病人都以男性居多,但漸趨男女平均。其比例從 1908 年度的 80%（5,145 人）和 20%（1,289 人）演變為 1916 年度的 64.9%（6,521 人）和 35.1%（3,530 人）。三類病人不治死亡的比率很低,只有 0.73%（585 人）,可見住院治療的效果甚佳。

中期

由於醫院遷到更大院舍,本院改為分院收容更多精神病人,又設護士養成所培養更多護士,本院和分院的三類住院病人益增。免費病人人次從 1917 年度 1,833 人次反覆增至 1930 年度

27　《三十週年史》,頁 123-125。

10,938 人次，增約 5 倍。委託病人人次從 1917 年度 1,425 人次反覆增至 1930 年度 10,611 人次，增 6.4 倍餘。收費病人人次亦從 1917 年度 7,305 人次反覆增至 1930 年度 24,313 人次，增 2.3 倍餘。三類病人的男性比例大幅增加，異於前期和同期門診的男女比例趨於平均的情況。三類病人的男女比例從 1917 年度的 61%（6,446 人）和 39%（4,117 人）發展至 1930 年度的 92.5%（25,896 人）和 7.5%（2,096 人），反映醫院主要向男性重病者提供住院治療。三類住院病人不治死亡的比率仍然很低，只有 0.39%（1,413 人），比前期更低，顯示其醫療水準有所改進，更有效治療各類病人。

後期前階段

　　本院增置病房樓及病床，新建精神病分院，新設耳鼻咽喉科，增聘職員，故本院和分院住院病人進一步增加。委託病人人次從 1931 年度 17,931 人次按年遞增至 1935 年度 26,177 人次，增 46%。收費病人人次從 1931 年度 24,158 人次按年遞增至 1935 年度 49,651 人次，增 1 倍餘。但免費病人人次卻從 1931 年度 8,661 人次按年遞減至 1935 年度 2,513 人次，大減 71%。醫院大幅減少免費病人名額或許跟它從 1930 年起改為財團法人組織而關注收支平衡有關。三類病人的男女比例從 1931 年度的 95.4%（25,864 人）和 4.6%（1,252 人）漸變為 1935 年度的 49.8%（38,999 人）和 50.2%（39,342 人），走向平均，甚至女性稍多於男性，跟中期男性比例大增情況相反，反映醫院平均地向兩性提供住院治療。三類病人死亡比率仍然很低，只有 0.34%（1,070 人），比中期更低，可見醫院保持甚至提升了醫療水準，造福病人。

後期後階段

　　再據前引關東州社會事業年報及概要分析後期後階段本院和分院各類住院病人人次的增長變化。[28] 醫院尤其分院進一步擴張規模，增設病床，以致住院病人大增，從 1936 年度 78,756 人次反覆增至 1939 年度 96,468 人次，增 22.5%。1940 年分院脫離醫院，病人數目才下降。委託病人人次從 1936 年度 28,230 人次反覆增至 1938 年度 30,461 人次，增 7.9%。收費病人人次從 1936 年度 47,472 人次按年遞增至 1938 年度 55,636 人次，增 17.2%。文獻沒有全面記載 1939-1942 年度三類住院病人數目，估計分院脫離醫院導致三類病人減少。尤其免費病人人次承接前階段下降趨勢，早於分院脫離前已漸減，從 1936 年度 3,054 人次按年遞減至 1938 年度 2,354 人次，減少 23%。這大概是由於醫院財團注重收支平衡。舊患、新患兩類病人數目就像這階段的門診情況，逐漸增多。舊患從 1936 年度 211 人反覆增至 1938 年度 2,752 人，增 12 倍餘。新患從 1936 年度 1,995 人按年遞增至 1938 年度 2,351 人，增 17.8%。可見醫院一直兼重治療兩類病人尤其長期病患，兩類病人數目亦漸相近。文獻沒有全面載及 1939-1942 年度兩類病人數目，估計醫院仍然兼顧兩者。這階段本院繼續作為醫院的主體治療大部分住院病人，病人比分院多兩、三倍。

28　《關東州社會事業年報（昭和 11 年度）》、《關東州社會事業概要（昭和 12 年度）》，頁 77-79、85-90、249-251、257-262；同概要（昭和 13 年度），頁 62-63、67-71；同概要（昭和 14‧15 年度）、同概要（昭和 16 年度），頁 105、112-114、117、291、298、302。

十一、醫院的基督教傳教事工

　　醫院以基督博愛精神爲服務理念，「作爲社會事業的救療機構，對社會帶著最重大的使命」，故職員不論信徒與否「都對本院的宗旨深具同感，燃起愛鄰人的博愛精神，而能盡忠於其職責」。爲使員工發揮愛人精神履行救療事工，醫院創立以來一直在每朝診療前 30 分鐘舉行禮拜祈禱活動，向職員提供「精神的訓練」。1935 年 11 月起醫院更委託信仰深厚的原南滿洲工業專門學校教授手塚雄擔任宗教主任，主持每早禮拜祈禱。醫院還舉行聖誕節慶祝禮拜及相關福音活動，向員工和病人傳教。例如 1931-1932 年 12 月講堂舉行基督降誕祝祭活動；1935 年 12 月有基督降誕慶祝會，員工邀請病人及院外人士參加。醫院常邀請大連市內外及海外的日本人或外國人教會、社福及傳媒機構的教牧和領袖訪問視察醫院，演講交流，慰問病人，藉以向員工和病人傳福音。例如 1931-1935 年間大阪基督教青年會長山本五郎、朝鮮救世軍育兒婦人之家長官英國人少將、《福音新報》主筆佐波亙等皆獲邀訪院。日本聖公會監督松井米太郎和長老坂野移文、救世軍在美日本人部長小林政助、救世軍社會部長植村參藏、司令官、大佐矢吹幸太郎及中佐等都到醫院演講。救世軍大佐率領音樂隊來院演講時又慰問病人。循道宗（Methodist）教會滿鮮部長小林矩長牧師和水原循道宗教會牧師岡田猛彌亦訪院獻唱詩歌。櫻花臺、循道宗教會、西廣場教會的主日學校學生也訪院慰問病人。訪院綠十字會還給結核病人捐贈蘋果。

　　醫院各級職員常參與所在教會和福音機構的信仰活動。例如 1933 年院長事務取扱（經理）土井氏出席青年會舉辦基督教信

者社會事業座談會，跟基督教領袖議論社會服務。1934 年
YMCA 第三方面委員主辦以醫院爲中心的懇談會，院長、事務
長、會計及看護婦長等都出席交流。1935 年醫院又在西廣場教
會爲死去病人舉行慰靈祭，利用日本神道慰靈祭祀習俗傳揚福
音。[29]

十二、醫院聯繫日佔當局助推殖民統治的政治活動

　　醫院是在關東都督府州廳、大連民政署、滿鐵等日佔機構及
天皇恩賜金的支持下創立發展，故跟日佔當局及日本政府保持密
切聯繫。所以，醫院常邀請日佔機構要員訪院視察，演講交流，
向員工及病人宣傳日佔殖民政策及日中滿親善、共存共榮的帝國
主義思想。例如 1931-1935 年間大阪市方面委員沼田嘉一郎、婦
人矯風會副會長林歌子女子、朝鮮總督府衛生課長山內美雄、大
連民政署長、署地方課長金井溫治、成田地方課長、北角、山澤
地方課屬僚、關東廳內務局長日下辰太、廳地方課長永安登及屬
僚、土木課技師臼井氏、學務課長田邊秀雄、衛生課長小坂氏、
關東州廳長官、內務部長、大連市會議員、市社會課長、課員並
方面委員、市內社會事業關係者、奉天居留民會理事樋口畎吉、
松澤社會事業協會主事、僞滿新京特別市公署社會科長及日本貴
族院議員關屋貞三郎等日本政要，都獲邀訪問視察本院和分院。
日本皇太后御坤德奉讚會常務理事也訪院演講。醫院也招待方面

29　《三十週年史》，頁 92、229-238。

委員會及其他相關人員，舉行懇談會。院長牛久也就分院移管訪問關東州廳內務部長和地方課長，磋商交流。愛國婦人會大連支部會員也訪院慰問病人，捐贈禮品。[30]

十三、醫院宣揚皇民精神、日中滿親善及軍國主義的政治活動

醫院常舉行古今日本天皇、皇子誕節禮拜、滿洲國建設紀念日及已故日本軍官國葬日等政治活動，鼓吹皇民精神、日中滿親善、軍國主義等思想，迎合日佔當局的殖民統治需要。例如每年4月醫院舉行祝賀天皇誕辰的天長節禮拜，2月舉行祝賀神武天皇即位的紀元節禮拜，11月有祝賀明治天皇誕辰的明治節禮拜。諸政治活動高舉神化天皇權威，鼓吹尊皇的皇民精神。醫院把3月11日定為滿洲國建設紀念日假日，慶祝偽滿成立，又把3月1日定為偽滿皇帝即位大典慶祝日，6月5日為弔念軍國主義者東鄉平八郎元帥的國葬日，醫院休業，藉以宣揚軍國主義。1935年又舉行天皇次子降誕遊御命名式，院長牛久氏親述祝辭，率領員工向東京遙拜祝福。[31]

十四、小結

在20世紀前半葉日本帝國主義殖民政策尤其日中滿親善共

---

30   上書，頁229-238。
31   上書，頁202、229-231、233-235、237-238。

存共榮方針下，日本人信徒經營的大連聖愛醫院獲日佔機構和天皇恩賜金等多方面支持，拓展財源，擴增院舍，改善設施，增聘醫生，興建精神病分院，改為管理更佳的財團法人組織，進而建護士學校，增病房樓，增設專科及相關職員，使本院和分院的門診住院各類治療規模水準提升，漸具現代綜合醫院的完備規模。隨著諸方面發展，醫院本著基督博愛理念診療越來越多病人，包括免費、委託、中產收費三類，以日本人病人居多，其次為中國人包括滿洲人，外國人最少，性別比例亦趨平均。醫院全面提供外科、內科、小兒、婦產、耳鼻咽喉眼、物理治療及精神病等專科診療，治療多達 60 種病，特別有效治療大連市劣宅疫病、毒娼賭、性開放等社會弊病造成的傳染性病，達到偏低的病人死亡率。醫院還基於信仰推行禮拜、聖誕會等傳教事工，跟基督教機構協作交流，向院內員工病人乃至院外人士傳揚福音。醫院管理層大都是日佔機構人員，基本金和經費亦仰賴日佔當局及天皇恩賜金、恩賜財團補助金補給，故其政策方針和服務活動都受日佔當局支配，迎合殖民統治需要。因此，醫院跟日佔機構人員保持密切聯繫，協辦各種政治活動宣傳殖民政策，傳播皇民精神、軍國主義、日中滿親善等思想，推動日本帝國主義。可見大連市日本人基督教機構的事工理念內涵複雜，既具信仰與社會意義，亦有負面的政治動機。

求存以致用——日軍佔領下山西銘賢學校「太谷校區」的維繫（1937-1941）

陳能治*

摘要

山西銘賢學校位於山西太谷，為「歐柏林在山西」（Oberlin-in-Shansi）在中國設立的教育機構。1937 年蘆溝橋事變爆發後，銘賢本部南遷四川金堂，淪陷區內的「太谷校區」在戰爭陰影下維繫下來。本文探討日軍佔領下「歐柏林在山西」調整歐柏林－太谷－金堂之間的決策機制，增聘必要的美籍人力，有限度的配合日軍－維新政府政策，盡可能辦理一所實業小學，並持續農業改良事工，以保護校產並發揮對中國的貢獻，直至 1941 年珍珠港事變爆發前被迫關閉學校為止；藉此個案，可了解淪陷區內教會學校辦學的立基點、困難度與時代意義。

關鍵詞：山西銘賢學校、歐柏林山西紀念社、基督教中等教育、抗戰時期、中國淪陷區

---

* 南臺科技大學通識教育中心副教授。

一、序言

山西銘賢學校位於山西太谷，係 1907 年美國歐柏林學院為紀念拳變蒙難校友而設，由歐柏林山西紀念社（Oberlin-Shansi Memorial Association，以下簡稱 OSMA）所支援。

1920 年代，OSMA 向俄亥俄州政府完成註冊，並在美成立託事部（Board of Trustees），在華設立理事部（Board of Managers），以為大洋兩岸銘賢最高決策與管理單位。孔祥熙為銘賢創校校長，長期擔任校長及理事部主席職。1930 年代，山西銘賢學校逐漸發展成一所辦理農科、工科及鄉村服務科並附設小學的中學，其事工統稱為「歐柏林在山西」（Oberlin-in-Shansi）。

1937 年 7 月蘆溝橋事變爆發後，銘賢華籍教職員及中學部學生全數南遷運城，歷經五度遷徙後，於 1939 年 4 月抵四川金堂，並續辦中學；1940 年夏，增設私立銘賢農工專科學校。遺留在太谷的校園，OSMA 稱之為「太谷校區」（Taiku Campus）。

學界研究中日戰爭下的教會教育，多著重遷至大後方的高等教育，較少論及淪陷區內教會中學的運作，也較少從母會決策面來討論。[1] 實際上，戰爭期間基督教中學的處境及母會的因應，

1　Jessie G. Lutz, *China and the Christian Colleges, 1850-1950* (Ithaca, New York: Cornell University Press, 1971)；劉家峰、劉天路，《抗日時期的基督教大學》（福州：福建教育出版社，2003）；Philip West, *Yenching University and Sino-Western Relations, 1916-1952* (Cambridge, Mass.: Harvard University Press, 1976)；Reuben Holden, *Yale in China: The Mainland, 1901-1951* (New Haven, Mass.: The Yale in China Association, Inc., 1964). 以上各書或為戰時基督教高等教育專書，或列專章討論戰時因應策略，但都放在中國場域中討論，未兼及母會的立場。

較高等教育更多樣複雜。[2]

　　本文將利用歐柏林學院檔案館（Oberlin College Archives, O.C.A.）館藏，探討盧溝橋事變迄珍珠港事變爆發間，「太谷校區」在日軍佔領下，「歐柏林在山西」的因應，諸如淪陷區內新決策體制的調整、校產保護機制的建立、事工的定位、人事的調配，尤其美籍人力的增聘派遣，以及與大後方關係的維繫等。藉此個案，可瞭解淪陷區內西方差會辦理教育的出發點、困境及時代意義。

二、銘賢南遷與美籍人事遞補

　　19 世紀末歐柏林神學院畢業生在美部會派遣下來華宣教，並為美部會開創山西公理會，駐地宣教師不幸於拳變中罹難。拳變後，山西士紳讓渡太谷城外東關孟家花園以為拳變死難中外籍教友的埋骨之所，此一晉式莊園，西人稱之為「花園」（Flower Garden）。拳變後，美部會於此開辦仁術醫院及貝露學校（Precious Dew Girls' School），並在原有宅第之外，修建數棟西式建物。

　　1907 年歐柏林學院為紀念殉道校友，於太谷南關山西公理會明道院成立山西銘賢學校，並於 1908 年設立 OSMA 以為後

2　　E. H. Cressy, "Effect of War on Christian Education," *The Chinese Recorder* (January 1941), pp. 5-9. 根據 Cressy 分析，中國教會大學背後有西方全力支援，特別是來自中國基督教大學校董聯合會（Associated Boards for Christian Colleges in China）在美募款支持，但教會中學無類似機構作後盾，因之處境比教會大學更艱難。

援。1910 年美部會基於與 OSMA 協作關係，因此將孟家花園借與 OSMA 使用，銘賢乃得以與貝露及仁術醫院交換校址，在東關發展校務，但東關校地所有權仍屬美部會。

1920 年代，OSMA 陸續募款增建不少西式建築，包括新式教職員宿舍與學生宿舍等。1930 年代，銘賢於「花園」周邊增設農業實驗場、發電廠、鄉村服務實驗區等，以發展農科、工科及鄉村服務科等，這些新增土地多由銘賢校長孔祥熙私人購地無償借用。亦即，銘賢校產的所有權，分成以下四個部分：（1）美部會名下、（2）OSMA 名下、（3）銘賢名下、以及（4）孔祥熙名下，其中（1）及（2）在美國天津領事館下註冊，OSMA 實質上掌有（1）、（2）及（3）。[3]

蘆溝橋事變爆發後，8 月銘賢如期開學，10 月晉中告急，銘賢南遷運城。11 月中旬，太谷淪陷。保護銘賢太谷校區校產的責任，就落在唯一美籍教師、農科主任穆懿爾（Raymond T. Moyer）身上。根據穆懿爾分析，因銘賢在華理事部擁有重要決策地位，而且校區土地實際來自山西士紳的賠償，因此銘賢可能被視為華人機構，但是從邏輯面來看，銘賢大部分土地掛在美部會名下，建物興築經費則來自在美勸募的資金，因此仍可被視為美國人的機構。「太谷校區」法律上的管理機構，仍在美國 OSMA 託事部。[4]

---

3 "Minutes of the Annual Meeting of the Trustees of the Oberlin-in-Shansi Memorial Association November 19, 1937," OSMA Records, Administrative Records, OSMA Minutes 1933-1940, Box 1, O.C.A..

4 Raymond T. Moyer to William F. Bohn, October 11, 1937, OSMA Records, Administrative Records, Correspondence, Moyer, Raymond T., 1936-1939, Box 10, O.C.A..

11月，太谷淪陷後，OSMA託事部備妥備忘錄呈美國國務院，聲明OSMA對銘賢校產擁有所有權。太谷淪陷之時，穆懿爾人在北京，銘賢校產委託山西公理會牧師德騰（Philip Dutton）代管，德騰將太谷城內的社交堂，南關的教會、仁術醫院及貝露女校，以及東關的銘賢校地，不管在何名下，一律聲明為美國資產，懸掛美國國旗，以得到必要的保護。[5] 根據穆懿爾推測，由於中日兩軍司令知道銘賢資產之源頭，要求軍人不得干擾校方，因此太谷校產並未招致任何損害，也未被任何一方軍隊所佔用。[6]

其時，從各方訊息來看，淪陷區內閒置的校園將可能被日軍佔用，OSMA託事部乃召開會議，討論開辦學校問題。託事部委員們意見不一，委員田儆（Wynn C. Fairfield），同時也是美部會中國部祕書，提醒OSMA必須先釐清淪陷區內辦學目標，是否如美部會的態度：「為中國人民，而不是為中國政府」？某些委員認為，在淪陷區內辦學涉及對孔祥熙與其所代表的國民政府之忠誠問題。OSMA託事部在此考量下，決議不介入太谷校區的未來，並發電給孔，由孔及銘賢理事部作決定，僅強調OSMA秉持的原則是：「讓銘賢的教育資源，為中國人的福祉發揮最大的效益」。[7]

---

5   "Minutes of the Annual Meeting of the Trustees of the Oberlin-in-Shansi Memorial Association, November 19, 1937," OSMA Records, Administrative Records, OSMA Minutes 1933-1940, Box 1, O.C.A..

6   Moyer to Bohn, January 24, 1938, OSMA Records, Administrative Records, Correspondence, Moyer, Raymond T., 1936-1939, Box 10, O.C.A..

7   "Minutes of the Annual Meeting of the Trustees of the Oberlin-in-Shansi Memorial Association November 19, 1937," OSMA Records, Administrative Records, OSMA Minutes 1933-1940, Box 1, O.C.A..

1937 年秋，蔣委員長私人顧問牧恩波（George W. Shep-
herd），受蔣夫人委託返美拜會各差會及相關大學，說明中國現
況對渠等在華事工的影響。12 月 3 日訪歐柏林學院，參與
OSMA 託事部會議，渠強烈建議 OSMA 必須於太谷校地續辦某
種學校，不管規模多小或層級多低，由美國人監管，也應儘速讓
穆懿爾返回太谷，保持學校運作，照顧校園及農科設備，以免被
日軍徵用。牧恩波甚至認為，由於銘賢與孔之關係，日本覬覦銘
賢校產將比燕京大學更甚。[8]

迄 1938 年 5 月，OSMA 與銘賢當局政策仍未定案，整個
「太谷校區」只有農科可以繼續運作，因所有有經驗的農科、工
科職員已經離開，因此新聘過去曾在農科工作的職工進行雞、羊
及玉米育種等工作，雇請一位學生管理工科設備，農科主任穆懿
爾則往來於北平與太谷之間。[9]

抗戰爆發後，淪陷區內與外國組織有聯結的教會學校，受到
治外法權的保護，相對安全，但是也因此其維繫更仰賴外籍職
工。1938 年 5 月戰局稍緩，銘賢本部南遷後，校內唯一的美籍
人員、農科主任穆懿爾壓力不可謂不大。太谷校區若真要開辦某
種形式的學校，首先要面對的問題，就是西籍人事的增補問題。

穆懿爾認為從現實面來看，銘賢本部的教職員遷回太谷的可
能性不大，而銘賢位處日軍與中共游擊隊交戰的晉中，短時間內

8　　"Conference of the Trustees of the Oberlin-Shansi Memorial Association With George
　　　W. Shepherd, December 3, 1937," OSMA Records, Administrative Records, OSMA
　　　Minutes 1933-1940, Box 1, O.C.A..
9　　Moyer to Mrs. Davis, May 4, 1938, OSMA Records, Administrative Records, Cor-
　　　respondence, Moyer, Raymond T., 1936-1939, Box 10, O.C.A..

也不易續辦，但是校產隨時需要保管與修繕，某些農科事工必須持續下去，顯而易見的，有必要增聘美籍人事。穆懿爾提議的人選：「必須有中國經驗，能說一點中文，層級夠高，對追求某種目標有相當興趣，能短期支援，暫時賦閒的人」。[10] 1938 年秋，因穆懿爾自 1939 年夏起將返美休假一年，增添一名美籍人員（或美籍家庭）更顯必要。[11]

穆懿爾建議許多美籍人選，但經 OSMA 一一徵詢，都沒有結果。當時唯一可能接任穆懿爾的人選，為 OSMA 前學生山西代表（Student Shansi Representative）、曾在銘賢教英文的艾爾溫（Dick Irwin）。其時艾爾溫正拿一年期的哥倫比亞－燕京大學獎助金（Columbia-Yenching Fellowship），在燕大蒐集博士論文資料。他在蘆溝橋事變後，曾短暫訪問太谷，因此毛遂自薦，願意在穆懿爾一年休假期間代管太谷校區，並規劃辦學事宜，穆懿爾乃轉知 OSMA 聘任艾爾溫的可能性。[12]

1939 年 2 月 12 日 OSMA 託事部主席波恩（William Frederick Bohn），同時也是美部會審議委員會及中國附屬委員會委員，正參與波士頓美部會審議委員會會議。在 OSMA 尋覓美籍人事無著的情況下，波恩乃與美部會中國附屬委員會祕書常德立（Robert E. Chandler）及前祕書田修商談對策，最後向審議委員會提出

10　Moyer to Bohn, May 22, 1938, OSMA Records, Administrative Records, Correspondence, Moyer, Raymond T., 1936-1939, Box 10, O.C.A..

11　Moyer to Bohn, September 5, 1938, OSMA Records, Administrative Records, Correspondence, Moyer, Raymond T., 1936-1939, Box 10, O.C.A..

12　Moyer to Bohn, September 5, 1938, OSMA Records, Administrative Records, Correspondence, Moyer, Raymond T., 1936-1939, Box 10, O.C.A..

草案，徵詢太谷校區「轉移」給美部會華北公理會辦理學校的可能性。

此一草案主要內容爲（美部會）審議委員會同意 OSMA 之請求，在美部會指導下（under the derection of American Board）負起在太谷東關經營（conduct）一所學校的責任，所有額外費用由 OSMA 負擔。該草案提出之「太谷校區」規劃爲：[13]

> OSMA 應盡可能支援在太谷的事工──一所學校，至少一所小學，並派代表一名與山西公理會南關教會進行合作，再支持另一名由 OSMA 提名支薪但由美部會聘任的常任宣教師（regular missionary），由華北公理會將提供其諮詢與協助。該事工完全在美部會的庇護（aegis）之下。

2 月 14 日經美部會審議委員會初步通過，將此一草案列入會議記錄，但註明必須由中國附屬委員會函請華北公理會董事會充分討論後，再將決議回報中國附屬委員會，最後再提報審議委員會，以供裁決。

值得留意的是，草案中沒有隻字片語提及銘賢理事部及銘賢校方的裁決權，甚至連穆懿爾也未直列其名。若果太谷校區交美部會華北公理會規劃，新規劃（包含農科）將納入美部會淪陷區內辦學的一部分，其辦學立場、學校類型將與穆懿爾或銘賢當局所預設的有所不同，其決策甚至會影響有朝一日銘賢「回家」的

13　Robert E. Chandler to Mrs. Davis, May 20, 1939, OSMA Records, Administrative Records, Correspondence folders, Davis, Lydia Lord, 1918-40, Box 5, O.C.A..

可能性。

　讓 OSMA 始料未及的是，此一草案衍生一連串陰錯陽差的事件，使懸而未決的太谷校區辦理學校事工，有了決定性的發展。

三、新決策體制建立與事工開辦

　1939 年初，由於穆懿爾行將於秋季返美休假，因此 OSMA 託事部希望他於返美前，到西安探訪銘賢本部，並與孔祥熙及銘賢當局就「太谷校區」規劃，交換意見。2 月中旬，穆懿爾出發前夕，銘賢已再遷陝南的沔縣，4 月初再遷金堂，穆懿爾乃經香港轉往金堂，並於重慶見孔祥熙，討論銘賢規劃及預算，預計 5 月中旬北返。[14]

　穆懿爾南下期間，「太谷校區」委由華北公理會牧師、燕京大學校牧博晨光（Lucius C. Porter）協助看守，博晨光對於華北公理會在太谷校區開辦學校極感興趣，曾致函 OSMA，建議於 1939 年秋辦理某種類型的學校，因延宕越久，困難度越高。[15]

　於此同時，2 月 21 日美部會中國附屬委員會祕書常德立致函華北公理會張橫秋及柏樂五（Earle H. Ballou），請華北公理會

14　Moyer to Bohn, February 16, 1939, "Conditions at Taiku under Japanese," OSMA Records, Administrative Records, Correspondence, Moyer, Raymond T., 1936-1939, Box 10, O.C.A..

15　Mrs. Davis to Moyer, May 16, 1939, OSMA Records, Administrative Records, Correspondence, Moyer, Raymond T., 1936-1939, Box 10, O.C.A.. 當發現此為誤會後，OSMA 執行秘書 Lydia L. Davis 對事件作出充分的回顧及說明。

針對 OSMA 委託美部會辦學的草案進行磋商並提出決議。[16] 華北公理會決議接受 OSMA 委託，聘請博晨光、穆懿爾、王學仁與德騰等人組織委員會，負責保管（take custody）銘賢校產並規劃一所學校，也委由博晨光負責籌組委員會討論相關事宜。[17] 按，王學仁及德騰分別為山西公理會太谷基督教會之華籍與美籍牧師。

此其間，OSMA 方面，託事部持續徵詢穆懿爾所建議的人選，但都沒有成功，因事緊迫，3 月 7 日通過艾爾溫的聘任，OSMA 致電報艾爾溫，「希望」（be favor）派任艾爾溫及 Betty James 參與決策，電文使用「希望」一詞，期保有未來改變意向的可能性。但是，艾爾溫卻誤以為已確認受聘，開始參與華北公理會「接管」太谷校區的議案討論。按，Betty James 為其未婚妻，亦為前學生山西代表，OSMA 認為渠等可以為太谷校區增加一個美籍家庭。值此之際，北平方面傳來銘賢考慮「復校計畫」（rehabilitation work），因此 OSMA 又基於「復校」所需的人事類型，再確定聘任前學生山西代表柯德（Frances Cade）。[18]

4 月 18 日，穆懿爾自金堂北返途中，接到 OSMA 兩封電報，第一封告以：「將在太谷校區開啟復校工作，聘任柯德」；第二封則云：「OSMA 要求美部會，可以負責在太谷校區開設一

16　Robert E. Chandler to Chang Heng Ch'iu and Earle H. Ballou, February 21, 1939, OSMA Records, Administrative Records, American Board of Commissioners of Foreign Missions-Correspondance, 1910-1942, Box 1, O.C.A..

17　Mrs. Davis to Moyer, April 18,1939, OSMA Records, Administrative Records, Correspondence, Moyer, Raymond T., 1936-1939, Box 10, O.C.A..

18　Mrs. Davis to Moyer, April 18, 1939, OSMA Records, Administrative Records, Correspondence, Moyer, Raymond T., 1936-1939, Box 10, O.C.A..

所學校」。其時，穆懿爾正整理與孔祥熙及金堂銘賢會商後的報告，對於電報內容深感不解。其一，何謂「復校工作」？穆懿爾後來才知道「復校」想法出自牧恩波，且「復校」地點設定在南京金陵大學校區，此非 OSMA 官方正式計畫；其二，穆懿爾對 OSMA 委託美部會在太谷校區成立一所小學，更是從未與聞。[19]

雖然如此，穆懿爾卻誤以為 OSMA 與美部會的安排已成定局，自己的身分是代表 OSMA 與華北公理會進行協商，所以向華北公理會柏樂五提議，委請博晨光進行規劃。但是，穆懿爾仍堅持，淪陷區內所有經管機制應定位為「緊急應變措施」，而非「永久性安排」，以利未來銘賢本部重返太谷校園的可能性，更強調：「無論 OSMA 與美部會維持何種關係，都必須經過銘賢理事部同意」。[20]

OSMA 事後解釋，這兩通電報的意思是，穆懿爾和銘賢當局可以開始規劃淪陷區內學校及事工重建的工作，細節性部分由地方（locally）處理，由 OSMA 支援經費，無奈美部會作了錯誤的解讀。[21]

5 月 12 日博晨光邀集人在北平的艾爾溫及德騰就近召開會議，並請唯一一位留在淪陷區的銘賢理事部委員、燕大教育系主任周學章與會，此重要會議或稱「三人會議」。該會議決議於

19　Mrs. Davis to Moyer, April 18, 1939, OSMA Records, Administrative Records, Correspondence, Moyer, Raymond T., 1936-1939, Box 10, O.C.A..

20　Mrs. Davis to Moyer, April 18, 1939, OSMA Records, Administrative Records, Correspondence, Moyer, Raymond T., 1936-1939, Box 10, O.C.A..

21　Mrs. Davis to Moyer, May 8, 1939, OSMA Records, Administrative Records, Correspondence, Moyer, Raymond T., 1936-1939, Box 10, O.C.A..

1939 年秋開辦學校，學校名「貝露學校」，由美部會代爲運作，形式爲六年完全小學外加一年師範教育職業訓練課程，中學升學則送至美部會汾陽銘義學校就學，並通過人事聘任，包括周學章推薦的蔡德軍，以及 OSMA 議決的艾爾溫及柯德。至於銘賢農科部分，「三人會議」認爲銘賢農科基本上屬於研究及實驗機構，故對於農科是否列入課程或使用農科之名，未來再議。「三人會議」爲配合日方政策，同意學校教授日文，但聘請中國人擔任教師。最後，將決議轉知銘賢理事部，說明上列規劃係依 OSMA 要求。[22]

值得注意的是，「三人會議」並未事先知會銘賢理事部，而且將太谷學校與美部會山西教會教育聯結，命名爲「貝露」而非「銘賢」，並將農科排除在學校規劃之外，此已違背 OSMA、穆懿爾或銘賢當局維護校產、尊重銘賢當局及持續農科運作的原意。

5 月 15 日華北公理會以電報通知美部會，同意 OSMA 之請求。[23] 待 OSMA 接獲美部會電報後，才知道美部會誤解了 OSMA 的意思。5 月 16 日 OSMA 執行祕書緊急發電穆懿爾澄清此事，說明 OSMA 至此尚無明確規劃，還在等待穆懿爾的報告，也將支持渠所提出的所有建議。[24] 稍後，OSMA 主席波恩也電報穆懿

22　Dick Irwin, "Meeting of Committee, on Plan on the Campus of the Oberlin-Shansi Memorial Schools at Taiku, Shansi, May 12, 1939," OSMA Records, Program Area, China, Ming-Hsien, Taiku Campus, 1939-1946, Box1, O.C.A..

23　Robert E. Chandler to Bohn,May 15, 1939, OSMA Records, Administrative Records, American Board of Commissioners of Foreign Missions-Correspondance, 1910-1942, Box 1, O.C.A..

24　Mrs. Davis to Moyer, May 16, 1939, OSMA Records, Administrative Records, Cor-

爾，解釋華北公理會接管太谷校區是一場誤會，強調新設學校必須在 OSMA 控制之下，所有計畫必須與 OSMA 託事部討論。[25]

5 月 17 日 OSMA 執祕也緊急電報美部會，請其儘速通知華北公理會，說明太谷學校為 OSMA 獨立經營，OSMA 不可能將太谷學校轉給美部會，新辦學校必須由艾爾溫夫婦完全經理。[26]

5 月 18 日 OSMA 執祕再致函美部會中國附屬委員會祕書常德立，解釋在太谷學校經營上，OSMA 與美部會是合作關係，不是「授與（vest to）華北公理會或美部會」，是 OSMA 獨立運作，在地決議必須由銘賢理事部處理，OSMA 唯一需要美部會協助的是在穆懿爾返美休假一年的空檔，提供暫待人選以保護太谷校產並辦理一所學校（如借調常德立、萬卓志或博晨光等）。[27]

5 月 20 日常德立回覆 OSMA 執祕，附寄 2 月 14 日美部會審議委員會的會議記錄，說明美部會並未要求掌控（control）太谷學校及其校產。[28] 強調整個議題是由 OSMA 提出，非美部會，之所以會產生誤解，應是美部會及公理會一般都會接受由下而上

respondence, Moyer, Raymond T., 1936-1939, Box 10, O.C.A..

25　Bohn to Moyer, May 17, 1939, OSMA Records, Administrative Records, Correspondence, Moyer, Raymond T., 1936-1939, Box 10, O.C.A..

26　Bohn to Robert E. Chandler, May 17, 1939, OSMA Records, Administrative Records, American Board of Commissioners of Foreign Missions-Correspondance, 1910-1942, Box 1, O.C.A..

27　Mrs. Davis to Robert E. Chandler, May 18, 1939, OSMA Records, Administrative Records, American Board of Commissioners of Foreign Missions-Correspondance, 1910-1942, Box 1, O.C.A..

28　Robert E. Chandler to Mrs. Davis, May 20, 1939, OSMA Records, Administrative Records, American Board of Commissioners of Foreign Missions-Correspondance, 1910-1942, Box 1, O.C.A..

提案的民主傳統。[29]

從以上的發展，可見淪陷區內有外國機構聯結的學校，其辦學的諸多難題，如西籍人事難求、決策多頭及通訊困難等問題及其衍生的後遺症。

雖然誤會澄清，但是整體事件對穆懿爾個人、山西公理會德騰、華北公理會柏樂五及博晨光等都已造成傷害。但經過此一事件後，學校規劃與人事聘任多少有了初步決議，太谷設校也成定局，新的決策體制已建立，連開學日都決定了，對 OSMA 及穆懿爾而言，已是騎虎難下，箭在弦上，只能將錯就錯，進一步作方向修正，並取得銘賢理事部（主要是孔）與銘賢當局的諒解。

1939 年 5 月，穆懿爾及德騰先後返回太谷。5 月 25 日，德騰、穆懿爾及另位委員王學仁開會協商，修正「三人會議」議案，決議提請 OSMA 同意華北公理會所籌組的委員會（即博晨光、穆懿爾、德騰、王學仁及艾爾溫，為「五人委員會」），但強調該委員會的決議仍需經美部會、OSMA 及銘賢理事部三方面議決；會議反對學校辦理師範教育，但同意設定為鄉村實業學校（Rural Vocational School），校名中文定為「銘賢農村實業學校」；設初小四年、高小二年，再外加一年之農、工、鄉村服務職業訓練課程；同意新辦學校於 1939 秋開學；農科部分，同意先不列入該委員會之經管範圍，但新辦學校之課程應納入農科訓練；建議除重要政策及報告之外，直接由美國 OSMA 託事部管

29　Robert E. Chandler to Mrs. Davis, May 31, 1939, OSMA Records, Administrative Records, American Board of Commissioners of Foreign Missions-Correspondance, 1910-1942, Box 1, O.C.A..

理，考慮中國現況，不必凡事報請銘賢理事部同意。[30]

　　穆懿爾會後將初步決議同時發電報給金堂銘賢及 OSMA。[31]但直至 7 月初，學校規劃已啓動，仍未得到金堂方面的回覆。7月 11 日，OSMA 終於收到金堂的回覆，同意「五人委員會」的組織。但「五人委員會」卻於 7 月 24 日收到孔所發的電報：「不同意在太谷的工作計畫」。[32]

　　於此同時，7 月 11 日五人委員會其中之四人——博晨光、穆懿爾、王學仁及德騰於太谷召開會議，蔡德軍及德騰子 Thomas Dutton 列席。會中決議，將「五人委員會」加上周學章組成之委員會，視爲太谷事工之「在地理事部」（Field Board of Managers of the Oberlin-Shansi Memorial Schools，以下泛稱 FBM），直接對 OSMA 託事部負責，若狀況緊急則由在太谷委員組成的「太谷在地理事部」（Taiku Field Board of Managers）經理之。其他重要決議摘錄如下：[33]

　　1. FBM 之委員視爲長期性任命（self-perpetuating power），任何成員之變更或加增，必須獲得 OSMA 託事部之同意；

30　"Meeting of Committee on Plans for Opening a School on the Campus of the O.S.M.S. at Taiku, Shansi, May 25, 1939," OSMA Records, Program Area, China, Ming-Hsien, Correspondance Taiku Property, 1939-1946, Box 1, O.C.A..

31　Moyer to Mrs. Davis, June 28, 1939, OSMA Records, Administrative Records, Correspondence, Moyer, Raymond T., 1936-1939, Box 10, O.C.A..

32　"Minutes of the Annual Meeting of the Trustees of the Oberlin-Shansi Memorial Association, September 25, 1939," OSMA Records, Administrative Records, OSMA Minutes 1933-1940, Box 1, O.C.A..

33　"Meeting of Committee on Plans for Opening a School on the Campus of the O.S.M.S. at Taiku, Shansi, July 11, 1939," OSMA Records, Program Area, China, Ming-Hsien, Correspondance Taiku Property, 1939-1946, Box 1, O.C.A..

2. FBM 將決議報告託事部，再由託事部與銘賢理事部商議
（confer），然後將決議向委員會報告；

3. 官方通訊員之定義，一般政策、人員聘任及其他由委員會
要求之事務，為主席博晨光；學校在地行政事務，則為
穆懿爾；穆懿爾不在時，則為艾爾溫。

穆懿爾事後回顧，認為此一發展未嘗不是件好事，因為：
（1）可避免由一、二個人專斷做出決定、（2）解決與金堂不易聯
絡之難題。[34] 1939 年 11 月穆懿爾返美後，實際為「四人委員會」。

四、新事工及新難題

1939 年 6 月，艾爾溫正式接受 OSMA 聘任，參與太谷學校
規畫；7 月，到達太谷，旋即接手小學事務，利用銘賢中學部的
校舍和南院教職員宿舍，開辦含初小（四年）、高小（二年）加
上一年鄉建實業訓練的「實業小學」，並開始招生。[35] 8 月 31 日，
正式開學，學生 90 人。[36] 9 月，柯德到任；11 月，穆懿爾離開
太谷啟程返美。其後，艾爾溫夫婦與柯德承擔所有太谷校區之事
工，艾爾溫兼管農科之工作。

---

34   "Minutes of the Annual Meeting of the Trustees of the Oberlin-Shansi Memorial Asso-
      ciation, December 15, 1939," OSMA Records, Administrative Records, OSMA Minu-
      tes 1933-1940, Box 1, O.C.A..

35   "Minutes of the Taiku Field Board of the O.S.M.S., August 23, 1939," OSMA Records,
      Program Area, China, Ming-Hsien, Correspondance Taiku Property, 1939-1946, Box 1,
      O.C.A..

36   Moyer to Mrs. Davis, September 7, 1939, OSMA Records, Administrative Records,
      Correspondence, Moyer, Raymond T., 1936-1939, Box 10, O.C.A..

前已述及，當太谷新事工開始啓動之時，「五人委員會」卻收到孔反對開辦太谷學校的電報。[37] OSMA 自此案例，終於眞正瞭解到淪陷區 FBM 與四川銘賢理事部之間聯絡的困難以及立場的差異，[38] 因此考慮接受 FBM 建議，讓 FBM 直接與 OSMA 託事部聯結。[39]

9 月 25 日，OSMA 託事部召開委員會，討論孔祥熙所提反對太谷校區規劃的理由，如：（1）日本人反對辦理初小以上的學校；（2）日本會因某些政治理由干涉學校；（3）對可能落入日本人手中；（4）所花經費將抽走金堂之財源。部分委員認爲，孔所考慮的政治理由，OSMA 可不必留意，也有人認爲，在淪陷區辦學校，比大後方辦學更重要。[40]

10 月 17 日，孔自重慶發電報回覆 OSMA，終於同意於太谷設立一所小學，並將在地管理權交由艾爾溫、王學仁、周學章及德騰等人所組織的委員會代行，孔謂：「我已表達個人的（反對）

37　"Minutes of the Annual Meeting of the Trustees of the Oberlin-Shansi Memorial Association, September 25, 1939," OSMA Records, Administrative Records, OSMA Minutes 1933-1940, Box 1, O.C.A..

38　Wynn C. Fairfield to William F. Bohn, September 22, 1939, OSMA Records, Administrative Records, Correspondence, Fairfield, Wynn C., 1937-1944, Box 5, O.C.A..

39　"Minutes of the Annual Meeting of the Trustees of the Oberlin-Shansi Memorial Association, September 25, 1939," OSMA Records, Administrative Records, OSMA Minutes 1933-1940, Box 1, O.C.A.. OSMA 執秘徵詢田儴意見，田儴認爲，孔祥熙提出反對意見，可能因爲四川方面及孔祥熙需考慮的政治層面比山西內地要多，且不欲爲淪陷區內的決策背書（endorse），所以建議應該給予太谷方面更大的應變權力。

40　"Minutes of the Annual Meeting of the Trustees of the Oberlin-Shansi Memorial Association, September 25, 1939," OSMA Records, Administrative Records, OSMA Minutes 1933-1940, Box 1, O.C.A..

意見，如果歐柏林方面希望這麼作（辦理學校），那麼我個人沒有意見」。[41]

1939 年底，太谷新事工暫時有了初步的發展。但是，穆懿爾仍強調，「太谷校區」的教育規劃，必須定位為暫時性措施，非永久性規劃。穆認為，新政權對小學教育限制較少，但從燕大已接受聘任日本教職員的要求，汾陽銘義中學已經參加歡迎日軍的儀式來看，設若太谷銘賢進入更高學校層級，一樣不能倖免，屆時只能在「拒絕－關閉」或「接受－在限制下保有某些自由」之間作抉擇，當前太谷銘賢學校能做的，就是：「儘量照顧好那些沒有機會受教育的孩子，不要讓校產空著，永遠把腳伸進去」，而 OSMA 必須抱著「堅持下去，戮力而為」的決心。[42]

1940 年 7 月 8 日，太谷銘賢學校運作滿週年後，艾爾溫向 OSMA 呈送年度報告，概括 1939 年 9 月至 1940 年 6 月之事工。[43]

其時，小學部教職員計 18 人，艾爾溫擔任校長兼農科主任，蔡德軍擔任教務主任兼訓導主任，艾爾溫太太擔任司庫，柯德教授音樂及體育，並兼任祕書。1939 年秋，有 90 名學生，其中女生 20 名，第二學期，再增加 25 名男生；1940 年秋，並於附近村落另開設 3 所鄉村初小，每校約 25 人，總數增至 185

41　H. H. Kung to William F. Bohn, October 18, 1939, OSMA Records, Program Area, China, Ming-Hsien Correspondance Taiku Property, 1938-44, Box 5, O.C.A..

42　"Minutes of the Annual Meeting of the Trustees of the Oberlin-Shansi Memorial Association, December 15, 1939," OSMA Records, Administrative Records, OSMA Minutes, 1933-1940, Box 1, O.C.A..

43　Dick Irwin, July 8, 1940, "Oberlin Shansi Memorial Association ,Taiku Division, Report for the Academic Year, 1939-1940," OSMA Records, Program Area, China, Ming-Hsien, Taiku Campus, 1939-1946, Box 1, O.C.A..

人。[44]

學校為了符應新政府的要求，開始教授日文，但聘請華籍老師授課，也使用日本軍方通過的教科書，咸認此一折衷作法，可以減少很多麻煩。[45]

艾爾溫進一步整頓學校總務事宜，包括全面整理校產並造冊、重訂學生與教職員工管理規則、清查借貸及移轉之設備、帶回暫置南關小學及幼稚園之物件、重建及管理圖書館書目等。[46]

艾爾溫強調，為使學校免受日軍或中共游擊隊干擾，應秉持以下原則經理學校：[47]

1. 完全謹守中立，杜絕各方覬覦校產的機會：儘量不與中日軍方或政治當局打交道，堅持 OSMA 的所有權，也堅持太谷學校為美國人辦理的機構；

2. 儘量讓設備、土地及物品使用中，不使用的東西儘量出借；

3. 儘量恢復舊觀：調節學校內部各組織之間、教職員之間以及校內外之間的關係；

44　Dick Irwin and Moyer, June 18, 1940, "Report of Oberlin in Shansi at Taiku, for the Calendar Year of 1939," OSMA Records, Program Area, China, Ming-Hsien, Taiku Campus, 1939-1946, Box 1, O.C.A..

45　Frances Cade to Board of Trustees, May 22, 1941, OSMA Records, Representative, Correspondance, Cade, Frances J., 1939-41, Box 2, O.C.A..

46　Dick Irwin and Moyer, June 18, 1940, "Report of Oberlin in Shansi at Taiku, for the Calendar Year of 1939," OSMA Records, Program Area, China, Ming-Hsien, Taiku Campus, 1939-1946, Box 1, O.C.A..

47　Dick Irwin, July 8, 1940, "Oberlin Shansi Memorial Association, Taiku Division, Report for the Academic Year, 1939-1940," OSMA Records, Program Area, China, Ming-Hsien, Taiku Campus, 1939-1946, Box 1, O.C.A..

4. 儘量自持與獨立：無論何時何地，盡可能不依賴任何單一
   個人或組織；

5. 盡全力對當地人民提供服務：目標設定在太谷周邊地區，
   竭力完成之。

根據艾爾溫分析，維新政府意圖在太谷校區經營體制內的農
科學校，因此可能要求接管或借用校產，這是學校當局維持中立
最大的威脅。他也認為銘賢校產一定引起不少覬覦，但是除非美
日關係有大改變，否則應該還不致發生重大問題。[48]

1939 年秋，太谷銘賢編列自 1937 年 10 月以來的第一次預
算書。1939 年底起，艾爾溫開始清查校產並重新列冊，將校產
分成「非使用中」、「部分使用」及「使用中」等層級，並建立
校產租借之內部審核機制，進行圖書館圖書總整理並列冊，以利
日後之移交。[49]

太谷農科部分，銘賢本部南遷後，雖然人力不足，但仍是校
區內最活躍的機構。迄 1940 年夏，農科增聘多位專職人員以繼
續穆懿爾之作物改良及土壤實驗，也聘請潞河中學鄉村服務中心
亨特（James A. Hunter）為顧問，指導銘賢農科，協助採購農改
所需的化學原料及藥品。[50]

48　Dick Irwin, July 8, 1940, "Oberlin Shansi Memorial Association ,Taiku Division, Re-
　　port for the Academic Year, 1939-1940," OSMA Records, Program Area, China, Ming-
　　Hsien, Taiku Campus, 1939-1946, Box 1, O.C.A..

49　Dick Irwin, July 8, 1940, "Oberlin Shansi Memorial Association,Taiku Division, Report
　　for the Academic Year, 1939-1940," OSMA Records, Program Area, China, Ming-
　　Hsien, Taiku Campus, 1939-1946, Box 1, O.C.A..

50　Dick Irwin, July 8, 1940, "Oberlin Shansi Memorial Association,Taiku Division, Report
　　for the Academic Year, 1939-1940," OSMA Records, Program Area, China, Ming-

從以上艾爾溫 1940 年 7 月所提出的年度工作報告來看，迄 1940 年夏，太谷銘賢學校事工順利進行。

但是，OSMA 託事部部分委員對太谷開設學校，卻有不同的看法。1941 年 1 月 15 日託事部召開會議，幾位實際參與銘賢事工（含金堂及太谷）的相關人士，包括 FBM 主席博晨光、穆懿爾、武壽銘、甫返美的柯德與駐金堂學生山西代表萬慕德（Herbert Van Meter）均與會，討論相關問題。

託事部委員田儦認為 OSMA 在太谷花的錢是值得的，淪陷區內的孩童需要教育，美部會在北平的育英中學及貝滿中學學生數激增，燕京大學在政府同意下繼續辦學，此皆顯示西方差會不必與日本妥協，仍然可以在淪陷區內續辦學校。[51]

穆懿爾提醒 OSMA 委員們留意大後方金堂方面的意見，認為與會武壽銘的看法具有一定的代表性。按，武壽銘時任金堂銘賢事務主任，正獲 OSMA 獎助金在美留學，他於會中希望 OSMA 停止在太谷辦學，大後方的人認為這是在幫助日本人，而教日文和使用日本軍部通過的教科書，是灌輸中國新一代青年日本人的想法，何況中共越來越成氣候，如果有一天日本人退出太谷，此事將不受中共歡迎。[52]

博晨光針對大後方的批評，提出解釋。他指出，太谷校區教

Hsien, Taiku Campus, 1939-1946, Box 1, O.C.A..

51　"Trustees' Meeting, March 4, 1941," OSMA Records, Administrative Record, Minutes of the Executive Committee, Board of Trustees, 1941, Box 2, O.C.A..

52　"Minutes of the Executive Committee, Board of Trustees, January 15, 1941," OSMA Records, Administrative Record, Minutes of the Executive Committee, Board of Trustees, 1941, Box 2, O.C.A..

日文是爲了避免日本人干預。他認爲，愛國主義有兩種，一種是「播遷的愛國主義」（patriotism of withdraw），另一種是「忍讓的愛國主義」（patriotism of endurance），兩種愛國主義沒有哪一種高過哪一種，燕京大學所示範的正是「忍讓的愛國主義」，燕大中國教職員是冒著被指控「不愛國」的風險留在淪陷區內。[53]

　　博晨光「播遷的愛國主義」與「忍讓的愛國主義」的爭論，是淪陷區內續辦學校普遍存在的問題，若淪陷區與大後方同時辦理學校，則其間的爭議更大，如銘賢，尤其是淪陷區內學校必須面對向新政府立案的問題。

五、立案問題與學校關閉

　　1941 年 5 月，維新政府要求所有教會學校必須立案，否則必須關閉學校。經協調後，穆懿爾願意隻身自美返回中國，留太谷一年處理立案相關事宜。[54] 由於世界局勢轉變太快，美國開往亞洲的船班難以預期，故遲遲無法確定歸期。

　　1941 年夏，OSMA 因艾爾溫將於 7 月聘約期滿離開太谷，穆懿爾歸期未定，因此於 5、6 月間倉促聘請北平美國學校教師、歐柏林學院校友穆勒（Robert Mueller）暫管太谷校區，等待穆懿爾返回太谷。穆勒於 1941 年 6 月到達太谷，未料即刻面對

53　"Trustees' Meeting, January 15, 1941," OSMA Records, Administrative Record, Minutes of the Executive Committee, Board of Trustees, 1941, Box 2, O.C.A..

54　"Minutes of the Executive Committee, Board of Trustees, May 5, 1941," OSMA Records, Administrative Record, Minutes of the Executive Committee, Board of Trustees, 1941, Box 2, O.C.A..

維新政府要求立案否則關閉學校的難題。[55]

　　1941 年 5 月 7 日，FBM 面對立案問題，首先依據 1939 年 12 月 15 日 OSMA 之決議──重大政策必須透過 OSMA 徵詢銘賢理事部之意見，自北平發出電報給 OSMA，云：「FBM 確認，從事教學活動（academic activity）需要立案，與 Mogul 討論，建議穆懿爾擔任校長，穆勒協助之」。按，電文中使用 "Mogul" 一詞，指的是孔祥熙，係為避免電文被日方偵破。OSMA 接到 FBM 的電報後，即刻諮詢穆懿爾、田儔及博晨光等人的意見，咸認該電文無疑指必須對維新政府立案，且所有中學都必須立案。[56]

　　其時，OSMA 已決議穆懿爾返回太谷處理立案問題，由於事關重大，穆懿爾希望 OSMA 能給予他個人及 FBM 處理原則，OSMA 託事部乃請穆懿爾詳細羅列可能面對的問題以供討論。1941 年 5 月，穆懿爾擬定〈OSMA 太谷校區未來續行的幾個問題〉，總體分析太谷事工的機會與困境，可以說是太谷銘賢被迫關閉前最重要的一份文件。

　　穆懿爾指出，當初太谷銘賢規劃係以暫時性質為之，迄今已執行滿二年，是到了該擬訂長久性政策的時候了。穆懿爾認為，OSMA 首先要釐清的是：「要進行何種型式的學校」？若為教學研事工（academic program），則有兩種選擇，辦理大學預科？抑

55　Mrs. Davis to Wynn C. Fairfield, June 9, 1941, OSMA Records, Administrative Records, Correspondence, Fairfield, Wynn C., 1937-44, Box 5, O.C.A..

56　"Minutes of the Executive Committee, Board of Trustees, May 7, 1941," OSMA Records, Administrative Record, Minutes of the Executive Committee, Board of Trustees, 1941, Box 2, O.C.A..

或注重農業事工（agricultural program）？在管理上，也有兩種選擇，是完全由 OSMA 掌控？抑或與燕大進行某種型式的合作？最要者，OSMA 託事部要先確立太谷銘賢的目標，是希望藉由教學及農改來服務中國農民？還是只是為了維護太谷校區的校產？[57]

穆懿爾問，在中日衝突中，如何維持中立以繼續在太谷的工作？要完全親國民政府？還是心不甘情不願與維新政府合作，成為其夥伴，但這是幫助日本嗎？要為了保存校產而屈服於維新政府各種不可避免的要求？還是不計代價堅不屈服，無論對學校運作及財產會產生何種後果？[58]

至於 OSMA 應基於何種原則辦學，穆懿爾分析，首先要先釐清教學事工之立案問題，立案有以下的好處：[59]

1. 減少日本當局的疑慮，在美日關係緊張中，讓學校可以繼續下去；
2. 降低教學事工被迫關閉的風險；
3. 讓「歐柏林在山西」繼續為中國年輕人服務；
4. 更容易保住校產；

57　Raymond T. Moyer, "Some Issues Which Appear to be Connected with a Continuance of OSMA Program at Taiku, by R. T. Moyer," OSMA Records, Administrative Record, Minutes of the Executive Committee, Board of Trustees, 1941, Box 2, O.C.A..

58　Raymond T. Moyer, "Some Issues Which Appear to be Connected with a Continuance of OSMA Program at Taiku, by R. T. Moyer," OSMA Records, Administrative Record, Minutes of the Executive Committee, Board of Trustees, 1941, Box 2, O.C.A..

59　Raymond T. Moyer, "Some Issues Which Appear to be Connected with a Continuance of OSMA Program at Taiku, by R. T. Moyer," OSMA Records, Administrative Record, Minutes of the Executive Committee, Board of Trustees, 1941, Box 2, O.C.A..

5. 可以讓太谷事工續行下去，若維新政府成功運作的話。

但是，穆懿爾個人認為，立案的好處不會持續太久，他舉平定州友愛會的小學為例，該校即使已立案二年，最後還是被迫關閉且完全放棄校產。穆懿爾分析，立案可能意味著以下情況：[60]

1. 承認維新政府（這不是美國政府的政策）；
2. 若完全立案，面對的處境將更艱難，若非即刻，未來日本也會要求全力配合他們的新秩序；
3. 立案，以銘賢這所促進基督教生活的基督教機構而言，必須面對這個違抗中國人意願的政府，此違背了 OSMA 所欲見、所建立的基本原則；
4. 另外一件會「發生的事」是，與維新政府「合作」，將會引起山西省內中共游擊隊及大後方強烈的反彈與憎惡；
5. 立案，當局會要求太谷銘賢的學生參與違背他們意願的活動及儀式。

若未來不發展教學事工，但發展農改事工，則維新政府要求與農科合作的機會將越來越多，過去日本人在華北設立的農改實驗站，已經向銘賢農科索求農改種子及其他產品，也建議銘賢與其太原農業實驗站合作，那麼農科的態度是繼續提供實驗結果給予日人主持的華北實驗站，並接受日人或維新政府提供的資金建立雙方合作關係？還是繼續獨立進行農科實驗，即使危及事工及財產的安全？[61]

60　Raymond T. Moyer, "Some Issues Which Appear to be Connected with a Continuance of OSMA Program at Taiku, by R. T. Moyer," OSMA Records, Administrative Record, Minutes of the Executive Committee, Board of Trustees, 1941, Box 2, O.C.A..

61　Raymond T. Moyer, "Some Issues Which Appear to be Connected with a Continuance

最後穆懿爾提出更切身的問題，在詭譎戰局下，無論美國人或中國人，若要保護校產，則該面對多少風險？亦即要保護到何種程度？[62]

5 月 20 日，OSMA 執委會開會，針對穆懿爾提出之問題進行討論，OSMA 確立立案原則如下：[63]

1. 太谷銘賢立案交由 FBM 獨立決策，除一些確定的原則之外，在以下條件下進行立案：
    （1）保有宗教自由，包括敬拜的自由；
    （2）保有知識的整全性（intellectural integrity），太谷學校不教授任何「偽證」（false）的事；
    （3）拒絕成為侵略中國的工具。
2. 盡可能保持政治面的中立。
3. 越少與日方合作越好：太谷銘賢續行之目的在：「服事個別的（individual）中國人民，並保有校產，以期未來有更大利用的可能性；前者是目的，後者是手段」。

關於「與燕大的關係」，OSMA 決議即時研究與燕大聯合（union）的可能性，若可，則待博晨光於 7 月 25 日（或更早）

---

of OSMA Program at Taiku, by R. T. Moyer," OSMA Records, Administrative Record, Minutes of the Executive Committee, Board of Trustees, 1941, Box 2, O.C.A..

62　Raymond T. Moyer, "Some Issues Which Appear to be Connected with a Continuance of OSMA Program at Taiku, by R. T. Moyer," OSMA Records, Administrative Record, Minutes of the Executive Committee, Board of Trustees, 1941, Box 2, O.C.A..

63　"Minutes of the Executive Committee, Board of Trustees, May 20, 1941," OSMA Records, Administrative Record, Minutes of the Executive Committee, Board of Trustees, 1941, Box 2, O.C.A..

返回中國後，再進行官方聯繫。[64]。

關於「與金堂的關係」，OSMA決議：「將金堂與太谷學校視為各自獨立的單位，太谷銘賢更改校名，也不再由銘賢理事部（主席為孔）所掌控（control）」。由於與燕大聯合後，太谷與金堂之間的關係將更複雜，因此FBM務必獲得後者充分諒解，言明此為緊急應變措施，最終仍期待有朝一日金堂銘賢重返太谷。[65]

關於「穆懿爾回太谷後可遵循的原則與事權歸屬」，由於穆懿爾對日本的承諾缺乏信心，因此初步決議為：「除非到非立案不可的程度，否則拒絕立案」。[66]

前述OSMA於5月5日發電諮詢孔祥熙及銘賢本部的意見，但迄6月仍未得回覆。6月11日，OSMA託事部不得已作最後定奪，首先先確立太谷銘賢的最終決策權，代主席翡綺（Florence M. Fitch）表示，OSMA託事部從未有最終裁決之意圖，必待銘賢理事部及學校領導人（孔）意見後作決策，但在無法獲得後者訊息之情況下，OSMA託事部有權定奪，此並不違背1939年12月之既定機制。經OSMA執行祕書向田儉、雅禮協會赫欽斯（Francis Hutchins）及博晨光諮詢後，一致認為太谷

---

64 "Minutes of the Executive Committee, Board of Trustees, May 20, 1941," OSMA Records, Administrative Record, Minutes of the Executive Committee, Board of Trustees, 1941, Box 2, O.C.A..

65 "Minutes of the Executive Committee, Board of Trustees, May 20, 1941," OSMA Records, Administrative Record, Minutes of the Executive Committee, Board of Trustees, 1941, Box 2, O.C.A..

66 "OSMA Trustees' Meeting, May 21, 1941," OSMA Records, Administrative Record, Minutes of the Executive Committee, Board of Trustees, 1941, Box 2, O.C.A..

學校最終決策權應爲 FBM 主席，即博晨光。[67]

確立太谷學校最終決策權歸屬在 FBM 主席之後，OSMA 託事部決議 FBM 立案問題處理原則：「OSMA 將繼續支持太谷銘賢現行兼具教學、農改但強調鄉村導向的事工」，在下列原則下可進行立案：（1）有敬拜自由，有研究及教授真理的自由；（2）教育愛國青年，維繫中國士氣，服事自由中國；（3）所有的努力，不在協助或穩定維新政權。[68]

穆懿爾反對立案最終決策權在 FBM，理由：（1）FBM 之成員對立案的看法各異，主席博晨光及穆懿爾人又在美國，無法進行多數決；（2）若最後決策權爲 FBM，則太谷學校與日本及維新政府進行交涉時，將無法以「政策由美國託事部決定」作爲藉口。因此，OSMA 託事部決議將立案問題等穆懿爾返華後再作決定；若否，則不同意立案，儘量讓事工持續下去。[69]

不意 6 月 16 日，OSMA 收到北平 FBM 回覆云：「省政府已命令學校中止運作」。其時，穆懿爾已訂妥 7 月 21 日船票，正處理護照事宜，至此面臨要不要出發的問題？穆懿爾向託事部提出二個問題，其一，此行期程短、耗資多，此時此刻回太谷是否合宜？其二，若在一年期滿前太谷銘賢已無法維繫下去，則他要做什麼？ OSMA 託事部針對第一個問題，認爲 OSMA 在太谷有

67　"OSMA Trustees' Meeting, June 11, 1941," OSMA Records, Administrative Record, Minutes of the Executive Committee, Board of Trustees, 1941, Box 2, O.C.A..

68　"OSMA Trustees' Meeting, June 11, 1941," OSMA Records, Administrative Record, Minutes of the Executive Committee, Board of Trustees, 1941, Box 2, O.C.A..

69　"OSMA Trustees' Meeting, June 11, 1941," OSMA Records, Administrative Record, Minutes of the Executive Committee, Board of Trustees, 1941, Box 2, O.C.A..

價值 $125,000 的工場，需要有人照顧，建議穆懿爾回太谷維持其農改事工，若發現事工已無意義，則離開；某託事部委員謂：「OSMA 當前正以科學實驗保住（save）華北，自此而言，是值得花錢及花時間的」。針對第二個問題，託事部重申，若一年未期滿，太谷事工已無法維繫下去，則轉往金堂。[70]

1941 年 11 月中旬，局勢越來越嚴峻，田儆轉知 OSMA 美日之間瀕臨開戰邊緣，提醒 OSMA 必須考慮兩件事，其一，校產維護：若美國人無法續留太谷校區，建議由 FBM 規劃交中國人負責照應；其二，穆勒的人身安全。[71]

1941 年 12 月 1 日，OSMA 接到北美海外宣教會議東亞委員會（Committee on East Asian of Foreign Mission Conference of North America）101 號通知，告知 OSMA：「穆勒當即撤出太谷」。[72] OSMA 於次日電穆勒：「即刻撤出太谷，不必理會校產。」[73]

另一方面，穆懿爾於 9 月 20 日抵天津，9 月 21 日到達北平，申請進入太谷的通行許可，但嘗試各種管道，都徒勞無功。穆懿爾留北平期間，與艾爾溫討論細節問題，咸認太谷銘賢可以託付頗有能力的職員李文華，並請李到北平與穆懿爾討論農科及學校一般事務的處理等，穆懿爾也陪同李到燕大與 FBM 燕大成

70　"OSMA Trustees' Meeting, June 27, 1941," OSMA Records, Administrative Record, Minutes of the Executive Committee, Board of Trustees, 1941, Box 2, O.C.A..

71　"OSMA Trustees' Meeting, November 13, 1941," OSMA Records, Administrative Record, Minutes of the Executive Committee, Board of Trustees, 1941, Box 2, O.C.A..

72　Cade to Fairfield, December 1, 1941, OSMA Records, Administrative Record, Correspondence, Fairfield, Wynn C., Box 5, O.C.A..

73　Cade to Fairfield, December 23, 1941, OSMA Records, Administrative Record, Correspondence, Fairfield, Wynn C., Box 5, O.C.A..

員當面討論相關議題。最後決議將太谷校區託付給一四人委員會經管，由李文華任主席，穆勒擔任司庫及會計。11 月 20 日，艾爾溫、穆懿爾及 FBM 之燕大成員起草一契約書，界定四人委員會主席之權力及責任，此舉一方面保護李文華，另一方面也保護太谷資產，美國公使館亦欣然同意。[74]

穆懿爾對太谷校區安置妥當後，11 月 30 日自天津出發南下金堂，12 月 7 日到達香港，12 月 8 日珍珠港事變爆發，當天早上經歷香港首次轟炸。年後 1 月 5 日日軍下令拘留所有留港外人，2 週後穆懿爾遭移送赤柱戰俘營。1942 年 6 月，經過換俘，穆懿爾獲釋。[75]

穆勒部分，12 月 6 日 OSMA 電報，要求渠離開太谷。12 月 8 日下午一點，日本軍方憲兵進入校園，沒收保險箱中的現金及財物，最要者取走前述艾爾溫所列之校產清單，以此作為維新政府要求「讓渡」校產的明細表，穆勒被日本憲兵軟禁。1942 年 5 月底，太谷縣政府請穆勒前往縣署，簽署轉移校產給縣政府的文書。穆勒與太谷「四人小組」討論後，最後簽了「讓渡」文件。[76]

1942 年 6 月 9 日穆勒獲准換俘離開太谷，農科交李文華管理，繼續進行實驗及推廣工作。1942 年秋，縣政府在太谷校區

74　Moyer, August 8, 1942, "Report to Board of Trustees on Trip to China," OSMA Records, Field Files, Ming-Hsien Box 1,Taiku Campus, 1939-1946, O.C.A..

75　Moyer, August 8, 1942, "Report to Board of Trustees on Trip to China," OSMA Records, Field Files, Ming-Hsien Box 1,Taiku Campus, 1939-1946, O.C.A..

76　Robert Mueller, "Oberlin Shansi Memorial Schools-Taiku Division, Report for Period Nov., 1941 To June, 1942," Moyer, August 8, 1942, "Report to Board of Trustees on Trip to China," OSMA Records, Field Files, Ming-Hsien Box 1,Taiku Campus, 1939-1946, O.C.A..

經營之農科學校招收 100 名學生，經費一部分來自縣政府，一部分得到維新政府的補助。[77]

六、所爲爲何？──代結論

1942 年 5 月，OSMA 主導下的淪陷區「太谷校區」維繫與事工，隨著穆勒獲換俘離開太谷，大致告一段落。大後方的金堂銘賢繼續苦撐下去，OSMA 派出的學生山西代表成爲校內唯一的美籍人員，與銘賢師生同甘苦，直至戰爭結束。戰時 OSMA 派駐銘賢教英文的學生山西代表高爾遜（Ellsworth C. Carlson）在所著《「歐柏林在亞洲」百年史》中回顧，1941 年之前，大後方金堂銘賢師生與學生山西代表：「創造了『歐柏林在山西』史上最輝煌的一章」。[78]

相較於金堂銘賢的「輝煌」，抗戰前期淪陷區內「太谷校區」戲劇性跌宕起伏的過往，似乎因著最終徒勞無功而失了光彩。但是，博晨光「播遷的愛國主義」與「忍讓的愛國主義」評論，至今看來，仍有其意義。

西方差會爲什麼在淪陷區繼續辦學？其原因，還有超越「愛國主義」之外的變項嗎？ OSMA 託事部委員田儆曾引基督教聯

77　Robert Mueller, "Oberlin Shansi Memorial Schools-Taiku Division, Report for Period Nov., 1941 To June, 1942," Moyer, August 8, 1942, "Report to Board of Trustees on Trip to China," OSMA Records, Field Files, Ming-Hsien Box1, Taiku Campus, 1939-1946, O.C.A..

78　Ellsworth C. Carlson, *Oberlin in Asia: The First Hundred Years, 1882-1982* (Oberlin, Ohio: Oberlin Shansi Memorial Association, 1982), pp. 34-36.

合傳教會（United Christian Missionary Society）Alexander Paul 於北美海外宣教會議東亞委員會之發言，談及與國民政府教育部長陳立夫談話，陳認為西方差會繼續在淪陷區辦學，將是淪陷區內唯一不由侵略者設立的學校，是當前基督教在華所能發揮的最大價值。[79]

從山西銘賢學校太谷校區的案例來看，大致也是如此，但有以下二點值得注意的：

其一，銘賢以農業事工服事中國人民，如 OSMA 託事部希望穆懿爾回到太谷繼續農改事工：「以科學實驗保住（save）華北」。[80]

其二，為了追求最終的自由，如太谷學校面臨立案問題，希望釐清太谷學校之目的在：「服事單一的中國人，保有校產，以期未來有更大利用的可能性；前者是目的，後者是手段」，「在最終獲得自由的期待下，不願對無所助益的事屈服」。[81]

自始穆懿爾一再堅持「太谷校區」所有經管機制應定位為「緊急應變措施」，任何 OSMA 託事部或淪陷區在地理事部的重要決策都必須經過大後方銘賢理事部的同意，所考慮者，就是有朝一日銘賢本部重返太谷校園的可能性。

1939 年 5 月，OSMA 在確定「太谷校區」必須辦理某種形

79　Fairfield to Mrs. Davis, December 5, 1941, OSMA Records, Administrative Record, Correspondence, Fairfield, Wynn C., Box 5, O.C.A..

80　"OSMA Trustees' Meeting, June 27, 1941," OSMA Records, Administrative Record, Minutes of the Executive Committee, Board of Trustees, 1941, Box 2, O.C.A..

81　"OSMA Trustees' Meeting, May 21, 1941," OSMA Records, Administrative Record, Minutes of the Executive Committee, Board of Trustees, 1941, Box 2, O.C.A.. 原文 "unwilling submission to what can't be helped, in the hope of ultimate freedoms."

式的學校後，OSMA 主席波恩表示：[82]

> 我相信，在太谷淪陷區的工作不能等，不論日本會佔領多久，幾年，甚至一整代，還是要有人留在那裡；他們不能南遷或西遷，我們能付出的最大心力，就是救贖之愛的力量（the power of redeeming love）。

1942 年 8 月 18 日，穆懿爾換俘獲釋返美途中致函 OSMA，認為太谷財產遲早會被日本接收，但是太谷校區只要用於教育之目的，不管由誰來處理，都比做其他目的之使用，更適當，他說：[83]

> 待戰爭結束，「歐柏林在山西」可為者多，但是當前最重要的是不要失去遠見，應隨時應變，把責任交給中國人，讓它成為「歐柏林在山西」的特徵；如此，不管中國狀況怎麼變，「歐柏林在山西」都能成功符應中國社會的需求。戰事的破壞，以及戰後的重建，未來一定需要受過專門訓練及教育的各種類型領導者，當中國人開始掌控全國事務的時候，過去參與銘賢管理及方向規劃的中方教職員，將會感到欣慰。在這樣的基礎上，未來不管發生什麼狀況，銘賢都能成

82　Bohn to Moyer, September 5, 1939, OSMA Records, Administrative Records, Correspondence, Moyer, Raymond T., 1936-1939, O.C.A.. 可能為避免信件遭偵查，此段在原稿中被刪除。

83　Moyer, August 8, 1942, "Report to Board of Trustees on Trip to China," OSMA Records, Field Files, Ming-Hsien Box 1, Taiku Campus, 1939-1946, O.C.A..

功樹立堅實的基礎。

波恩爲 OSMA 託事部主席，穆懿爾爲「太谷校區」最重要的美籍人員，多少可以代表 OSMA 之所以在淪陷區進行事工的看法。

從檔案來看，中日戰爭期間淪陷區「太谷校區」的農業實驗工作持續在穆懿爾、新聘職工、維新政府的主導下，未曾中斷，見證「以科學實驗」服務山西人民的意義，也保有未來銘賢重返太谷發揮貢獻的機會。總的來說，「求存以致用」，可謂日軍佔領下，OSMA 維繫「太谷校區」的主要目的。

滿洲國的基督教教育與國民道德
—— 圍繞強制參拜孔廟問題

渡辺祐子*

摘要

　　自 1930 年代後半期以來，韓國和臺灣的基督教學校一直要面對著日本政府實施的神社崇拜，導致一些學校選擇退出教育工作，而非在宗教上屈就於官方。

　　在另外一方，在滿洲國的長老教會的學校，則決定在 1938 年結束他們的教育工作，但並不是因爲政府直接要求的神社參拜，而是因爲滿洲國政府要求所有私立學校要成立「學校法人」。成立「學校法人」雖然可以讓學校繼續下去，但這也意味著政府將可以控制學校，進而會牽涉到學生的神社參拜。基督教的教育工作者，尤其是長老教會的傳教士，從韓國和臺灣的情況以及他們自己的親身經驗，可以預見不久即會強制參拜孔廟。本文將關注日本帝國在此地區所執行的另一個「偶像崇拜」，並考慮到滿洲國的基督教學校如何應對這種壓力，並釐清基督教育被剝奪自治的過程。

關鍵詞：滿洲國、教會學校、皇道主義

＊　Professor, the Center for Liberal Arts, Meijigakuin University.

一、序言

如何抵抗來自國家的一元化價值的強制以及對信教自由的侵害與剝奪？這個明治以來的問題，作為「事件」以最尖銳的形式出現的是，1930年代以後的基督教學校——尤其是在日本殖民地舉辦的基督教學校——的拒絕參拜神社一案。

就殖民地朝鮮與臺灣的教會學校，因為拒絕參拜神社受到怎樣的抨擊和鎮壓，學界已有不少的研究積累。在同樣處於被殖民狀況的滿洲國，自1940年建立建國神廟以來，各校也被規定必須設置奉安殿與參拜神社。可是，在滿教會學校（以下稱基督教學校）的動向卻幾乎沒有被研究。究其原因，至開始強迫神社參拜的1940年，除了天主教和路德派教會以外的幾乎所有的在滿基督教學校都已消失影蹤，沒有成為拒絕神社參拜為直接理由的抨擊對象。

但是問題是，為何會強制性的神社參拜開始以前，除了一部分學校，基督教學校失去了蹤跡[1]，即被迫停辦？其直接原因是滿洲國所推行的以撤廢治外法權為背景的基督教學校的法人化。滿洲國政府對屬於外國傳教會資產的基督教學校施加壓力，迫其以學校法人立案的同時，作為法人的要件，要求學校排除宗教色彩。被迫作出痛苦抉擇的傳教會認為，不能為了維持學校經營而放棄基督教教育的最重要的使命，從而決定退出教育，遂將幾所學校的不動產賣給了滿洲國政府。就這樣，基督教教育機關從滿

1　Austin Fulton, *Through Earthquake Wind and Fire, Church and Mission in Manchuria 1867-1950* (The Saint Andrew Press, 1967), p. 361.

洲國隱沒了身影。

可是，政府對基督教學校和基督教會的壓力，並不是此時突然開始的。相反，我們應該把法人化政策看作，施加在從數年前起就成為政府的監視對象的基督教學校的最後一擊。因為至法人化的數年期間，基督教學校一次又一次抵抗來自政府的階段性的壓力，已經成為了「不順從」的存在。這主要的壓力，不是神社參拜，而是一個可稱之為國民道德──卻是基督教學校一方，理解為宗教禮儀的──的事物，即強制參拜孔廟。

1932 年（昭和 7 年）3 月建立的滿洲國，在其建國精神上標榜以儒教的德治主義為基礎的王道主義，規定學校教育亦要以此精神為基礎。而且，同年 8 月為貫徹建國精神，公布了在春秋兩季全國舉行祭孔大典的相關規定，並以重要的典禮為由，邀請各校參加祭孔大典。就這樣，有一段時間王道主義作為統治精神或是體制的意識形態被掛起，學校教育也順著這條精神實行。可是，自 1935 年滿洲皇帝溥儀訪日謁見天皇之後，原來的教育理念開始發生了動搖。即，王道主義的倒退與皇道主義的前景化。[2] 這種動搖，剛好與各校被強烈要求參拜孔廟的時期重疊。

五年後的 1940 年，溥儀第二次訪日後，在首都新京（今長春）建立了可稱為滿洲版靖國神社的建國神廟，王道主義完全被皇道主義所代替。對於各校的要求也不再是參加祭孔，而是參拜神社，開始對兒童積極進行天皇制意識形態的注入。比如，視「日滿一體」「五族協和」「一億一心」的口號下進行的學校教育

2　　駒込武，《植民地帝國日本の文化統合》（岩波書店，1996）。

爲「奴隸化教育」，對其進行批判性檢討的中國教育學家齊紅深，向當時爲少年少女的人們詢問當年在學校的生活，輯成一本證言錄。[3] 在此書裡面有不少證言說，每當節日時全體學生被要求去參拜神社，每日在學校的奉安殿前鞠躬等。

縱觀此一經過，可以做這樣的理解：即政府的參拜孔廟的邀請與強制，爲 1940 年以後迅速強化的皇道主義統治鋪平了道路。就是說，在強制神社參拜以前，對另一個「偶像」的禮拜強加於包括基督教學校在內的教育現場。那麼，對於在「國民道德」的名義下強要實行的宗教禮儀，基督教學校是如何對應的？以下，試就 1935 年至 1937 年展開的過程，以基督教學校所處的狀況，以及對此狀況所做出的學校方面的對應爲中心，進行論述。

二、滿洲傳教與基督教教育

對於由外國傳教團體或教會設立，並持續給予財政支援的教育機關，本章不標記爲「教會學校」，而標記「基督教學校」。因爲，通過 1920 年代中期的收回教育權運動，各教會學校向中國政府立案，被納入到中華民國政府的教育行政管轄之下，作爲中華民國的教育機關明確地確立了其地位。

那麼，基督教教育是何時如何被設立並發展起來的呢？究竟滿洲的基督教傳教是何時被何人起開端，並走過怎樣的路程的

3　齊紅深著，竹中憲一譯，《「滿洲」オーラルヒストリー　〈奴隷化教育〉に抗して》（皓星社，2004）。

呢？作爲考察本章主題的前提，在本節概觀滿洲傳教與附隨著傳教開始的基督教教育。

（一）滿洲傳教的概略

1866 年蘇格蘭聖經學會（The National Bible Society of Scotland）的亞歷山大韋廉臣作爲新教傳教士首次踏上了滿洲之地。可是正式開始傳教事業是第二年英國長老教會（English Presbyterian Church）的蘇格蘭人威廉·伯恩斯（William Burns）到來之後。伯恩斯將設有英國領事館的牛莊（營口）定爲據點從事了傳教工作，於 1868 年 4 月因病去世。之後，愛爾蘭長老教會繼承伯恩斯的遺志，於 1869 年 1 月派遣兩位傳教士到滿洲，再後來於 1871（1872？）年蘇格蘭聯合長老教會（United Presbyterian Church of Scotland）也派遣了傳教士。此時被派遣的其中一位傳教士，就是翻譯朝鮮語版聖經而被人們所熟悉的羅約翰（John Ross）。此後，滿洲基督新教的傳教將會以這兩個教會爲中心展開。

最初蘇格蘭與愛爾蘭的長老教會，攤派傳教地區各自從事傳教，可是作爲同系統教派教理與教會論都相近的兩者，於 1890 年作爲各自擁有的協議會（Council）的上層組織，設立了一個「蘇格蘭聯合自由教會與愛爾蘭長老教會之傳教士滿洲傳教會議（Manchuria Mission Conference consisting of the Missionaries of the United Free Church of Scotland and the Presbyterian Church in Ireland 英國蘇格蘭愛爾蘭基督教長老會駐滿教士協會）」（以下，簡稱滿洲傳教會議），決定有關滿洲傳教的所有事項都在此會議上作

最後審議。此際，母會不直接與滿洲傳教會議掛鉤，其意向經由滿洲的各協議會傳到滿洲傳教會議，而傳教會議所議決的決定事項由協議會轉達母會的外國傳道委員會（Foreign Mission Committee）。經歷 1908 年的滿洲信仰復興運動後，1912 年該會議確立了憲法規定，1916 年又接受了丹麥的路德派教會的參加請求。再到 1936 年，就滿洲傳教事業，蘇格蘭和愛爾蘭兩教會在本國亦決議聯合，由此滿洲傳教會議旗下的兩教會的協議會合併成為了「愛爾蘭蘇格蘭長老教會傳教委員會（The Council of the Manchurian Missions of the Presbyterian Church in Ireland and of the Church of Scotland）」。關於合併之前兩教會所擁有的不動產，則決定保留原來各自的名義，新購買時則用 United Mission 的名義共同所有。

滿洲傳教會議成立後的第二年，蘇格蘭和愛爾蘭雙方的差會在各地建設的中國人教會，合併成立了滿洲長老會老會。之後，在脫離傳教團體的自立趨勢高漲的情況下，1907 年滿洲長老會老會下面形成了三個堂會（遼東、遼西、吉林），滿洲長老會老會則成了「關東大會」。1925 年關東大會加入了中華基督教會（由新教七個教派聯合成立的第一個超教派教會。正式成立之年是1927），1931 年堂會數增至 8 處，教會政治、教會財政、以及在傳教活動方面脫離外國人教會為目的的自立也穩步前進。此外，1900 年蘇格蘭聯合長老教會與蘇格蘭自由教會合併成為了蘇格蘭聯合自由教會（United Free Church of Scotland），到 1929 年經過進一步的合併成為了蘇格蘭教會（The Church of Scotland）。

另一方面，關東大會企圖通過傳道委員會（Policy Committee）與傳教會議進行溝通。對於關東大會而言，有蘇格蘭與英格

蘭的兩個協議會一事，完全不構成問題。即，對於中國人教會，傳教士們在所有方面都統合成一體了。如何維持本國的海外傳道局與當地的傳教士小組，以及中國人教會之間的三者關係，這個問題對任何一個教派而言都是一個難題，但是比如 J. R. 穆德，就說過滿洲的這種形態在很好地控制這種問題上是比較理想的。[4]

關東大會成立後，傳教會議干預政策決定的程度逐漸減弱，1927 年通過了向傳教會議邀請，使各傳教本部承認由關東大會掌握部署傳教士的決定權的決議。[5] 就這樣，滿洲國建立之時，關東大會幾乎要達成自立目標。可是，這兩者的關係隨著滿洲國政府的思想控制的強化又恢復到了當初。因為，關東大會與中華基督教會的關係強行被切斷，中國人教會的集會上必有政府的人與官憲在場，取締反滿、三民主義的言行，禁止了以牧師為首的中國人信徒的自由發言和活動。因此應關東大會的邀請，傳教會議逐漸在教會的重要案件上擔起了責任。其中最為深刻的案件之一就是參拜孔廟問題。

（二）有關滿洲基督教教育——以新教為中心

如同日本，中國的基督教教育也是以傳教士開辦的小規模的私塾為開端，較早的地方則在 1870 年代末就已經形成作為高等教育機關的體制，到 19 世紀末上海、北京、廣州、杭州、南京、武昌、濟南等大城市都出現了大學（college）。但是，這種

---

4   Fulton, pp. 41-42.
5   Ibid., p. 62.

趨勢很晚才波及到中國東北部，要等到進入 20 世紀以後。

在滿洲，1902 年蘇格蘭與愛爾蘭兩教會，就努力籌建教育機關達成協議，同年在奉天設立了滿洲基督教長老會神道院（Manchurian Christian College）。有記錄說，1905 年有 58 名學生在該校學習。[6] 1912 年建立了瀋陽（後改為奉天）醫科專門學校（Moukden Medical College），培養了多數優秀的基督徒醫生。

表 1：1933 年中等以上在滿基督教學校一覽

城市名	學校名	傳教會、教會
瀋陽	瀋陽醫科專門學校	蘇格蘭長老會
	文會高級中學	愛爾蘭長老會
	文華初級中學	蘇格蘭
	坤光女子中學	中華基督教會（愛爾蘭？）
	文會初級中學	愛爾蘭
	滿洲基督教長老會神道院	蘇格蘭、愛爾蘭
安東	三育中學	丹麥路德教會
遼陽	文德中學	蘇格蘭
海龍、朝陽	成達中學	

6　MacGillivray, *A Century of Protestant Missions in China (1807-1907)* (American Tract Society, 1907), pp. 226-227.

營口	文鬱中學	
法庫	崇德學校	愛爾蘭
	崇實初中女校	（愛爾蘭？）
莊河	崇正女學校	（丹麥路德教會？）

出處：由《中華基督教年鑑 1933 年》「各公會大學神學醫學中學地點及校院長姓名」（頁365）製作。
空欄是沒有記載的事項。括號內是根據表2筆者所作的推測。因該年是從中華民國至滿洲國的過渡期，故城市名稱照舊名未改。

　　關於滿洲國成立後不久，包括這兩所學校在內究竟在滿洲開辦了幾所基督教學校的問題，因統計資料不完全只能瞭解到大概，但是據《中華基督教年鑑》，開辦了如表1所列的學校。[7]又根據筆者所收集到的1932年蘇格蘭教會外國傳道委員會報告書，該教會在滿洲開辦了兩所大學水準的學校（瀋陽醫科專門學校與滿洲基督教長老會神道院）之外，還經營了1所高等學校和26所初等學校教育機關。兩所大學共有學生200名。[8]另外，在表1中標記為中學的學校（海外傳教委員會的標記是 High School），伴隨滿洲國建立學制──即經過被編入滿洲國的教育行政與教育法制的管理和控制的過程──成為擁有參加大學入學考試資格的國民高等學校。

　　如同後述，滿洲的基督教學校從1935年起面臨強制參加祭孔的問題，1937年以後則因私立學校令和學校法人化問題而大

7　《中華基督教年鑑 12　1933年》，頁365。

8　Conference of British Missionary Societies Archives London China, Manchuria (H-6050 Box397 E.T China51), No. 6, Minutes of Foreign Mission Committee of United Free Church of Scotland, 1932.

受動搖。到此時爲止，開辦在滿洲的中高等水準的新教基督教學校，據滿洲國文教部的統計共有23校（包括神學校則24校），其細目如表2（爲供參考，天主教學校也一併記載）。[9]

表2：施行私立學校令以後的基督教學校（中等以上）

學校類別	城市名	學校名	傳教會、教會
神學校	奉天	滿洲基督教長老會神道院	蘇格蘭、愛爾蘭
大學	奉天	奉天醫科大學	蘇格蘭、愛爾蘭
國民高等學校（授予參加大學入學考試資格）	吉林	吉林文光國民高等學校	愛爾蘭
	齊齊哈爾	齊齊哈爾龍江國民高等學校	齊齊哈爾天主教會
	延吉	龍井恩眞國民高等學校	加拿大聯合協會朝鮮傳教會
	安東	關材溝三育國民高等學校	丹麥路德教會
	奉天	奉天文華國民高等學校	蘇格蘭
		奉天文會國民高等學校	愛爾蘭
	法庫縣	法庫崇德國民高等學校	愛爾蘭
	營口	營口培眞國民高等學校	愛爾蘭
	新民	新民文會國民高等學校	愛爾蘭

9　民生部厚生司，《宗教調查資料　基督教調查報告書》，康德七年（1938年）十二月。

	遼陽	遼陽文德國民高等學校	蘇格蘭
	四平街	四平街曉東國民高等學校	天主教加拿大 Viatoris 修道會
	北鎮	北鎮崇一國民高等學校	愛爾蘭
	錦州市	錦州育堅國民高等學校	愛爾蘭
女子國民高等學校	新京特別市	新京萃文女子國民高等學校	愛爾蘭
	延吉	龍井明信女子國民高等學校	加拿大聯合協會女傳教會
	奉天	奉天坤光女子國民高等學校	愛爾蘭
	開原市	開原文光女子國民高等學校	蘇格蘭
	遼陽市	遼陽育才女子高等學校	蘇格蘭
	營口市	營口培眞女子國民高等學校	愛爾蘭
	新民市	新民崇實女子國民高等學校	愛爾蘭
		大孤山崇正女子國民高等學校	丹麥路德會
	齊齊哈爾	齊齊哈爾龍江實業女學校（該校是兩年制學校）	齊齊哈爾天主教會

　　如上表所示，蘇格蘭系統與愛爾蘭系統的基督教學校對法人化抵抗到底，取得該統計後不久，最終完全退出了基督教學校的經營，兩教會所經營的學校都變成了公立學校。可以說滿洲國的基督教高等教育最終幾乎都被淘汰了。究竟事情是怎樣到達這種

地步的？在下節概觀管理和統制了基督教教育的教育政策的變遷，考察經營基督教教育的傳教士和支撐他們的新教教會是如何面對這一壓力的。

三、滿洲國的教育政策與新教基督教學校

（一）建國理念的確立與祭孔典禮的舉行

1932 年 3 月 1 日滿洲國執政溥儀向內外發布了「建國宣言」。在宣言裡溥儀說明了建國精神──「實行王道主義，必使國內一切民族得慶新生，保東亞永久之光榮，爲世界政治之模範」，也提到了教育對實現這一精神的重要性──「如若更進一步言教育之普及，當尊崇禮教爲是」。同月 24 日國務總理鄭孝胥下令「各校課程，應使用及講授四書孝經，以便尊崇禮教」，同時下令在中華民國使用的教科書全部作廢（院令第 2 號），[10] 作爲國家目標提出了撤換三民主義，普及以王道主義爲基礎的教育。

同年 7 月，隸屬於民生部的文教司，從民生部獨立成爲了文教部，並舉辦了各省教育長會議，開始了實質上的教育行政。幾乎與此同時，文教部向各省長發出了嚴格取締有不懸掛國旗，不服從廢止三民主義教科書的命令傾向的「宗教團體所設立的學校」的訓令（文教部訓令第 4 號）。[11]

10　《滿洲國政府公報》第一號、大同元年三月二十五日、院令第二號。
11　《滿洲國政府公報》第三十五號、大同元年七月二十六日、文教部訓令第四號。

據說有一些基督教學校還保留著服從中華民國的教育政策得到政府承認的中華民國時代的習慣，教室裡還掛著蔣介石的肖像畫。[12] 可以說，一律取締那些學校的內容是滿洲國教育行政對基督教學校施加的最初的壓力，可是被取締的學校好像卻並未覺得事態有多嚴重。

又逾一個月，8月23日文教部向各省區發布了「孔子秋祭舉行辦法」，下達了以下通知：即，首都新京自不待言，滿洲各地應舉辦孔子的秋祭大典；為了祭典，應修繕任憑放置荒蕪的孔廟；為了培養舉行祭孔典禮的心態，應製作闡明祭孔意義的小冊子，學校應教授兒童及學生孔子的生平與他的學說；舉行當日地方自治體應主持市民全體大會，眾人一起讚頌孔子等。[13]

這個時候還沒有向基督教學校強行要求祭孔大典時參拜孔廟。基督教學校也沒有特別反對八月通知，或是舉行慶祝孔子誕辰的活動，或是配合春秋兩祭向孔子表示敬意，安排解說孔子學說的機會等，還表現出了一定的配合。[14] 雖然追思孔子的聚會是為評價基督教學校對建國精神的忠誠度而設的，但是只要不伴隨「供犧牲禮拜」的行為，基督教學校沒有把這種活動看做是對信教自由的侵害。

建國理念與與之相符的教育方針發表後不久，11月滿洲國

---

12   Fulton, p. 90.

13   昭和七年八月二十三日、文化事業部普通公第五二〇號、孔子祭秋季祭典舉行ニ關シ滿洲國文教部ノ通令報告ノ件。

14   International Missionary Council Archives, 1910-1961, WCC, Geneva, Sino-Japanese Relations（以下IMC）No. 2, Statement re Enforcement of Confucian Temple Worship in Christian Schools in Manchukuo, Nov. 12th, 1936.

文教部制定了由14條構成的「有關傳播宗教及寺廟規定」。根據此規定，欲設立宗教設施之時，須將其設立宗旨、地點、母會宗派、教派、教理內容、經濟擔保、不動產資訊、管理方法、領導人（管理人）的姓名、地址以及信徒數等全數報告，接受「文教部總長的許可」（第3條）之外，還把宗教設施的遷移、合併及廢止（第4條），不動產的處理（第7條），募捐（捐款）（第9條）等也改成認可制。而且在第13條規定「不許傳布紊亂社會治安，傷風敗教，與國家宗旨背道而馳的宗教，或妄加做出屬於迷信的行為」，使根據政府的恣意判斷的宗教管制成為可能。[15]這個規定將基督教教育的管理母體即基督教會也當成了監視對象。可以說，它是使滿洲國的基督教管制具體形象化的第一步。

（二）強制參加祭孔的開端──1935年

滿洲國執政溥儀在建國之時所標榜的精神，正如他作為滿洲國皇帝訪問日本之後所發表的《回鑾訓民詔書》（1935年5月2日）所示，是通過「擁戴萬事一系皇統的日本與滿洲的一億一心」「日滿一體」的新的國家目標與皇道思想、王道主義的牽強附會開始變質的。對基督教學校開始強烈地要求參加祭孔，就是「詔書」發表後不久之後的事情。從王道主義的脫軌與強制參拜孔廟在時間上重合的一點，讓人饒有興味。因為建國理念已經開始變得空洞無物，所以應該要理解，強制要求參加祭孔的目的並不在

15　滿洲國文教部ノ宗教宣布及寺廟ニ關スル規定公布方ニ關スル件。

把建國理念徹底灌輸到教育現場，而在於牽制否定「日滿一體」的反滿抗日舉動。

同年的1935年秋，吉林市當局向愛爾蘭長老會經營的基督教學校文光中學發出邀請，希望派學生參加同市內舉行的秋季祭孔大典。校長麥克沃特（James McWhirter）拒絕派遣基督徒學生（對非基督徒學生則允許參加）。結果吉林市當局宣布，這個儀式是非宗教的，學生參加儀式是義務，學校須遵守此項義務，若不遵從就會凍結補助金，讓日本人教師退出學校，政府將下停辦的處分。學校向市當局交涉，作為參加祭孔的替代手段，希望製造向國家效忠的機會，可是完全沒有被理睬。[16]

秋季大典是每年9月舉行的，所以邀請參加大典也大概是這一時期下達的命令。在這個騷動還沒有冷卻的9、10月間，發生了一起使基督教所處的情況更加糟糕的事情。就是，吉林與奉天的基督教相關人士大量被捕的事件。事情的導火線是，為了援助貧困小孩接受教育以每週捐獻一文錢為目的，由一些年輕人成立的慈善團體，被懷疑為「祕密結社」與「共產主義小組」。[17] 因被捕的基督徒之中有牧師、奉天醫科專門學校的教員、基督教青年會的祕書等，好多人居於領導地位，所以對基督教界的直接影響是極大的。通過這件事情，清楚地暴露了滿洲國政府把沒有承認滿洲國的國家的教會為背景的基督教看作「不順從宗教」懷有疑念與敵意的事實。拒絕參拜孔廟，則帶來了更加增大這種疑念的結果。

16　IMC, No. 2, Religious Liberty Under Japanese Rule. Statement, Nov. 12th, 1936.

17　Fulton, 1967, pp. 95-113.

（三）對基督教學校的國家管制與強制參加祭孔──1936 年

　　吉林文光中學被立於困境的第二年，奉天省遼陽市用書面要求蘇格蘭教會系統的文德中學（男校）與育才女校參加春季大典。為了製作會議資料，傳教士摘譯了這部文件，[18] 文中有對參加時的注意事項和參拜順序的說明，由此可以具體地瞭解到基督教學校是把參加祭孔的哪一部分當成問題的。文件上有「祭祀前三天前起要沐浴淨身，避吃葷食」的事前準備的命令外，還寫著 8 項有關儀式的順序。即，燒香並且以規定的歌與大鼓迎神；獻上規定的供品（食物）；向神位（在傳教士眼裡那只是一張木板）反覆磕頭；送神等。傳教士認為供品就是供犧牲，「向供犧牲的神」「磕頭」就等於禮拜，這是無法接受的。

　　校方提出申請，希望用學校裡的儀式代替參拜，可是沒有被允許，兩校都不得不派學生去孔廟，那之後每月都要求去參拜一次。[19]

　　遼陽市的兩個學校參拜孔廟後的 5 月，發生了文光中學的學生在市政紀念日的典禮上作出被認為「不敬」的舉動，被員警注意的事件。前一年秋的拒絕參拜孔廟一事，再加上這次的「不敬問題」，估計該校被當局視為「要注意學校」。並且到了 7 月 7 日，滿洲國文教部準備了一次與參與基督教教育的傳教士們的會談。參加這次在新京舉行的會議者，除了吉林文光中學校長麥克

18　IMC, No. 2, Translated roughly from an official order of service issued by the local educational authority at Liaoyang, Manchuria.

19　IMC, No. 2, Statement, Nov. 12th, 1936.

沃特等四名傳教士之外，還有受到關東大會的邀請的日本基督教聯盟總幹事海老澤亮。

這次7月舉行的會議上，文教部向傳教士們分發了由其製作的「指導文（Directions）」，這個「指導文」的英譯本被提出到8月舉行的傳教士會議上。鑒於此資料的重要性，把概要記在下面以供參考。[20]

Ⅰ 有關《回鑾訓民詔書》之精神的完全理解

《回鑾訓民詔書》的精神與基督教的博愛主義有親和性。規定傳教士們也應擔當為王道主義的實現灑汗水的義務。

Ⅱ 有關宗教團體的管理

滿洲國建國以前過於傾向宗教不干涉主義，以致過度的宗教自由威脅到了社會秩序。因此文教部表明了宗教團體的正確的存在方式，廢止異端思想，對所有的宗教團體要求實現建國精神。為貫徹這一方針，①管理宗教團體，②規定所有的團體都要對集會做報告。禁止在教會的集會上議論政治、經濟問題。

Ⅲ 有關教會信徒名冊的製作、傳道人姓名的登錄

Ⅳ 有關關於各教會提交資產、說教內容的年度報告

Ⅴ 有關遵守各省關於私立學校的規定

Ⅵ 有關在課堂上禁止宗教教育

本國的教育應遵循建國精神與《回鑾訓民詔書》的精神，至於由宗教團體設立得到官方認可的學校，在課程內不

20　民生部社會司，《宗教調查資料第二輯　吉林、間島、濱江各省宗教調查報告書》，康德四年（1937年）十一月，頁32-33。

能編入宗教教育，也不可舉行宗教儀式。

　　文教部此時除了上述的文件之外，還分發了提交處爲滿洲國政府的宗教團體調查表，要求填寫後提交。填寫項目有教職員的人數、信徒人數、國籍、年度收支、不動產、教職員的工資、學校以及醫院等附屬設施的財政狀況等，共 16 項，顯示了欲加強對教會的管理體制的政府的意圖。

　　最後，會議快要結束的時候，吉林文光中學最初拒絕參拜一事再度被提起。文教部一方所用的修辭是，該問題是關乎遵守法律的問題，不是宗教上的問題，如果違背國法會成爲接受停辦處分的對象。[21] 該校校長麥克沃特被迫在遵守國法的誓約文件上簽名，而其他出席者也被迫作爲證人簽署了姓名。就這樣，參加秋季大典成爲了全基督教學校的義務。

　　秋季大典前後的 9 月 21 日，這次是奉天省教育廳召集奉天市內的私立學校代表進行了長達三個小時的會議。訓斥各校：建國精神、《回鑾訓民詔書》以及日滿一體是最爲重要性的，爲了制止反對這些精神的邪惡思想的蔓延，各校當局要做好管理，如果宗教學校重視建學精神多於建國精神，將不許其繼續存在。除了這些，還令人關注的是，要求奉天市內的所有基督教學校（共10 所），申辦「批准立案（認可登錄）」。這是根據文教部方針所提出的要求，嚴令各校，對於沒有立案的學校，市方會個別訪問進行視察，完成立案的學校則會嚴加管理，如不提交立案申請

21　　IMC, No. 2, Statement, Nov. 12th, 1936.

書，將會做出停辦處分。[22]

在這個時段上滿洲國的學制尚未完成，私立學校令也還未公布，但是可以看出邀請立案的意志在此時已經明確地傳達到基督教學校。

（四）參加祭孔與學校的存廢問題——1937年

參加祭孔大典和要求立案的雙重壓力不斷加強的情況下，1937年3月23至24日舉行的滿洲傳教會議，全場一致採納了如下的有關參加祭孔、參拜孔廟的基本見解。[23]

1. 如果舉行伴隨供犧牲的儀式，即使我們的學校被捲入停辦的危機，也不去參拜孔廟。
2. 對於從基督教的信仰出發舉行的紀念孔子的儀式或典禮則不反對。反而推薦舉行這種儀式或典禮。
3. 如果地方當局除了伴隨供犧牲的儀式的時期以外要求參拜孔廟，參加與否由各校自己判斷。

對於反覆出現的「伴隨供犧牲的儀式」，傳教士在意的是，這個行為面向神的存在，明顯地象徵著異教禮拜。對於3，還附記著，可以的話最好是不參加儀式，如有機會須向當局請願不參加，陳述基督教學校的立場，而且在學校舉行紀念典禮的時候，

22　IMC, No. 2, Report of a Meeting of Representatives of the Moukden Private Schools Called to the Municipal Office. 21st September 1936: 10a.m. till 1p.m.

23　IMC, No. 2, Manchurian Conference of Scottish and Irish Missions, March 23-24, 1937.

也須向學生說明典禮是爲表示對孔子的尊崇的，並不是對神聖的存在的膜拜。

1936 年末回愛丁堡暫時省親的傳教醫生加文（Hugh S. D. Garven）在外國傳教委員會會議上報告了 1935 年以後的一連的動靜與滿洲傳教會議的想法。保持節操還是做出妥協，應該選擇哪一條路？對於這個問題，教會本部也理解他們沒有立場指示在現場的傳教士和教會人士該怎麼做。[24] 據加文在外國傳教委員會上的發言，滿洲教會人士們的認識和主張各不相同：有些人主張接受政府的要求，教會只要等待暴風雨過去獲得自由的日子就好；有些人則表示堅決反對。據說，後者包括剛信教的擁有樸素的信仰的農民與經歷過義和團事件的老人們。[25] 雖然，到底是基督教一方的理解，但是義和團襲擊教會的時候他們曾面臨殉教的危機。可以說，因信仰而失去自己的所有的經驗，鍛煉了他們的信仰，成爲了他們保持節操的原動力。

加文說，這基本上是滿洲國的教會的良心問題，不是傳教士可以命令他們的事情。如果拒絕政府的要求，基督教學校可能被取消立案，政府將會接手學校財產改爲公立學校。「基督教學校關門這一最壞的情況，意味著教會將失去基督教教育的支援，爲栽培中國人教會的領導人方面帶來很大的影響。政府的目標是如何有效地把樹砍倒。失去高等教育，偏重實學與技術的傾向會越來越加強。其教育將被打造成適合於軍事目的的形態，提供體能

24　Fulton, p. 123.

25　IMC, No. 3, Notes of a Speech made to the Convener's Committee of the Foreign Mission Department of the Church of Scotland at 121, George Street, Edinburgh on Tuesday, 29th December 1936 by Dr. H. S. D. Garven on his Arrival from Manchukuo.

訓練與軍事演習」。[26] 3 月，滿洲傳教會議所做出的結論是執意選擇加文所描述的最壞的結局。

可是實際上，學校停辦這個最壞的結局，並不是由參拜孔廟問題造成的。不知道那之後，基督教學校把不參加伴隨犧牲的孔廟儀式的原則貫徹到什麼程度。雖然與施壓壓力強迫參拜的當局有過激烈的爭論，但至少沒有一所學校因為拒絕參拜孔廟而受到停辦處分。相反，掌握學校存廢關鍵的問題，由參加和參拜祭孔急速的轉變為「法人化問題」。

作為 1936 年以後在滿洲國撤銷治外法權的重要背景，1937年末出臺了私立學校令。由外國傳教團開辦的基督教學校直到那時一直都處於治外法權的保護之下。可是，實施私立學校令後情況為之一變，如果不順從法令接受批准立案取得法人格，將不能開辦下去（傳教團體也被要求取得宗教法人格）。如表 2 所記，天主教與路德教會辦的基督教學校遵從法令回應了立案的要求。可是蘇格蘭以及愛爾蘭長老教會系統的學校，花費相當長的時間討論了應否設立學校法人的問題，不想著急地得出結論。[27]

私立學校令實施後的 1938 年 1 月，滿洲傳教會議設立了由兩個教會各派 6 名代表組成的委員會，開始檢討了法人化的問題。議論的中心是，就算被強制神社參拜基督教教育被脫胎換骨也要為了保存學校組織而決心法人化，還是為了保持節操退出基督教教育。事實上，此時起參拜孔廟已經開始被參拜神社所替代，到 1939 年夏參拜孔廟變成了任意參加的問題。

---

26   Ibid.
27   Fulton, pp. 133-139.

1939 年 1 月傳教會議決議，如果政府不承認基督教學校繼續保持基督教性質的課外活動，執行代替參拜廟與神社的宗教儀式等五項條件，就不設立學校法人。[28] 而滿洲國政府卻全部駁回了這些要求。於是 1939 年 10 月傳教會議決議，不設立學校法人，退出基督教教育。到第二年，蘇格蘭聯合長老教會與愛爾蘭長老教會雖然表示了很大的失望，但還是贊成了這個決議。之後，兩教會管理下的學校之中，8 所學校由滿洲國政府購買，然後改頭換面變成了公立學校。

第二年的 1940 年，新京建立了建國神廟，吉林第一中學在全滿洲率先設置了奉安殿。所有這些都是傳教士們早已預料到的。擔任傳教會議幹事的史都華（John Stewart）在寄給本國的信中，再次確認了宣教會議所下的決斷的正當性，他說：今後奉安殿的設置將會逐漸推廣，「我們是在最好的時機退出教育的」。[29]

四、代結語

繼承愛丁堡（1910）會議，於 1921 年成立的世界傳教協議會（International Missionary Council）的機關刊物 *International Christian Press Information Service* 第 38 號（1939），對滿洲國的基督教學校與神社參拜，做出了如下的一段興味盎然的指摘：「被要求出席（春秋兩季的祭孔大典）進行參拜一事，對傳教士而

28　Fulton, pp. 136, 360-361.

29　Copy letter from Rev. John Stewart, secretary, Manchuria mission conference, of date 16th August, 1940 to Rev. A. S. Kydd, re information sent in previous letters, Archives of Church of Scotland, Acc.7548-B22 Manchuria.

言，對中國人（基督徒）而言，都是極為深刻的問題。最近有些地方還發出了須去參拜神道神社的命令。而且也有數名牧師在自己的教會裡掛著天皇的照片。祭孔大典強烈的給人它是一種專門為了使人無法抵抗地接近神道而準備的印象」。[30]

雖然禮拜的對象不同，強制的程度也不一樣，但是如同這位撰稿人所言，參拜孔廟與參拜神社是相連的，並且兩者的關係應是後者將前者當作踏板利用的關係。當初不帶強制性的祭孔，自王道主義開始形式化，皇道意識被推到前面的時期起，逐漸變成對基督教學校的強制要求。由此祭孔失去了符合滿洲國的建國精神的意義，開始變成衡量對滿洲國的忠良度的道具。

30　CBMS, No. 9, International Christian Press and Information Service, No. 38, October, 1939.

戰火下的關懷：「協進會」對中日戰爭與淪陷地區的報導

王成勉[*]

摘要

　　「中華基督教協進會」（以下簡稱「協進會」）是民國時期最大的教會聯繫與合作的機構，加入的宗派與團體的成員，佔全國基督徒人數六成以上，在教會界有相當大的代表性。其出版之中英文教會年鑑，不但是重要教會史料，更可以視爲當時教會界之意見。惟過去未曾有專文來論述「協進會」出版之年鑑。由於參加「協進會」的宗派與機構甚多，同時又有著中外的教會團體，年鑑在出版上又要拿捏政教觀與基督教的和平精神，必須顧及眾多的層面，很可以突顯當時教會的特色。本文現以「協進會」出版較完整之英文年鑑（*China Christian Year Book*），來檢視從「九一八事變」以後到「珍珠港事變」前，「協進會」在中日衝突中的立場，以及對於日本佔領區下教會的報導。

關鍵詞：中華基督教協進會、抗日戰爭、淪陷地區、*China Christian Year Book*

---

[*]　　國立中央大學人文研究中心研究員。

一、前言

　　抗日戰爭給與當時的基督教會帶來巨大的衝擊。當時基督教入華已經一百多年，教堂、醫院、學校，以迄各種慈善與社會組織遍布中國各個省分，故自戰爭伊始，教會就受到或大或小的衝擊。不但是教產受到戰火毀壞，教勢發展受到影響，傳教士與中國的教會領袖、信徒死於戰火，或是遭到日軍下監、殺害的案例非常多。但是換個角度來說，八年抗戰猶如一塊試金石，讓基督教會在患難中顯示出信仰的特色與世界性，在爭取國際支援、照顧傷病、救濟難民上受到國人的肯定。而教會亦展現強大的生命韌性，不但在日據地區安撫民眾，許多教會事業西遷後，在西南有廣泛的開展，整體的信徒人口也繼續增長。

　　抗日戰爭時期的教會史，是民國教會史中非常欠缺研究的一個階段。[1] 而此時期在淪陷地區的教會與信徒，更是極少受到關

1　在抗日時期的基督教方面，主要作品略有如下：一、專書：目前中外仍無專書出版的部分，就是抗戰時期的基督教會。在每一本中國基督教史的通論著作中，抗戰時期的篇幅一定是稀少又非常不完整的。香港的近代中國基督教史學會特別於 2009 年舉辦「抗日戰爭時期的中國教會」（並在兩年後出版論文集：李金強、劉義章主編，《烈火中的洗禮——抗日戰爭時期的中國教會》（香港：宣道出版社，2011）。這些都是單篇論文，而且基於個案研究，雖然各論文可以看出不同面向的思考，但此會議的結果是發現更多深待研究的問題。英文有一本教會西遷的簡介（Robin Chen and G. Carleton Lacy, *The Great Migration and the Church in West China*, Shanghai: Thomas Chu & Sons, 1941），概述當時一些教會機構、學校遷移到後方的情形。由於早在 1941 年出版，能夠涵蓋的面向與能使用的資料都非常少。二、學術期刊及收入專書之論文：舉其要者如：余牧人，〈抗戰八年來的教會〉，《基督教叢刊》，第 9 期（1945 年 2 月）；劉傑貞作，鄧肇明譯，〈抗日時期的基督教〉，《景風》，第 47 期（1976）；徐以驊，〈「九一八」之後中國基督徒對戰爭與和平問題的思考與討論〉，載劉家峰主

注。當時部分教會、教堂與教會組織選擇留下，沒有停辦或搬遷。他們的考量，一方面基督宗教在宗教立場上是超越國境的，另一方面在淪陷區的民眾（特別是信徒）也是需要照護。所以在日軍所攻佔時，他們在淪陷區繼續運作。但是他們的考量、他們的遭遇與處境、他們在政治上的拿捏，以及他們與自由地區教會的關係，長期以來都極少受到學術界的研究與討論。[2]

編，《離異與融會：中國基督徒與本色教會的興起》（上海：人民出版社，2005）；劉家峰，〈近代中日基督教和平主義的命運——以徐寶謙與賀川豐彥為個案的比較研究〉，《浙江學刊》，2007 年第 2 期；黨潔，〈中華全國基督教協進會與抗戰時期難童救濟〉，《安慶師範學院學報》，2008 年第 5 期；趙曉陽，〈抗日戰爭時期中國基督教青年會軍人服務部研究〉，《抗日戰爭研究》，2011 年 第 2 期， 頁 31-39。M. Searle Bates, "The Protestant Enterprise in China, 1937-1949," in W. C. Harr (ed.), *Frontiers of the Christian World Mission Since 1938: Essays in Honor of Kenneth Scott Latourette* (New York: Harper and brothers, 1962); Timothy Brook, "Toward Independence: Christianity in China under Japanese Occupation, 1937-1945," in Daniel H. Bays (ed.), *Christianity in China: From the Eighteenth Century to the Present* (Stanford: Stanford University Press, 1996), pp. 317-337。三、學位論文：例如徐炳三，〈近代中國東北基督教——以政教關係為研究視角（1867-1945）〉（武漢：華中師範大學博士論文，2008）；程新，〈抗日戰爭時期的中華全國基督教協進會〉（武漢：華中師範大學中國近現代史碩士論文，2009）；萬娟娟，〈信仰與政治的角逐——對中華全國基督教協進會後期歷史的審視（1945-1950）〉（武漢：華中師範大學中國近現代史專業碩士論文，2012）；王淼，〈華北淪陷區基督教會研究——以衛理公會為中心，1937-1945〉（武漢：華中師範大學中國近代史研究所博士學位論文，2013）。Jocelyn Mary Chatterton, "Protestant Medical Missionary Experience during the War in China 1937-1945: The Case of Hubei Province" (Ph.D. Dissertation, University of London, 2010).

2　著名的基督教史學者裴士單（Daniel H. Bays），在其 2012 年的著作中即認為如此。Daniel H. Bays, *A New History of Christianity in China* (Malden, MA: Wiley-Blackwell, 2012), p. 143. 不過裴士單沒有注意到，在他書籍出版前至少已有兩本論著討論到此主題，一是：徐炳三的博士學位論文，〈近代中國東北基督教研究——以政教關係為研究視角（1867-1945）〉；另一是：陳智衡，《太陽旗下的十架：香港日治時期基督教會史（1941-1945）》（香港：建道神學院，2009）。另王淼的博士論文，〈華北淪陷區基督教會研究——以衛理公會為中

本文試圖探討基督教界如何看待這場中日戰爭，以及他們對於淪陷地區教會的態度。對於基督教界的探討，相較於其他社會團體，有幾個先天不一樣的地方。基督教界的觀點之所以值得注意的原因，在於基督教是力倡愛與和平的宗教，其教義核心是神愛世人，甚至讓愛子耶穌為世人而死以完成神對人類的救贖。一般而言，傳教士在入華宣教時保持政教分離的立場，多不介入政治的事物，亦甚少教導政教關係的理論與實際。是以當中國在政治上發生變動時，教會界會持何種態度與解讀，當是值得探討。進一步來說，民國時期的教會界，仍是以中西合作為主。[3] 教會機構中的主要成員中外人士均有。所以其立場與發展政策，既要顧及中國實際的環境，又要尊重西方傳教士的立場與考量。當時西方傳教士對於中國的認知、對於中日戰爭的看法，以及對於戰時教會的因應方式，是否與中國基督徒有所差異，也是值得注意的地方。另外一個需要注意的地方，就是教會界對於淪陷區的教會與信徒的討論。在日本佔領下，有許多教會、教堂與教會組織

───────────

心（1937-1945）〉亦對此主題有深入的研究。加拿大學者 A. Hamish Ion 的三冊著作（Vol. 1, *The Cross and the Rising Sun: The Canadian Protestant Missionary Movement in the Japanese Empire, 1872-1931*; Vol. 2, *The Cross and the Rising Sun: The British Protestant Missionary Movement in Japan, Korea, and Taiwan, 1865-1945*; Vol. 3, *The Cross in the Dark Valley: The Canadian Protestant Missionary Movement in the Japanese Empire, 1931-1945*），是此領域非常重要的專著，探討日本帝國與英、加傳教士的互動。惟作者主要在使用傳教士檔案，故解釋不夠完全，同時缺少本地教會與信徒的聲音，也缺少日本帝國下各地區教會的比較。

3　例如著名的基督教史學者裴士丹（Daniel H. Bays），認為此係民國時期基督教會史的一個特色，提出了 "Sino-foreign Protestant establishment" 的說法。Daniel H. Bays, "The Growth of Independent Christianity in China, 1900-1937," in Daniel H. Bays (ed.), *Christianity in China: From the Eighteenth Century to the Present* (Stanford: Stanford University Press, 1996), p. 308.

在繼續運作，則他們是受到何種待遇，在自由地區的教會界又如何看待，這也是過去欠缺討論的地方。

　　鑒於民國時期教會團體眾多，意見也未必一致，所以本文以「中華全國基督教協進會」（以下簡稱「協進會」）做為研究的對象。該機構是民國時期最大的中西教會的聯合組織，加盟此組織的宗派與機構分布全國各地，佔當時一半以上的基督徒人口，可視為代表著當時教會界的主流意見與立場。至於研究材料則以「協進會」出版的英文版的教會年鑑為對象。教會年鑑是代表性的出版品，並非是即時倉促之作，而參與撰寫的作者往往是由非常熟稔該主題的人士，故在內容上頗具份量，可以說是具有代表性。至於年鑑的時期，則是從 1931 年的「九一八事變」開始，到 1940 年為止。此後年鑑因為戰爭而停止出版。本文將分三個部分來進行。第一部分是討論「協進會」與英文版的教會年鑑，第二部分是年鑑對於中日戰爭的態度與介紹，第三部分則是論述年鑑如何報導淪陷地區教會及其相關事工。[4]

二、中華全國基督教協進會與英文教會年鑑

　　由於基督教特殊的性質，教會組織極為繁雜。不但有許多國

4　「事工」之英文為 ministry 或 Christian ministry，一般是指教會所推展之工作。該詞源自希臘文 diakoneo（侍奉），或 douleuo（像奴隸一樣的侍奉）。根據聖經新約，「事工」可以被視為「侍奉神，或侍奉奉神的名的人。」耶穌為基督教事工提供了榜樣，就是「人子來不是要受人的服侍，乃是要服侍人。」《馬太福音》20 章 28 節。參見 "What is Christian ministry?"，http://www.gotquestions.org/what-is-ministry.html。

外傳教士所建的教會，同時也有國人自立的教會組織，彼此未必能夠合作或往來。到 1920 年代時，已有 130 多個教會團體在華從事的各種宣教事業。然成立時間不一，在人數與發展方向上也有很大的差異。教會界亦注意到這種教會組織眾多雜亂的現象，有可能造成事工重複、資源浪費，所以在 1920 年代組成了一個教會界的合作團體——「中華全國基督教協進會」。

中華全國基督教協進會

「中華全國基督教協進會」可以溯源到基督教界在 19 世紀後期傳教士的合作趨勢。由於傳教士考慮到中國幅員廣大、人口眾多，基督教界不需要在各地區競爭。另一方面，基於從節省時間、精力與開支的因素，他們更會思考在宣教上的合作。所以在華的傳教士於 1877、1890、1907 年開過三次宣教大會，成立一些委員會來討論共同興趣的主題，收集與出版傳教士的消息與統計，並收集各地的觀點以探索合作之可能。[5]

這種宣教的合作剛好符合世界基督教的合作趨勢。世界宣教大會（World Missionary Conference）於 1910 年 6 月在愛丁堡召開。基督教界熱烈討論教會間的合作與宣教問題。[6] 會後特別組

---

[5] *Records of the General Conference of the Protestant Missionaries of China held at Shanghai, May 7-20, 1890* (Shanghai: American Presbyterian Mission Press, 1890), pp. xlviii-ix.

[6] 此次會議被認為是奠定基督教「普世運動」（ecumenical movement）的基石，對於整個「普世運動」的推行具有深遠的影響。愛丁堡大會的成功是基於三個原則：一、由各宗派的正式任命的代表出席；二、維持寬廣的宗派包容性；三、不要求在神學上與信念上的一致性，僅在基本事工上進行合作。Norman E. Thomas, "World Mission Conferences: What Impact Do They Have?" *International Bulletin of Missionary Research*, Vol. 20, No. 4 (October 1996), p. 148.

成了愛丁堡續行委辦會（Edinburgh Continuation Committee），以推廣教會在宣教事工上的合作，並委派穆德（John R. Mott）到亞洲推動此事。[7] 穆德巡迴亞洲宣教區，在華即召開七次的會議。在 1913 年最後一次的會議中，大多西教士與中國教會領袖對合作宣教熱烈響應，並且通過決議，成立「中華續行委辦會」（China Continuation Committee），作爲聯絡福音事工的辦公室。[8]「中華續行委辦會」是過渡時代的臨時委員會[9]，也就是「協進會」的前身。

「協進會」誕生於 1922 年召開的「全國基督教大會」。此大會是基督教在華發展史上的重大創舉。是歷史上第一次中國基督徒在大會中佔多數，中文也成爲會議正式語言[10]，同時中國基督徒積極參與，並且在會中扮演重要的角色。[11] 會議的代表來自中

7　John R. Mott, *The Continuation Committee Conferences in Asia 1912-1913: A Brief Account of the Conferences together with Their Findings and Lists of Members* (New York: The Continuation Committee of the World Missionary Conference, 1913), pp. 9-10.

8　John R. Mott, *The Continuation Committee Conferences in Asia 1912-1913*, pp. 186-385; and *Findings of Regional Conferences Held by the Edinburgh Continuation Committee Under John R. Mott., 1913* (n.p., 1913).

9　E. C. Lobenstine, "Report of the China Continuation Committee to the National Christian Conference," in F. Rawlinson and others (eds.), *The Chinese Church as Revealed in the National Christian Conference Held in Shanghai, Tuesday, May 2 to Thursday, May 11, 1922* (Shanghai: The Oriental Press, 1922), p. 75.

10　當時中國方面有 474 位一般代表和 90 位團體代表，而外籍人士則有 453 位一般代表、46 位差會代表與 33 位團體代表。

11　例如誠靜怡被選爲大會的會長，而副會長則由巴慕德（Harold Balme）、鍾可託、畢範宇（Frank W. Price）擔任。由於基督教界的廣泛參與，這次的會議被認爲是「中國基督徒在中國第一次眞正的代表性集會」。G. R. [Graves], "Interpretative Introduction," in F. Rawlinson and others (eds.), *The Chinese Church as Revealed in the National Christian Conference Held in Shanghai, Tuesday, May 2 to Thursday,*

國各地，與會者代表每一種教會的事工，反應每一類教會團體的意見。[12] 而此大會通過成立的「協進會」，共有16個公會及6個教會團體參加。這些團體含括信徒的人數佔全國之半，故「協進會」當是中國最大的基督教組織。

當「協進會」於1923年5月舉行第一屆年會時，中華基督教青年會全國協會的總幹事余日章被選爲會長，副會長則由羅運炎與巴慕德（Harold Balme）擔任。21名執行委員中，中國人佔12人，西人9名，以上海爲工作中心。4名專職的幹事則是中西各半，分別爲誠靜怡、羅炳生、范玉榮、霍德進（Henry T. Hodgkin）。

儘管「協進會」是如此轟轟烈烈的成立，其仍有受到兩項先天的障礙。一是某些傳教士本位主義的影響，另一則是神學上見解的差異。事實上，「協進會」從未得到傳教士界全面的支持。甚至在籌組「全國大會」之時，教會界主力之一的美南浸信會（Southern Baptists）即拒絕參加大會。1926年3月，「協進會」的一個主要力量——中國內地會退出「協進會」。沒有多久，宣道會（The Christian and Missionary Alliance）也決定不再參與。[13] 後來更有32位傳教士發表公開信，指責「協進會」超越其權限，並且因其政治活動導致分裂，更讓宣教團體的一大部分（a large part of the Missionary Body）對其失去信心。[14] 雖然「協進會」低

May 11, 1922, p. III.

12 G. R. [Graves], "Interpretative Introduction," p. IV.

13 *The National Christian Council: A Five Years' Review, 1922-1927*, pp. 29-30.

14 此公開信之原稿，見 "Public Statement, Shanghai, April 7th, 1927," RG 79-114. (Archives of the Episcopal Church). 簽名的傳教士包括，郭斐蔚（F. R. Graves）主

調回應，但是卻無法再贏得這些人士的友誼與支持。

　　最後還必須提到一項「協進會」的困難，就是傳教士對於像「協進會」一類組織的心態。雖然在宣教事工上能合作進行，是有其便利與重要之處，但是許多傳教士會試圖保持自主的空間。如同學者魯珍晞（Jessie G. Lutz）所指出：許多「協進會」的西方參與者「僅單單是把『全國大會』看為一個交換消息的場所，並試圖設計出一個協調宗派之間事工的單位。但是一小群人士懷抱著過於高遠的期望。」[15]

　　雖然「協進會」內有宗派主義與神學立場的爭議，外有1920年代的「非基督教運動」的抨擊[16]，「協進會」還能繼續成長，維持其為在華最大的基督教團體。到1937年時，參加「協進會」的眾多基督教團體，其受餐信徒（communicant）共為306,000人，佔當時中國受餐信徒總數的61%。[17]

教，聖約翰大學卜舫濟（Francis Lister Hawks Pott）校長，廣學會的莫安仁（Evan Morgan）等人。關於此事件，請參閱 Peter Chen-Main Wang, "Bishop F. R. Graves and the Changing Context of China in the 1920s," in Peter Chen-Main Wang (ed.), *Contextualization of Christianity in China: An Evaluation in Modern Perspective* (Sankt Augustin: Monumenta Serica Institute), pp. 153-181.

15　Jessie Gregory Lutz, *Chinese Politics and Christian Missions: The Anti-Christian Movements of 1920-1928* (Notre Dame, IN.: Cross Cultural Publications Inc., 1988), p. 81.

16　「非基督教運動」指1922至1928年間，因為民族主義、收回教育權運動、共產主義的影響，所引起批評與攻擊基督教的連串事件。請參見 Yip Ka-che, *Religion, Nationalism and Chinese Students: The Anti-Christian Movement of 1922-1927* (Bellingham, WA.: Western Washington University, 1980); Lutz, Jessie G., *Chinese Politics and Christian Missions: The Anti-Christian Movements of 1920-1928* (Notre Dame, IN.: Cross Cultural Publications Inc., 1988).

17　M. Searle Bates, "The Protestant Enterprise in China, 1937-1949," in W. C. Harr (ed.), *Frontiers of the Christian World Mission Since 1938: Essays in Honor of Kenneth Scott Latourette* (New York: Harper and brothers, 1962), p. 9. 受餐信徒（communicant）係

英文版中華基督教會年鑑

年鑑是一種彙編型逐年出版的工具書，是對於某一領域、行業或某一地區或國家做全面性報導，其內容通常被視為具有權威性或代表性。在民國時期，基督教界有中、英文版的年鑑。英文版的年鑑，創刊於 1910 年。此係愛丁堡會議的續行委辦會所推行，交由廣學會來出版。最初使用的名稱為 *China Mission Year Book*，一直出版到第十三期（1925 年）。但是自第十四期（1926 年）起，名稱改為 *China Christian Year Book*，發行到第二十一期（1940 年）才停刊。這兩個不同的名字顯示出中國基督教史的重大變化。在此之前主要是以傳教士的宣教（mission）為主，把中國當作一個宣教地區。而此時中國基督徒在教會事工上有更多的參與和主體性，所以這份出版品在 1926 年就開始採用新名。

年鑑的內容在結構上分成七部分，分別是 National life「國民生活」，Religious life「宗教生活」，Mission and missionaries「宣教與傳教士」，Education and Students「教育與學生」，Social work「社會工作」，Medical work「醫療工作」，Literature「文學」。在其後有多多少少的差異，例如「教育與學生」後來就改成「教育」（Education）；「宣教與傳教士」在第二十一冊改成「傳教士」（The Missionary）；「社會工作」到第二十一冊則改成「救濟工作」（Relief work）。這些變動可以更反應出符合時代的需要與事工。

第一類「國民生活」是有關中國的政治、經濟、外交等；第二類「宗教生活」是有關教會界的各種運動，例如新生活運動、

指主日到教會領受聖餐的信徒。對於受餐信徒的統計資料，比較能夠反映確實參與教會的信徒人數。

吸毒問題、非基督教運動等；第三類以後則主要在討論教會界的各種事工與組織。一般來說，第一類與第二類所佔篇幅並不大，在第三類以後則爲年鑑的主要內容。如以第二十一冊1938-1939的年鑑來看，第一類有八章、第二類爲七章、第三類以後爲二十一章。這可以看出年鑑還是以介紹教會事工爲主。

從內容結構上也可以看出，這本年鑑不但是在報導當時中國的基督教各個層面，也同時含括到政治、外交、社會、經濟的部分。由於這本英文寫作的年鑑，主要是給國外人士和國外教會界所參考，在許多中國國情與教會組織方面，都有非常豐富的背景與歷史發展的介紹。這在中文版的年鑑，就省掉了許多歷史背景。就出版時間來說，中文版的年鑑在「九一八事變」後僅出版了兩期就停刊，這兩期分別爲《中華基督教會年鑑》（1933）第十二冊，《中華基督教會年鑑》（1934-1936）第十三冊。而 *China Christian Year Book* 於此時期發行四期，vol. 18（1932-1933）（出版於1934），vol. 19（1934-1935）（出版於1935），vol. 20（1936-1937）（出版於1937），vol. 21（1938-1939）（出版於1940年11月）。[18] 相較於中文版，應該更適合來研究中日戰爭時期的教會。同時，在第十九期開始，就改交由美國加州 Glendale 的 The Arthur H. Clark Company 來出版，可以說享有更多的安全與自由，同時也無虞出版後遭到迫害。

這些年鑑的作者大多爲知名和有足夠份量的基督徒、教會界代表性的人物或者是熟悉此領域的資深傳教士。如第二十一冊

18　在1931年出版的第十七期年鑑，尚無關於「九一八事變」的內容。

1938-1939 的作者中，「國民生活」類包括了蔣廷黻撰寫中國外交，杭立武撰寫研究發展與機構，宋美齡寫抗日中的新生活，朱有漁撰寫青年運動，江文漢寫教育的苦況，繆秋笙寫基督教教育，劉廷芳寫中國教會與普世運動的會議，貝德士（M. S. Bates）寫毒品問題，鮑引登（C. L. Boynton）寫救濟工作，費吳生（George A. Fitch）寫青年會對士兵的緊急服務，高伯蘭（Asher Raymond Kepler）寫對傷兵的照護等。

當時《教務雜誌》的主編樂靈生（Frank Rawlinson），兼任英文年鑑的主編。[19] 他自 1912 年接任《教務雜誌》的編輯，非常熟稔中國國情與教會事務。而後於 1922 年時被「協進會」指派來主編英文版的中華基督教會年鑑。可惜他在上海松滬戰爭時，在 1937 年 8 月 14 日在飛機投彈時被炸死。但是第二十期的年鑑仍然在「緒言」特別推崇他的貢獻，並且刊載了他的生平簡介。[20] 該期在他死後四個月（1937 年 12 月）才出版，但出版內頁仍然將他列為主編。

樂靈生的過世，也造成下一冊出版的延宕。本來第二十一冊規劃在 1939 年出版，但是拖到 1940 年 11 月才出版。此係有諸多的原因，首先，是在樂靈生死後組成了新的編輯部，再選出三

19　《教務雜誌》（*Chinese Recorder*, 1867-1941）是中國近代歷史上最重要的一份英文教會雜誌。其發行期間橫跨晚清民國，長達七十二年，提供了非常豐富的史料。其內容不僅是傳教士的論壇與意見交流的平台，更廣泛的報導了中國的社會、文化、宗教與政治。

20　"Preface," *China Christian Year Book* 20 (1936-1937), pp. i-v. 樂靈生的兒子後來為他父親編輯出版了厚達兩冊的主題式傳記。John Lang Rawlinson, *Rawlinson, the Recorder and China's revolution: a topical biography of Frank Joseph Rawlinson, 1871-1937*, 2 v. (Notre Dame, Ind.: Cross Cultural Publications, 1990).

位新任編輯。[21] 然後這些編輯再與編輯部討論出版計畫。更重要的是此時處於「非常」時期，受到通訊、郵政檢查、考量出版單位等方面均花了大量的時間，所以造成出版的拖延。[22] 因此在這一冊中，來稿先後有別，有些作品的內容甚至含括到 1940 年的秋天。[23] 而這一期出版後，美國就在次年因日本攻擊珍珠港而捲入第二次世界大戰，這份年鑑也無法繼續下去。

本文主要以這四期英文版的教會年鑑來做為探討的對象，分析從 1931 年的「九一八事變」開始，到 1940 年為止，關於中日戰爭與淪陷地區教會的報導與態度。

名稱	期數	出版時間	地點
The China Christian Year Book 1932-1933	18	Feb. 1934	Shanghai
The China Christian Year Book 1934-1935	19	Sep. 1935*	Shanghai
The China Christian Year Book 1936-1937	20	Dec. 1937	Glendale, CA
The China Christian Year Book 1938-1939	21	Nov. 1940	Glendale, CA

* 此集在書面未有出版日期，此處係參考編者序言結尾所寫的日期。

21　分別是劉廷芳主編，和兩位協同編輯 John S. Barr 及 F. R. Milican。
22　T. T. Lew, "Preface," in Timothy Ting Fang Lew, John S. Barr, F. R. Milican (eds.), *China Christian Year Book 21 (1938-1939)* (Glendale, CA: The Arthur H. Clark Company, Nov. 1940), p. iii.
23　T. T. Lew, "Preface," p. iv.

三、對於中日戰爭的態度與討論

「九一八事變」以來的中日衝突與戰爭，讓當時所有置身中國的中外人士都受到衝擊。而基督教會入華一百多年，遍布各地且與中國社會及人民密切關聯，自難免於事外。但是如何解讀與拿捏這正延續發展的衝突，正考驗著當時的年鑑的主編和作者們。由於作者眾多，同時戰局又一直在變化，所以在七、八年間所出版的年鑑，在內容也會有變化與不協調的地方。

事實上，一直到 1934 年 2 月出版的第十八期（1932-1933），年鑑才有機會對於「九一八事變」和後續的中日戰爭和關係作出反應。雖然此時距離「九一八事變」已有兩年多，但是主編樂靈生（Frank Rawlinson）在該期年鑑的前言中，一開始即表明，中國與教會所面對的危機，就是這期的主題（keynote）。[24] 無論在編輯的安排，或是其中文章的內容，都可以看出編者、作者們對於中日衝突的關切。

在年鑑的編排上，正文開始之前先有「大事記」（Principal Events）。這是由當時 *China Weekly Review* 的主編和發行人 J. B. Powell 來執筆。而第十八期（1932-1933）「大事記」的安排，特別分成兩部分，一是滿洲國，另一是中國。從表面上看來，似乎是尊重滿洲國自爲另一單元，但是其中詳列日軍從「九一八」開始在各地的擴展，如何因來自東京的命令而暫停。對於滿洲國與俄的交涉，文字中有「在日本的支持下」（with Japanese back-

---

24 Editor, "Interpretative Introduction: Current Crises and Cooperative Effort," *China Christian Year Book 18 (1932-1933)*, p. 1.

ing）。同時兩度技巧性地引用媒體報導，對滿洲國用上「傀儡政權」（puppet state）的用語。[25] 中國向國聯訴求，國聯的交涉與派來的李頓調查團，到調查報告的出版，以及日本最後退出國聯等，也放在這部分。這些字裡行間都透露著滿洲國並非如日本宣傳爲一自主事件，而是日方操控的傀儡政權。

但是這並非表示年鑑就是站在國民政府這一邊，或是同意國民政府應付日本的策略。事實上，在貝德士（M. S. Bates）所寫的「國民政府」（National Government）一章中就指出：

> 日本的侵略和進佔尚未能就軍事或外交方面加以扼止。日本就事實方面已經獲得成功，而且可以隨時繼續擴展。至於中國則是屈辱到甚至要阻止自己人民來反抗侵略者。真正的抵抗或許會帶來更多的災難，但是難堪的順服卻在國內外產生更複雜的問題。日本人已經認知，只要付出微小的代價就可以獲得幾個省分。而中國政府只是被自己人民視為無助的軟弱和膽怯。[26]

年鑑並沒有忽視當時中國政府不欲造成戰爭以凸顯日本侵略，並將此事訴諸國聯。不但有作者詳細敘述日本藉各種事件，擴大事端侵略的過程。先後並有多位中國作者的文章中詳細介紹中國代表顏惠慶、顧維均等在國聯的發言內容，以及此案在國聯

25　J. B. Powell, "Principal Events, I. Manchukuo September 15, 1931 － December 24, 1933," *China Christian Year Book 18 (1932-1933)*,pp. xvii-xxvii.

26　M. S. Bates, "The National Government," *Christian Year Book 18 (1932-1933)*, pp. 12-13.

的處理經過。[27] 但是一個有趣又值得注意的地方，就是無論中外年鑑作者，似乎都沒有力挺此種外交策略。甚至前引貝德士的文章，似乎認爲國民政府的做法是姑息養奸，應該對於日本侵略做出更強力的抵抗。

另外，年鑑的作者好像也多少看穿國際間的現實，有篇文章指出國聯的脆弱。例如李炳瑞在年鑑中以「前有大海後有魔鬼」來比喻中國的處境。他指出，中國沒有現代軍事裝備下，不足以在軍事上對日作戰，只有完全信賴國聯以扭轉危局。但是國聯除了通過根本不爲侵略者在意的決議外，由於強權不願付出代價施行制裁，自是無力遏止日本侵略。[28]

這種對於國際現實的認識，到了1934年的第十九期年鑑顯示得更清楚。作者們清楚的指出國聯決議的崩潰。雖然有美國的「不承認主義」，但是1933年國聯成員的薩爾瓦多宣布承認滿洲國，使得國聯對日制裁的呼籲爲之破功。[29] 而後因爲國聯駐華技術聯絡專員拉西曼的報告出版，造成日本批評拉西曼在華的活動和堅持將他解職。雖然國聯並未公開的遵從日本的反對意見，但未將拉西曼再派赴中國。[30] 這也間接顯示國聯還是無法秉持自己

27　例如在第十八期有 V. S. Phen, "International Relations, 1932," and Edward Bing-Shurey Lee, "The National Crisis," *China Christian Year Book 18 (1932-1933)*, pp. 38-47 and 48-64。第十九期的相關文章有 W. H. Ma, "China's Relations with Western Powers" and Shuhsi Hsu, "Sino-Japanese Relations, 1933-35," *China Christian Year Book 19 (1934-1935)*, pp. 18-30 and 31-45.

28　Edward Bing-Shurey Lee, "The National Crisis," pp. 58-59.

29　W. H. Ma, "China's Relations with Western Powers," p. 27. 該文作者忍不住加上了一句「然而薩爾瓦多的行爲並沒有產生很大的效果，因爲該國小到可以被忽略的地步。」

30　W. H. Ma, "China's Relations with Western Powers," p. 24.

的原則來行事。

　　而此時對華傷害更大的行動，則是蘇聯對於滿洲國採取全面性的正常關係。蘇聯駐東京的大使，與滿洲國的代表就中東鐵路出售事宜舉行一年多的協商，在 1934 年達成協定，將此鐵路售予滿洲國。此舉顯示蘇聯在法理上承認滿洲國。可以說蘇聯破壞了國聯所呼籲的不承認原則。[31] 而德國接著在 1936 年 4 月與滿洲國簽訂貿易協定。[32]

　　後來英國也有屈從日本壓力的案子。就是有四位中國人在天津英租界行刺在日本支持傀儡政權（Japanese-sponsored puppet regime）中的官員程錫庚（天津海關監督兼聯合準備銀行天津分行經理），而後英國租界在日本壓力下，將此四人交於日本在當地的傀儡法庭來審判，而無視中國政府向英國抗議。雖然年鑑沒有刻意指責英國當局，但是也是在透露著國際間的現實。[33]

　　在各國無意尊重國聯決議的情況下，中國政府在東北無法獨力對抗日本在外交與軍事主義上的威脅，也被迫屈從現實。中國政府在 1934 年 7 月恢復了北平與瀋陽的鐵路交通，在長城建了四個稅收的關口。在同年後半也開放了中國與滿洲國的郵政，更在 1935 年初恢復了電報的通訊。[34] 結果就在中國本身都無法堅持立場的情況下，國聯的決議就告一段落了。年鑑的中國作者花

31　W. H. Ma, "China's Relations with Western Powers," p. 28.

32　Ti-Tsun Li, "China's Relations with the Occident," *China Christian Year Book 20 (1936-1937)*, pp. 26-27.

33　"China's Foreign Relations in 1939," *China Christian Year Book 21 (1938-1939)*, pp. 38-42.

34　W. H. Ma, "China's Relations with Western Powers," p. 29.

下時間和篇幅詳細記述了這段經過，相信內心對國際現實是很沉重的。

當時一位年鑑作者林景潤，時任福建協和大學校長，雖然在寫「基督教學校與國家危機」的文章，但是其中有一段文字，相當能反映當時中國教會領袖對於中國現實的悲傷和對於國際現實的無奈，

> 中國能做什麼？她如何能得到所需以阻過日本無壓的軍事主義？從軍事的觀點來看，中國是太衰弱了！不可能有來自於國聯的有效幫助。各國都忙於自己本身的利益。在沒有其他強權積極參與的情況下，遠東問題似乎是不可能解決的。[35]

第二十期於 1937 年 12 月在美國出版，絕大多數的文章都來不及提到「七七事變」，只有一篇報導中國傳統宗教的文章，提到中國佛教協會在蘆溝橋事變後，向日本佛教徒發出公開信，要求他們能夠採取行動阻止日本軍事主義者在華北的佔領行為，希望他們「作獅子吼」、「出大雷音」。這份公開信刊登在 1937 年 7 月 16 日的《佛教新聞》。而太虛大師亦在 7 月 22 日致電日本佛教協會，要求他們規勸日本政府以外交方法解決中日問題。[36] 事實上大約在同一時期基督教界有非常多的類似行動，但極可能是來不及刊登，而延至下一期。

35　Ching-Jun Lin, "Christian Schools and the National Crisis," *China Christian Year Book 18 (1932-1933)*, p. 253.

36　W. Y. Chen, "The Ancient Religions of China Today," *China Christian Year Book 20 (1936-1937)*, p. 109.

第二十一期在1940年11月出版，是對於「七七抗戰」兩年多的報導。年鑑在此的立場非常清楚，第一頁的第一句話即以國家的「生死鬥爭」（life-and-death struggle）來敘述抗日戰爭。[37] 以後此種用語更數度出現。有年鑑作者把中日戰爭提升到基督教的危機。當時「協進會」總幹事陳文淵指出，中日戰爭是中國基督教在20世紀以來所遇到的三大危機之一。當舉國正為國家的生存進行生死鬥爭時，教會不只是在物質上的受苦，同時也是與她所服務的人民一樣，在精神與心情上共蒙苦難。[38]

　　可以說自此「協進會」與國家的抗戰達到合一與認同。不但有公開函致全世界的基督徒，將日本侵華公諸於世，更呼籲日本基督徒發出共同尋求和平的呼籲。[39] 另外配合當時需要，投入各種急需的工作。如在戰爭爆發的第一年，教會界努力於救濟工作，他們的精神與服務得到了國民的認同。到了第二年，配合國家呼籲，將注意力轉向青年。[40] 同時對於戰時兒童的救濟工作，傷患官兵的救濟工作都先後展開，普遍受到政府與國人的讚譽。[41]

37　"Political Activities of Chinese government in 1939," *China Christian Year Book 21 (1938-1939)*, p. 1.

38　W. Y. Chen, "The Christian Movement in National Life," *China Christian Year Book 21 (1938-1939)*, p. 95.

39　W. Y. Chen, "The Christian Movement in National Life," pp. 95-97.

40　W. Y. Chen, "The Christian Movement in National Life," pp. 102-103.

41　W. Y. Chen, "The Christian Movement in National Life," pp. 98, 104-105.

四、日本佔領區的教會與教會事工

一般來說，年鑑較少專文討論日本佔領區的教會與教會事工。這一方面是不方便邀請日本佔領區的教會人士來撰寫，而另一方面，這也是比較敏感的話題，容易給淪陷區的人士帶來困擾或是日方的迫害。有關日本佔領區的教會與教會事工，往往是出現在其他主題的文章。例如在論述中國的教會學校現況，也會討論到淪陷區的教會學校，論述中國的毒品問題，也會牽涉到日本佔領地區的情況。現在就三方面做簡單的討論，分別是教會學校、教會工作與毒品問題。

教會學校

教會學校是基督教在華的重要事工之一。教會學校如同教會一樣，也是散布在中國各地。隨著日本軍隊在東北、華北與沿海地區的進佔，有越來越多的教會學校受到戰火的威脅，或者是陷入日本的佔領地區。

對於教會學校而言，日本進佔有著雙重的困擾。一方面如同其他學校一樣，學生愛國情緒高昂，鼓吹愛國行動，學校必須更花心力注意學生的安全。但是另一方面，教會學校為難之處，是如何在這個時候還要秉持基督教的理念，避免學生徒然採取軍事行動抗爭。但是難題則在面臨轟炸、大砲與坦克的事實，又如何要應用基督教愛的原則。[42] 在日本佔領區中，教會學校並沒有受

42　Ching-Jun Lin, "Christian Schools and the National Crisis," pp. 250-252.

到優待。例如在東北，所有中國人的機構都被懷疑著，基督教的工作與機構也可以感受到日本特務組織的壓力。日本對於學校的演講都加以檢查，而在福州的基督教學校還特別受到日本領事館的注意。[43]

在1940年出版的第二十一期年鑑指出，在佔領區下的高等教育已經大為縮減，日本軍隊對於中國學生有很深的仇恨，在日本佔領平津後馬上就有很多教授和學生被逮捕和受刑。[44] 此時教會學校必須思考未來的因應之道。例如華南教育會建議，在日本佔領區下只進行非正式的教育和宗教訓練。[45] 但是華北地區的教育會則是不同意這樣的做法，他們讓各學校「仔細衡量各種可能，以對當地社會盡最大的服務」。[46] 換句話說，就是讓各學校自行斟酌形勢來做決定。

繆秋笙是教會教育的專家，在他報導各地教會學校的文章中，可以看出各地方有不同的策略。在十三個基督教大學方面，人數有很大的變動。中日戰爭剛爆發的時候，這些大學少了百分之四十的入學生，可是在1938-1939的入學生，卻超過尋常的入學人數，成為歷史上最大的入學年級，有幾個學校的學生總數甚至打破了過去的記錄。[47]

繆秋笙相當詳細的提供自「七七抗戰」三年多以來，基督教

43　Ching-Jun Lin, "Christian Schools and the National Crisis," p. 249.

44　Kiang Wen-han, "The Educational Trek," *China Christian Year Book 21 (1938-1939)*, p. 180.

45　Chester S. Miao, "Christian Education in China," *China Christian Year Book 21 (1938-1939)*, p. 206.

46　Chester S. Miao, "Christian Education in China," pp. 206-207.

47　Chester S. Miao, "Christian Education in China," pp. 207-208.

學校的情況。他指出當時十三個基督教大學有十一個遷走，唯一留下來能夠正常運作的，就是燕京大學，而他認為這是司徒雷登校長的功勞。[48] 至於一百九十六所基督教中學，有一半遷移到臨時校址，距離原校址從一英哩到數千英哩都有。彼等所以大費周章的遷移，繆秋笙提出了兩個理由，一是不願意讓師生冒著被轟炸和受到武力侵犯的危險，另一則是不願意與進犯武力和傀儡政府來合作。[49]

教會工作

日本佔領區下有極多的教會，無法一一介紹，同時事涉敏感，年鑑也不便著墨太深。有趣的是，在這四本年鑑中，有一篇愛爾蘭傳教士倪裴德（F. W. S. O'Neill）所寫的文章，以相當正面的筆法來描述日本人在東北的統治，認為教會能夠相對正常的繼續下去。

他首先指出，教會在九一八之後，仍然繼續進行，沒有遇到特別的事情。「新的政府（無論中央或地方）在過去三年半沒有干預過教會的宣道，相反的日本和滿洲國的官員，都對我們表現了友善的精神（也有提供土地）。」[50] 甚至有一次因為日本炸彈造成一位市民死亡，當傳教士向關東軍司令請願後，日方的回信非常客氣，表示他們無意濫殺無辜。[51]

48　Chester S. Miao, "Christian Education in China," pp. 205-206.

49　Chester S. Miao, "Christian Education in China," p. 205.

50　F. W. S. O'Neill, "The Church of Christ in Manchuria," *China Christian Year Book 19 (1934-1935)*, p. 135.

51　F. W. S. O'Neill, "The Church of Christ in Manchuria," p. 136.

至於教會與官方及日本團體的關係，他提到包含在瀋陽與新京（長春）的日本基督徒非常友好熱忱，盡量來舒緩情勢，甚至邀請他們教會中的教育負責人到日本免費旅遊。這友好的情勢，讓中、日的牧師和教會領袖開始了聯禱會。[52]

　　顯然這位傳教士對於政治不夠敏感。他的教會的原名為「中華基督教會」Church of Christ in China，當被要求去掉中華兩個字時，他們同意改名為「滿洲基督教長老會」Manchu Presbyterian Christian Church。他說這樣改換名稱並不應該被認為是犧牲原則，或是態度上的轉變。[53] 另外，當日語變成了學校必修課程時，這位傳教士也正面的解讀為：「這項要求絕沒有讓人緊張。在整個基督教教育上感到安慰，因為讓我們與政府關係的身分上，得到了規律化，也沒有犧牲掉我們行動上的自由。教會與地方官府的友好合作，解決了很多事情。」[54]

　　這位傳教士的對於環境的解讀可以看出，傳教士未必都是遠東事務專家，也未必都有政治的敏感性。因此對於他們的寫作，也需要小心使用。

毒品問題

　　過去在鴉片戰爭前後的確有一些傳教士以開放入華傳教為優

52　F. W. S. O'Neill, "The Church of Christ in Manchuria," p. 137. 關於日本如何控制教會，同時進行統戰工作，安排教會中的教育人員參訪日本，已有專著討論，參見：徐炳三，《「扭曲」的十字架：偽滿洲國基督教研究》，北京：科學出版社，2018。

53　F. W. S. O'Neill, "The Church of Christ in Manchuria," p. 137.

54　F. W. S. O'Neill, "The Church of Christ in Manchuria," p. 143.

先考量，淡化鴉片與鴉片戰爭的問題，輕忽鴉片的無害性。[55] 但是這並非代表大多數的傳教士。事實上傳教士在 19 世紀就開始推動各種阻絕鴉片或治療病患的行動。

在華西方傳教士於 1874 年成立「英華禁止鴉片貿易協會」（The Anglo-Oriental Society for the Suppression of the Opium Trade），號召在華傳教士，回國時報告煙毒禍害中國人民的情況，促請國人推動禁止鴉片貿易的政治行動。例如，英國聖公會傳教士慕雅德（Arthur Evans Moule）即響應這計畫，在返英探親時，以自己對中國民眾吸食鴉片的長期觀察，來宣傳鴉片對中國造成的危害，發表反鴉片文章，上書英國皇家鴉片調查委員會。[56] 由於他們的推動反鴉片的宣傳，在 1891 年促成下議院以 160 對 130 的多數票通過禁運鴉片的議案，而後於 1906 年在英國國會通過。[57]

當國民政府 1928 年在南京成立時，採取了對鴉片和其他毒品完全禁絕的政策。對於種植、運送、販售和食用鴉片，都毫無條件的禁止，而違犯者則立即被逮捕和處罰。但是由於這項工作的複雜性，致使禁絕行動並無多大的進展。到了 1935 年政府採取了不同的政策，即是漸進式的取締。依據此政策，對取締鴉片

55　這種心態可參見 Stuart Creighton Miller, "Ends and Means: Missionary Justification of Force in Nineteenth Century China," in John K. Fairbank (ed.), *Missionary Enterprise in China and America* (Boston, MA: Harvard University Press, 1974), pp. 249-282.

56　丁光，〈英國傳教士慕雅德與中英鴉片貿易〉，《中國近代史》，2015 年 12 期。

57　可參見楊愛程，〈傳教士在禁止鴉片貿易中的歷史貢獻〉，《海外校園》，http://www.godoor.com/article/list.asp?id=313（下載於 2018.2.26）。美國學術界近年亦有此方面的新著，討論傳教士在 19 世紀末到 20 世紀初反對鴉片的各種活動。可以參見 Kathleen L. Lodwick, *Crusaders against opium: Protestant missionaries in China, 1874-1917* (Lexington, KY: University Press of Kentucky, 1996). 崔志海，〈美國政府與清末禁菸運動〉，《近代史研究》，2012 年 6 期，頁 27-44。

的第一步是將全國家分成兩類地區來禁止種植罌粟。第一類區域採取立即取締，第二類區域則是採取漸進式的取締。第一類的省份包含湖南、湖北、河南、江西等十七個省份；至於陝西、甘肅、綏遠和雲南則為第二類的省份。由於考量邊區的特殊情況，取締時限定在1939年的秋天以前開始。

但是年鑑的報導特別指出，日本軍事佔領地區的情況則為不同。在那兒鴉片的生產與消費，和其他毒品都被官方鼓勵。傳教士對於鴉片的報導，透露出他們對於國民政府禁絕鴉片的肯定，以及對於日本縱容統治地區毒品販售的行為有很深的不滿。

在1935年出版的第十九期年鑑中，有很詳細對毒品與反毒的報導。其中特別提到在熱河、華北以及福建地區，有日本的鴉片機構在進行毒品貿易。日本的陸軍與海軍從事鴉片走私以及當地官方允許出口和銷售，已是公開的祕密。在漢口有許多鴉片煙館移到日租界，以避免國民政府的查禁。而在天津的日本租界區也是同樣的情況，這些都造成禁絕鴉片的工作無法進行。[58]

年鑑作者特別以東北的情況來支持他的論點，舉當時日滿政府（Japanese-Manchukuo Government）的鴉片獨佔計畫為例。根據滿洲國內政部的報導，上個夏天（1934）在東北已有超過九百萬的鴉片吸食者，大概為當地人口的三分之一。吸食人口中，13%是十五歲以下，23%為二十五歲以下，33%為三十歲以下。[59]這位作者的計算是，在東北每一錢的鴉片為4角，每個吸食者一

---

58 Garfield Huang, "Flood, Drought and War Relief," *China Christian Year Book 19 (1934-1935)*, p. 351.

59 Garfield Huang, "Flood, Drought and War Relief," *China Christian Year Book 19 (1934-1935)*, p. 353.

天需要一至兩錢，所以東北地區一年在毒品的花費達 10 億元。如果這些吸食者沒有錢買毒品的話，日本人的毒品店可以讓他們賣血來買一管 15 元的鴉片，這造成了數以百計的人喪失生命。[60]

在關於中國的毒品報導上，還特別提到約有 800 平方英哩和 40 萬居民的昌黎地區。其中日人和韓國人擁有的 131 家商店在販賣嗎啡與海洛英。而日人還進行非法的毒品運送。在非軍事區的天津、北平、青島、濟南也都有這樣的毒品銷售。閩南亦有這樣的貿易，廈門有 323 間鴉片煙館。在福州日本人或臺灣人所擁有控制的鴉片煙館就有 323 間。[61] 年鑑作者對於日人縱容鴉片的報導，給後代學者留下珍貴的鴉片販售史料。

五、結語

年鑑出版到 1940 年 11 月就告一段落。此時候歐洲已經陷入烽火，而美國仍是在孤立主義的風潮中。中國則在艱苦的獨力抗日。而位居中國的教會，也是在最困難的時候。但是整體來說，年鑑的中外作者都表達了相當樂觀的看法，認為這是他們正處於前所未有的大好機會，願以基督教的精神來為中國人民服務。這是基督徒的精神，也是這些年鑑作者在苦難中的見證。

在戰爭時期，教會對於政教關係的拿捏，是特別值得注意的地方。在華傳教士以來自歐美的居多，就本文所討論的時期，他

60　Garfield Huang, "Flood, Drought and War Relief," *China Christian Year Book 19 (1934-1935)*, pp. 353-354.

61　R. Y. Lo, "The Opium Situation in China," *China Christian Year Book 20 (1936-1937)*, p. 334.

們的國家並未與日本交惡，故他們本無必要捲入中日戰爭。但是他們當年來華的使命是向中國人民宣揚福音，所以縱使遇到戰亂，這些傳教士大都選擇留下來，和中國同工一起來度過這場苦難。[62] 他們堅持宣教的呼召，同時還仗義直言，護衛信徒與教產，並忠實的記載所見所聞，為自己與基督教都是美好的見證。但是對於在日本的傳教士是否有別，則不得而知。也許這一點需要與當時在日本的傳教士或是日本基督教會年鑑來做比對，才能看出一個更全面的傳教士的世界。

這是一本英文寫作的年鑑，主要閱讀對象，自然是關切中國教會的歐美讀者。對於當時在國際孤立的環境下，有一本教會年鑑來介紹中國內政、外交、教會與當時所遭遇的苦難，不啻是替中國發聲重要資料。日本政府侵華、傷害到教會學校學生，或是日人不擇手段的以販賣、銷售鴉片來圖利，實有違基督教關愛世人的基本精神。故縱使傳教士在政教分離的原則下，他們還是詳細的描寫日本的劣行，並予以指責。

從九一八以來，中國處於一個變動的過程，傳教士也是不停的在應付新的局面。雖然年鑑停在 1940 年 11 月，但是到了珍珠港事變，整個同盟國無論是國家與教會均形成共識，在對軸心國的態度和做法上，比較沒有再變動。所以即使年鑑沒有再繼續出版，教會其實也不需要再特別表明它的立場了。

---

62   Robert E. Brown, "Western Cooperation in Hospital and Medical Work," *China Christian Year Book 21 (1938-1939)*, p. 358.

戰亂下的傳教士生活：
韓克禮神父回憶錄中的景象[+]

吳蕙芳[*]

摘要

　　韓克禮神父（Fr. Joseph Henkels, 1901-1997）為天主教聖言會士，1901 年出生美國愛荷華州（Iowa）Luxemburg，1921 年至伊利諾州（Illinois）芝加哥泰克尼（Techny）入聖言會，1928 年正式晉鐸，同年派赴中國河南信陽傳教區，服務於羅山、駐馬店、正陽、明港等地。1933 年調至北京輔仁大學任教，並曾擔任事務主任及代理校務長職。1936 年底到成立不久的新鄉傳教區，負責傳教員學校與難民救助工作。1941 年 12 月珍珠港事件發生，新鄉傳教區的美籍神職人員被關入拘留營，韓克禮神父與米幹神父（Fr. Thomas Megan, 1899-1951）則逃往太行山區避難，1942 年再轉往河南南部、西部及陝西等國民政府統治區內，協助維持義籍傳教士留下之各式教會事業，直至二戰結束才重返新

[+]　本文為行政院科技部專題研究計畫案（MOST104-2410-H-019-006-）補助下之部分研究成果；文章初稿曾宣讀於「日本帝國下的基督教會國際學術研討會」（中壢：國立中央大學人文研究中心主辦，2018.03.02-03）；又文章撰寫期間，承蒙天主教聖言會中華省會、聖言會美國芝加哥省會，以及中國河南新鄉傳教區等地多人之協助蒐集資料與解讀資料；文成後，復蒙審查者提供寶貴之修改意見；對於上述諸多協助，筆者由衷感激，謹此致上誠摯謝意。

[*]　國立臺灣海洋大學海洋文化研究所教授。

鄉傳教區。1948 年韓克禮神父被派往香港，1951 年因中國整體政治局勢變化而回到美國，於 1997 年病逝，葬於泰克尼墓園。本文是以韓克禮神父晚年撰寫的回憶錄 *My China Memoirs, 1928-1951*（1988）爲基礎，配合其他一、二手史料，呈現抗戰開始及二次大戰下的傳教士生活，冀由此觀察戰亂對教會之影響及其結果。

關鍵詞：教會史、天主教聖言會、河南信陽傳教區、河南新鄉傳
　　　　教區、對日抗戰、二次大戰

一、前言

2015 年為中國對日抗戰勝利七十週年紀念，也是二戰結束的七十週年紀念；而兩年後的 2017 年，則是中國對日全面抗戰的八十週年紀念，隨著這些歷史事件之紀念活動開展，又重啟身歷其境之當事者或當時人對戰爭的記憶與回顧，也再度引起學界對這段往事的研究與討論。其實，二戰史研究在西方學界早受關注且有相當成果，然屬二戰史範圍內之中國抗戰史似未受同等重視，有外國學者即明白指出：二戰史裡的中國，是一個「被遺忘的盟友（Forgotten Ally）」。[1]

惟不論西方學界是否確實忽略中國在二戰史裡的重要性，保留在各式史料中的相關紀錄，往往呈現諸多實況，尤其是親身經歷、親眼目睹者之個人記載，除見證昔日，更警惕未來，如近年出版的《我們生命裡的「七七」：從蘆溝橋到中日八年抗戰》一書，將具學者、軍人、律師、僧侶等不同背景者之實際經歷刊出，即為一例；[2] 而本文則是藉由一位於 1920 至 1950 年代、在中國福傳超過二十年資歷的美籍聖言會士——韓克禮神父之個人經驗，觀察戰亂下的傳教士生活，及其對教會之影響與結果。

本文主要資料依據為韓克禮神父晚年撰寫之回憶錄 *My China Memoirs, 1928-1951*，該著作出版於 1988 年，然書籍撰寫源起

1　Rana Mitter, *Forgotten Ally:China's World War II, 1937-1945* (New York:Haughton Mifflin Harcourt, 2013). 中文譯本見芮納・米德著，林添貴譯，《被遺忘的盟友》（臺北：遠見天下文化出版公司，2014）。

2　張作錦、王力行主編，《我們生命裡的「七七」：從蘆溝橋到中日八年抗戰》（臺北：遠見天下文化出版公司，2014）。

1978 年韓克禮神父於金慶紀念週年退休後，因多人對其在中國福傳經歷很感興趣，[3] 且聖言會美國芝加哥省會會長 Fr. Francis Kamp（1920-2011）鼓勵其留下甚具價值之個人歷史，甚至願意提供省會定期出版刊物 *The Christian Family and Our Missions*，特別是 1930 至 1950 年代的相關部分，以協助其回顧往事；而韓克禮神父仍住在老家的姐姐 Dominca Henkels 亦保存其於 1928 至 1944 年間自中國寄給父母之信件；同時，韓克禮神父尋獲一本自己的日記簿，又得到當年同在北京輔仁大學與河南共事同僚的資料提供，如艾德華神父（Fr. Edward Edwards, 1904-1995）、萬德華神父（Fr. Edward Wojniak, 1909-1983）、傅相讓神父（Fr. George Foffel, 1898-1992）、小海神父（Fr. Francis Heier, 1906-1991）等人，即在各方條件配合下，韓克禮神父決定提筆撰寫其傳教生涯的首愛（first love）[4]——中國之回憶錄。

二、生平經歷

1901 年出生於美國愛荷華州 Luxemburg 的韓克禮神父曾言，其對赴國外宣揚基督福音之興趣始於在家鄉讀聖三堂區（Holy Trinity Parish）教會學校時。尤其是十五、十六歲那年，來自中國山東的德籍聖言士顧思德神父（Fr. Joseph Gerhard Kösters, 1870-1922）到學校作演講，敘述其在中國山東南部之教會

3　Mark Nepper, "Today's religion: Priest recounts missions work in China," *Telegraph Herald* (July 15, 1988), p. 1B.

4　Joseph Henkels, *My China Memoirs, 1928-1951* (Techny, Illinois: Society of the Divine Word, 1988), "Preface," p.VI.

工作，內容提到他有兩個同僚殉道者——韓理神父（Fr. Richard Henle, 1865-1897）與能方濟神父（Fr. Franz Nies, 1859-1897）——在二十年前被盜匪殺害之事；當時，一張幻燈片清楚顯示出兩位殉道傳教士被殺後，留下的因紅槍刺出洞之外袍，令在場的學生們印象深刻。

十七歲時，韓克禮神父已考慮到自己未來的神職生涯，並將此事告知老師 Albertine 修女與父母親，因此，於家鄉完成相關學習後，在教堂主任司鐸 William Oberbroeckling 神父建議下，轉赴 St. Joseph 學校（即 Loras Academy）繼續中學課程，並於 1919 年 6 月完成學業，同年 9 月，再正式進入學院（Loras College）就讀。即是在學院期間，其接觸到公教學生傳教十字軍運動（the Catholic Students' Mission Crusade, 簡稱 CSMC）並加入該團體，此後福傳之心願愈為強烈。在學院讀書的最後一年，眼見兩名高年級同學決定畢業後進入天主教瑪麗諾會（Maryknoll Missionaries, 簡稱 MM）初學，引起了他的關注，經由與靈修導師 Michael Ambrosy 神父的懇談，決定成為歷史較瑪麗諾會悠久的天主教聖言會一員。於是，1921 年 9 月，他進入聖言會學校就讀並接受修會規範，第一年先在威斯康辛州（Wisconsin）的 Spring Prairie 學習，次年（1922）再到聖言會的大本營——位於伊利諾州芝加哥的泰克尼；9 月 8 日首次宣誓後，開始為期四年的理論課程及兩年的哲學課程，終於 1928 年正式晉鐸並派赴中國福傳。[5]

其實，美籍聖言會士最早赴中國福傳者乃王金鏡神父（Fr.

5　Joseph Henkels, *My China Memoirs, 1928-1951*, pp. 1-2.

Clifford King, 1888-1969）與柯神父（Fr. Robert Clark, 1895-1923），兩人於 1920 年代即派赴中國協助信陽傳教區監牧奧籍法來維神父（Fr. Georg Fröwis, 1865-1934）工作；以後陸續有來自泰克尼的美籍楊森神父（Fr. Joseph Jansen, 1892-1966）、包德曼神父（Fr. Theodor Bauman, 1899-1980）、大海神父（Fr. Peter Heier, 1895-1982）、米幹神父等人至該傳教區服務。

韓克禮神父於 1928 年晉鐸後，被修會詢問希望至何處福傳時，他的首選就是中國，因爲，早於學生時代他就認識中國，特別是在 St. Joseph 學校就讀時加入公教學生傳教十字軍運動後；而 1924 至 1926 年間他已成爲聖言會的學生時，有四個親近朋友都被派到中國河南福傳，所以他說：「除了河南外，我沒有其他選擇」。[6]

1928 年 10 月到達中國的韓克禮神父，經由上海、漢口等地，終於 12 月抵達河南信陽傳教區；第一年在信陽的重點是中文學習與文化瞭解，[7] 次年（1929）則調至羅山協助王金鏡神父，1930 年轉到駐馬店（確山），1931 年再至正陽協助楊森神父，到 1932 年派赴明港時，韓克禮神父已可獨當一面地負責該地傳教事務，同時，其已能更深入地瞭解當地之風土民情與文化特色，因此，在其回憶錄中有相當篇幅載及棄嬰（尤其是女嬰）、納妾、祖先崇拜等民間社會現象。[8]

1933 年，韓克禮神父接獲至北京輔仁大學任教的新工作，

6　Joseph Henkels, *My China Memoirs, 1928-1951*, pp. 8-9.

7　Mark Nepper, "Today's religion: Priest recounts missions work in China," p. 1B.

8　Joseph Henkels, *My China Memoirs, 1928-1951*, pp. 24-30.

此實因 1925 年由本篤會（Ordo Sancti Benedicti, 簡稱 OSB）創辦的輔仁大學，困於財政問題難以繼續經營，故羅馬教廷指派聖言會負責，聖言會即調度來自歐洲與美國之多名傳教士擔任學校之各式工作。於是，自 1933 至 1936 年間，韓克禮神父即專注北京輔仁大學之教學及行政事務。

三年的學校任教經歷令韓克禮神父樂在其中，他曾說：他很享受在大學與輔仁中學的教學工作，尤其是語文教學，不論是教導學生發音或文法，都是一種樂趣，因此時的他，無論是對中文的掌握，或是將兩種語文轉換運用以協助學生學習，對他來說都不是困難的事。惟 1935 年新學期開始，校務長穆爾菲神父（Fr. Joseph Murphy, 1895-1935）期望韓克禮神父接下事務主任職，因此開始其在輔仁大學的行政工作。而次年更因穆爾菲神父的突然病逝，令經歷較其他美籍聖言會士資深的韓克禮神父必須接下代理校務長之重責大任，直至 1936 年底新任命的校務長德籍雷冕神父（Rudolf Rahmann, 1902-1985）從奧地利到北京任職，韓克禮神父才離開輔仁大學，轉至成立不久的新鄉傳教區工作。[9]

韓克禮神父所以樂意到 1936 年 7 月才正式成立的新鄉傳教區工作，與其和米幹神父的深厚友誼密切相關；他早於 1921 年剛進入聖言會，就認識了年長他兩歲的米幹神父，因此，他想要加入米幹神父在新鄉傳教區的工作團隊。[10] 而韓克禮神父初到新鄉傳教區，除在修武興建教堂外，並在堂內成立上沽小學，學生

9　Joseph Henkels, *My China Memoirs, 1928-1951*, pp. 50, 56-57, 70.

10　Joseph Henkels, "Father Megan: an Atomic Missionary," *Divine Word Missionaries:100 Years Jubilee Issue* (Fall 1979), p. 9.

人數發展到 500 人左右。[11] 惟其到達當地僅七個月（1937 年 7 月），中國便開始對日全面抗戰，再隔七個月（1938 年 2 月），日軍即進佔新鄉城；而 1941 年底的珍珠港事件，更迫使他與米幹神父逃離其傳教區，先藏身太行山區數月，再渡過黃河到國民政府統治區內，日後則輾轉於河南南部、西部及陝西等地，以協助義籍傳教士各項教會工作之持續，直至 1945 年二戰結束才返回新鄉傳教區。

重返新鄉傳教區後的韓克禮神父，於 1946 年被米幹神父指派到上海採辦藥物補給品，為即將開辦的新鄉公教醫院作準備，並配合從聖言會美國省會泰克尼運到上海來之其他各式物資，經由卡車送回新鄉傳教區，[12] 欲重建「新鄉樂園（Paradise of Sinsiang）」。然 1948 年，韓克禮神父即被羅馬教廷派往香港，協助義籍恩理覺主教（Bishop Enrico Valtorta, PIME, 1883-1951）於當地建立一所技術學校。[13] 而在香港三年期間，韓克禮神父除前述工作外，亦負責接待陸續到達當地之傳教士，[14] 並關注自中國各省逃至香港避難者之生活情形，[15] 也觀察當地漁民之信仰狀況。[16]

1951 年因中國整體政治局勢變化，韓克禮神父返回美國。

11　《修武縣誌》（鄭州：河南人民出版社，1986），頁 688。

12　Joseph Henkels, *My China Memoirs, 1928-1951*, p. 167.

13　Joseph Henkels, *My China Memoirs, 1928-1951*, p. 179.

14　"In Memoriam: Joseph Henkels, S.V.D., 1901-1997," March 1997, SVD Robert M. Myers Archives, Techny, Chicago, U.S.A.

15　Joseph Henkels, "The Refugee Camp at Rennie's Mill," *The Christian Family and Our Missions* (December 1950), p. 10.

16　Joseph Henkels, "Blessing the Fishing Fleet," *The Christian Family and Our Missions* (November 1951), p. 26.

初服務於伊利諾州與愛荷華州兩地，1956 年 8 月再轉至芝加哥 Anselm 教堂，為非裔美人堂區工作。1976 年任教於位在愛荷華州 Epworth 的聖言會學院（Divine Word Seminary），兩年後（1978）值韓克禮神父晉鐸金慶紀念而退休，仍留居當地。1990 年基於健康因素，搬到芝加哥泰克尼居住，直到 1997 年 3 月 18 日過世，葬於泰克尼墓園。[17]

三、對日抗戰時期（1937-1941）

1937 年 7 月 7 日蘆溝橋事件爆發後，中國開始對日全面抗戰，然新鄉傳教區起初並無太大變化，在本地可觀察到的情形只有「日本照像飛機橫越該區域，為航空地圖作準備」，[18] 惟眾人皆知戰爭勢不可免。尤其，當 1937 年 9 月，日軍佔領河北保定府後，傳教士們明瞭日軍遲早會利用平漢鐵路進入河南佔領傳教區，米幹神父亦有指示，一旦新鄉傳教區被日軍佔領，便開放區內各傳教站成立難民收容所以協助需要者；而 1938 年 2 月，日軍確如預期進入並佔領新鄉傳教區，國軍沒有堅持太久即退守太行山區內。

當時人在修武的韓克禮神父，早於一個月前就與鎮裡耆老討論難民救助計畫，決定在城北與城南設立難民收容所，後來約有 1,000 人受到教會援助；而住在收容所內之民眾也因此會詢問有關參加教會設在收容所內道理班之事項，令教會信仰得在此自然

---

17 "In Memoriam: Joseph Henkels, S.V.D., 1901-1997".

18 Joseph Henkels, *My China Memoirs, 1928-1951*, p. 78.

情況下傳播出去。如河南地方志書載：「民國二十七年（1938）日本帝國主義侵佔修武，教會信徒劇增，教會學校學生也隨之增加，據當年統計，天主堂小學男生達 110 餘人，女生達 80 餘人」；[19] 亦有在此背景下，因該途徑而啓發聖召者，後來於 1980 年代擔任臺北教區總主教的狄剛神父（Bishop Joseph Ti-Kang）即爲一例。

狄剛生於 1928 年，日軍佔領修武後與母親、妹妹入教會收容所避難，因此接觸教會並爲其後之神職生涯奠基。當時韓克禮神父親自爲狄剛施洗，而狄剛在完成六年小學課程後，於 1940 年進入聖言會在山東兗州府的聖奧斯丁修院初學。韓克禮神父曾在回憶錄中言，「狄剛是個非常聰明的學生，後來被送到歐洲繼續學業，並於 1953 年在羅馬晉鐸」，[20] 狄剛神父則在近半世紀後的 1987 年，爲韓克禮神父回憶錄撰寫序文時亦提及此事云：

> 感謝韓克禮神父為我施洗，帶我進入基督教會；……，在日本佔領的第一個月，他冒著生命危險拯救許多中國民眾，他的生活方式是導引我走向神職生涯的重要原因之一；事實上，我可以這麼說，韓克禮神父開啟了我的旅程。他在傳教區內建立一所傳教員學校，而當時的我雖然只有十一歲，但他允許我坐在那裡聽課，我要感謝他，因為他提供機會給我，讓我在自己生命的早期便學習到許多信仰內容。[21]

19　《修武縣誌》，頁 541。
20　Joseph Henkels, *My China Memoirs, 1928-1951*, p. 80.
21　Joseph Henkels, *My China Memoirs, 1928-1951*, "Preface," p. VII.

文中言及之傳教員學校乃韓克禮神父至新鄉傳教區工作後負責的一所學校。由於一個訓練有素的傳教員對傳教士而言是很好的幫手，因此，在修武也設立此種學校並由韓克禮神父負責，即使日軍進佔該地，傳教員培育工作也持續不斷。

　　修武的男子傳教員學校始於 1938 年，第一年有 18 人上課，學生無需繳交學費，但要分攤膳食費並支付個人課本費及其他教材費用，學校則負責教師薪資並安排學生住宿。傳教員學校第二年（1939）有 9 人入學，第三年（1940）有 16 人入學，其學習內容包括屬世俗課程的數學、中國文學、歷史、作文與書法，此由中國教師講授，韓克禮神父則負責屬宗教課程的天主教教理、聖經註解、教會歷史等部分。該校於 1940 年 8 月，因中國游擊隊經常襲擊位於修武附近道清鐵路沿線的日本駐軍，影響學生學習及學校正常運作，只得將學校遷至沒有日軍駐守的獲嘉縣南方之中和。至 1941 年 6 月，傳教員學校首屆學生結業，共 15 人完成三年的學習課程，他們全部派往傳教區各地工作，有人到教堂協助本堂神父福傳、有人到沒有神父駐守的村莊為教民服務，也有人在教會學校裡教書，這些傳教員實為教會發展不可或缺之重要世俗力量。

　　韓克禮神父在修武除投入傳教員培育事務外，日常的禮儀與信仰活動，不論是在教堂內主持彌撒、出外訪視教民並為之進行禮儀服務等工作仍照舊進行，亦須支援其他傳教站之相關工作，如於週末時到范神父（Fr. Joseph Fontana, 1907-1958）負責的待王、焦作兩地教堂主持彌撒，而傳教員學校遷至獲嘉縣中和時，他也會利用週末時間，到小海神父負責的當地教堂協助禮儀事務。

同時，擅長無線電零件組裝，能利用舊盒子製成短波收音機，被其他傳教士稱爲「新鄉樂園機械師」的韓克禮神父，更因其對無線電之專業知識受到日軍關注，曾數次被要求協助日軍拆除及組裝相關設備。事實上，韓克禮神父的此項專業技術，不僅運用於前述例子，更重要的是可令其方便接受來自各地之新聞訊息，並因此作出較迅速之應變方案。一個令人難忘的經歷就是由此而來，即傳教員學校遷至獲嘉縣中和時，韓克禮神父便帶著自己組裝的小收音機到當地，約在同時，被任命爲聖言會新鄉傳教區區長的甘維璽神父（Fr. Bernhard Kowalski, 1904-1977）亦搬到離獲嘉縣不遠處的原武縣王村，而王村乃聖言會於該地區的總部，甘維璽神父需要較迅速的本地消息與國際新聞，因此請韓克禮神父協助組裝收音機，由於零件足夠，韓克禮神父答應了，並在中和將收音機組裝完成，待有時間到王村時便可交付。

1941 年的聖母無玷始胎節（The feast of the Immaculate Conception）在星期一（12 月 8 日），韓克禮神父決定星期六（12 月 6 日）到王村，利用足夠時間將之測試完成後交付，再於星期日（12 月 7 日）在王村主持完彌撒，而於星期一返回中和。收音機測試工作順利完成，當時國外報導已指出，美國和日本代表在華盛頓的談判仍在進行，星期日傳教士們即在收聽相關此事之報導，以瞭解事情進展狀況；至星期一早上 6 點，韓克禮神父如昔日般地再度收聽相關報導時，竟聽到東京廣播電臺報導珍珠港遭到轟炸與摧毀，且日本已向美國宣戰的最新消息。他立即通知甘維璽神父相關內容，並儘快趕回中和，欲將消息帶給仍在該地的小海神父與司文德神父（Fr. Joseph Stier, 1911-1979），然未能如願，最終得順利逃離新鄉傳教區的美籍神父，僅韓克禮神父、米

幹神父與包德曼神父，其餘均先後被日軍拘禁，[22] 並輾轉自河南新鄉遷至山東濰縣、北京，待二戰結束後才能重返新鄉傳教區。

其實，珍珠港事件前兩年（亦抗戰開始後兩年）的 1939 年，因日軍佔領華北諸多地區，令聖言會派赴甘肅等較西邊地區的歐洲籍傳教士受制交通，實難前進到指定地區，而派往河南信陽傳教區的歐洲籍傳教士，亦因該地屬國民政府統治區，與德、奧等國在政治上乃對立局面，不方便到當地進行教會工作，如應到甘肅去的德籍邢范濟神父 (Fr. Franz Eichinger, 1910-1992)、舒德神父（Fr. Johann Schütte, 1913-1971)、文直芳神父（Fr. Ludwig Woltering, 1911-1988)，與奧籍康建德神父（Fr. Siegfried von Kaler, 1912-?）、波蘭籍翁神父（Fr. Leo Weng, 1912-1973)，以及本來該派赴河南信陽的德籍吉思德神父（Fr. Heinrich Christ, 1911-1980)、史慮德神父（Fr. Bernhard Schlüter, 1912-2000) 等人，均因前述狀況令部分歐洲籍聖言會士轉進河南新鄉傳教區內工作，致本來以美籍聖言會士為大宗的新鄉傳教區變成以歐洲籍，尤其是德籍神父為主力之情況；[23] 此種變化，就新鄉傳教區當時之政治情勢而言是有利的，因德、奧籍傳教士在日軍佔領的傳教區內，確可代替美籍傳教士處理相關事務，如同美籍傳教士在國民政府統治區內，亦較德、奧籍傳教士方便與當權者交涉。

惟即便如此，日軍佔領下的傳教士生活，不論何種國籍仍不時受到干擾與限制，如當時日軍規定：任何人經過日本守衛時均

---

22 Joseph Henkels, *My China Memoirs, 1928-1951*, pp. 89-93.

23 吳蕙芳，〈建立新鄉樂園：米幹神父在豫北的傳教事業〉，《國史館館刊》，56 期（臺北，2018 年 6 月），頁 22-25。

須停下來對皇軍鞠躬行禮，而在開封的日本守衛，更要求通過城門者必須以磕頭代替鞠躬。曾有義籍神父因年事已大，且身軀較為肥胖，實難跪地磕頭，請求以習慣之鞠躬方式行禮，日本守衛竟指著神父的大肚子，以中文加以嘲諷，此事在外籍傳教士間普遍流傳。而新鄉傳教區的美籍萬德華神父有次騎機車經過陽武的鐵路月臺，因未事先下車而惹怒日本守衛，被賞了好幾巴掌。另美籍甘維璽神父有次騎機車沿著鐵路軌道往懷慶府（沁陽）去，在接近待王時，日本士兵突然朝他的方向射擊，神父立刻躲到鐵路旁堤防後面作為掩護，並將白色手帕綁在一根棍子上，乃能順利推著機車通過。

甘維璽神父被日本士兵突然開槍襲擊的危險經歷，韓克禮神父也曾遭遇，有次他往焦作去，突然城牆上有日兵朝他開火，幸好路邊有一被沖刷且低於田野之四輪車道，令其可藏身其間乃倖免於難。然韓克禮神父另一次的親身經驗卻沒有如此幸運，因其莫名遭日兵攻擊而傷重住院三星期。事情起因於 1941 年 3 月 18 日，他到待王教堂慶祝聖若瑟節，途中被日軍阻擋並欲取走其自行車，神父拒絕即遭士兵以棍棒痛擊，傷到其左邊肋骨及左側頭部。次日（3 月 19 日），韓克禮神父乘火車到位於新鄉的主教座堂向米幹神父報告此事，米幹神父亦到日本總部詢問此事。3 月 22 日，日方派人到醫院病房對韓克禮神父進行徹底檢查並記錄此案件。後來，米幹神父將此事交由美國外交人員處理，並要韓克禮神父準備一份聲明稿提供給北京的美國使館。[24] 該事件後不

24　Joseph Henkels, *My China Memoirs, 1928-1951*, pp. 86-89.

久，韓克禮神父聽說有地方游擊隊為報復此事，而殺了那個駐守站的日本士兵十餘人。[25]

被日軍開槍射擊與攔阻打傷兩事，應是韓克禮神父在中國對日全面抗戰後，於新鄉傳教區內面臨到最危險的經歷，因其日後不論是親自撰寫回憶錄，或被人問到在中國傳教面臨戰爭威脅之深刻印象時，他往往提到這兩件事，尤其是後者；韓克禮神父曾於事件發生後近半世紀的 1980 年代末，接受訪談時說：那時，自行車「幾乎是我傳教的唯一交通工具……，當我拒絕時，他（日兵）開始用棍棒打我，他幾乎要殺了我」，[26] 而那輛自行車是韓克禮神父姐姐 Dorothy Henkels 送的，被他騎了超過三、四萬英哩，直到離開中國時，自行車仍可使用。[27]

四、二次大戰期間（1941-1945）：太行山區內

早於珍珠港事件發生前數月，米幹神父在與傳教區內神職人員的會議上，曾提及美日對峙下的教會處境與應變方針，當時討論了三種情況，一是傳教士留在工作崗位上，希望日本人能讓教會繼續運作，二是傳教士留下來面對被拘禁的可能，三是傳教士離開傳教區並渡過黃河，到屬安全地帶的國民政府統治區內，或逃入太行山區中，因山區裡有數個天主教村落可提供傳教士樓

25　Mark Davis, "Fr. Henkels writes of his dangerous past in China," *Word USA*, Vol. 14, No. 1 (December 1988-January 1989), p. 8.

26　Mark Davis, "Fr. Henkels writes of his dangerous past in China," p. 8.

27　Mark Nepper, "Today's religion: Priest recounts missions work in China," p. 1B; Mark Davis, "Fr. Henkels writes of his dangerous past in China," p. 8.

身，或至少在山區裡避難是安全的。[28] 而珍珠港事件發生後不久，米幹神父與韓克禮神父即逃往太行山區內屬輝縣的花木，並在該村落過夜，次日清晨進行彌撒禮後，兩人再轉往山區裡另一屬林縣、名為范家嶺的村落中藏身。[29]

這些村落均位於衛輝傳教區範圍內，由米蘭外方傳教會（Pontificium Institutum pro Missionibus Exteris, 簡稱 PIME）的義籍主教林棟臣神父（Fr. Martin Chiolino, 1877-1948）負責，而村民們早被主教通知：一旦美日戰爭爆發，則新鄉傳教區裡的美籍傳教士將會在此尋求保護；因此，12 月 11 日天黑前，當米幹神父與韓克禮神父到達范家嶺時，村落中的天主教徒與范姓耆老們均張開雙臂迎接他們，此後直到次年（1942）復活節後，因宗座駐華代表蔡寧主教（Archbishop Mario Zanin, 1890-1958）的要求，米幹神父與韓克禮神父才離開范家嶺，經由變裝方式渡過黃河，到河南南部的國民政府統治區內。

這段山區經歷，不僅是兩位避難神父的難忘經驗，亦范家嶺及其周圍地區教友難得的信仰生活歷程，因該地已多年未有神職人員與其一同生活及共度節日。蓋林縣山區有三個教友村，地理位置由南往北依序為：范家嶺、田家井與小莊；其中，田家井教友傳說來自康熙年間（1662-1722）山西壺關縣教友的遷入，然該地起初並無神職人員及教堂，教友遇重要節日須渡過黃河到較早發展的南陽靳崗（靳家崗）教堂參加活動，後因米蘭外方傳教會的義籍司德望神父（Fr. Stefano Scarella, 1842-1902）與南陽之國

28　Joseph Henkels, *My China Memoirs, 1928-1951*, p. 93.

29　"Two Letters of Joseph Henkels, SVD," *The Word in the World* (1981), p. 107.

籍神父，於道光年間（1840年代）至田家井主持教務而籌資建堂，光緒26年（1900）又在村落南方之山嶺上建聖母堂，吸引多人至此朝聖，田家井因而成爲該區天主教發展之重要據點。[30] 而范家嶺於1880年代初亦由司德望神父來此傳教，故該地教堂於光緒10年（1884）開始興築，次年（光緒11年，1885）落成，惟義和團事件時教堂遭到毀壞，至光緒31年（1905）再予重建，至光緒33年（1907）乃告竣工。[31] 至於小莊教友是因田家井教友申氏分遷而來，惟該地與田家井相較，「坡緩土沃，地勢遼闊，交通便利」，故天主教在此發展愈盛：光緒18年（1892），司德望神父等人深感田家井「被群山環繞，山高谷深，交通不便」，頗不利天主教大規模擴展，該地也與其他教會中心聯絡不易，故決定於小莊建一大型教堂，又將天主教總堂立於該地，林縣天主教中心便因此由以往的田家井轉至小莊。[32] 惟這些19世紀形成之山區教友村，隨著時間發展與人事變化，到20世紀已不復昔日盛況，尤其是范家嶺，每逢重要節日，當地教友往往必需花費整日時間到田家井或小莊參加彌撒。

在范家嶺停留近五個月期間，韓克禮神父深入觀察到山區裡的生活環境與教友們之信仰狀況。當時，他與米幹神父住在范家嶺教堂，該教堂建造得頗爲精良，內有裝備齊全的彌撒及儀式必需物品，傳教士居所亦相當寬敞，並配有居住者及來訪者所需用

---

30 董永吉等，〈天主教在林縣的沿革〉，《林縣文史資料》，5輯（1992年5月），頁231-233；《河南省志‧宗教志》（鄭州：河南人民出版社，1994），頁108-110。

31 「銘石備考」碑，大清光緒33年7月7日豎立，趙俊升撰。

32 董永吉等，〈天主教在林縣的沿革〉，頁234-235。

品；而該地距最近之日軍駐守地雖僅 15 英哩，然整條山徑與道路之狀況很差，令他們「覺得非常安全」。[33] 但是范家嶺一帶嚴重缺水，因附近沒有水井，離村子最近的手挖井在越過山脈數英哩外，當地唯一可利用的水乃存於蓄水池中的雨水或雪水，「只要定期下雨，或山脈上的雪準時融化，蓄水池的水量就足夠大，可以滿足他們的生活所需」，[34] 惟日常生活仍須節約用水。

又村落裡所有家庭均信奉天主教，神父們的到訪實可為其提供難得且適當的禮儀服務，據韓克禮神父的記載可知，當他於 1941 年 12 月到達范家嶺後，短短兩星期內，已服務了四位生病教友，並為即將於聖誕節後進行的婚禮作準備。[35] 其實，在兩位神父到達的當天晚上，便與村民們長時間交談，並規劃每日彌撒及各種儀式進行之計畫與時間表，特別是為即將來臨的聖誕節。而 1941 年的聖誕節，范家嶺及其附近所有教友均參與了一個由主教（米幹神父）親自主禮的子夜彌撒，大家同在村中共度一晚，並於次日舉行聖誕彌撒，再分享村民們共同準備之食物後乃打道回府。[36] 事實上，當時透過本地教友之居間聯繫，兩位神父仍可與新鄉傳教區內的神職人員互通音訊，並帶來個人及禮儀需用之衣服物品，如仍在新鄉傳教區工作的舒德神父曾私下造訪范家嶺與米幹神父會面，親自報告被日軍控制下傳教區之最新狀

33　"War Front and Mission Front," *The Christian Family and Our Missions* (November 1942), p. 417.

34　Joseph Henkels, *My China Memoirs, 1928-1951*, p. 106.

35　"Two Letters of Joseph Henkels, SVD," p. 107.

36　Joseph Henkels, *My China Memoirs, 1928-1951*, pp. 105-107.

況。[37]

那段期間，不僅范家嶺及其附近教友可參加由神父主持之禮儀活動，連在范家嶺北方的小西（小西溝）、田家井及小莊均有機會獲得神父之信仰服務。因韓克禮神父發現：從范家嶺到小莊約 25 英哩路，中間會經過距范家嶺約 10 英哩的小西、距小西約 5 英哩的田家井兩個村落，雖然這段路程並不完全平坦，但他能克服困難，因此，可利用各個主日騎自行車造訪不同村落，除主持彌撒外，亦有機會接觸山區教友們的日常生活。在多年後撰寫回憶錄時，韓克禮神父描述了印象頗為深刻的田家井：

> 這個村落的五十個家庭全部是天主教徒，並已成為天主教徒超過三百年，且在這個過程中，有十二位村莊裡出生的男孩晉鐸為天主教神父。……，這個村莊的名字來自附近一個手挖井，該井為所有家庭提供乾淨的飲用水和烹飪用水。田家井的意思就是田家的井，這個家族的農地在村莊所在地的山谷平原北部。他們在此建造一座土壩，形成一個水塘，收集來自山脈和耕地的雨水，而池子裡的水通常用來供給他們的牲畜使用。[38]

此外，1942 年過中國舊曆新年時，山區教友均至范家嶺祝賀神父，小西的教友代表並送來自己種植的地瓜，此乃山裡頗為

---

37 Joseph Henkels, *My China Memoirs, 1928-1951*, pp. 110-111; Edward J. Wojniak, *Atomic Apostle: Thomas M. Megan, S.V.D.* (Techey, Illinois: Divine Word Publication, 1957), pp. 150-151.

38 Joseph Henkels, *My China Memoirs, 1928-1951*, pp. 108-109.

稀有之作物，因山裡大部分農民栽種的是成長於高海拔地區的馬鈴薯。韓克禮神父亦曾花費相當時間仔細而完整地觀察，甚至參與范家嶺農民之耕作工作，並認為「這真是讓我上了一堂實在的農耕課程」，其載曰：

河南北部的春天在慶祝農曆新年後不久到來，並在第一個滿月後結束，也就是陰曆第一個月的第十五日。一旦地面足夠乾燥後，農民便忙於耕種田地。范家嶺周圍大部分田地都屬於山麓之間的狹谷和深溝之間的梯田。其中一個農民忙著準備耕種他的梯田，我感興趣地看著他並幫助他工作。他首先在溝谷底部建造一個一至四、五英呎高的岩牆，然後刮掉溝渠兩側鬆散的土壤，直到牆後面的空間被填滿，並與其頂部齊高。完成這個部分後，他在這塊土地的另一邊建了第二道牆，並重覆相同過程，直到全部深溝都變成梯田，一道接著一道。在大部分情況下，一個溝渠中所有梯田的總面積只有五、六畝，但他只要用三或四個溝谷中的梯田，就能夠獲得足夠的玉米、小米或小麥來餵養整個家庭。每當下雨時，土地持有人會到田地裡，將過剩雨水從山坡和田地導入準備好的溝渠裡，並將雨水引進預先挖好的蓄水池，防止田地遭到侵蝕。[39]

惟韓克禮神父的山區農村生活至 1942 年 3 月中旬，米幹神

39　　Joseph Henkels, *My China Memoirs, 1928-1951*, p. 111.

父收到蔡寧主教來信後即將終止，因兩人於4月復活節結束後，便告別輝縣范家嶺之教友村民們，經穿越已被日軍佔領、屬新鄉傳教區範圍內之獲嘉、溫縣，再搭乘載有游擊隊軍火彈藥與補給品之渡輪，最後順利跨過黃河，到達國民政府統治區的河南鄭州，受到當地義籍主教賈師誼神父（Fr. Luigi Calza, SX, 1879-1944）的熱情歡迎。

五、二次大戰期間（1941-1945）：國民政府統治區內

　　米幹神父在鄭州除協助賈師誼神父處理與國民政府交涉之各項事務外，亦先後被陝西西安傳教區義籍主教萬九樓神父（Fr. Pacifico Giulio Vanni, OFM, 1893-1967）、河南洛陽傳教區義籍主教巴友仁神父（Fr. Assuero Teogano Bassi, SX, 1887-1970）請至當地幫忙，因這些地區均主要為義籍傳教士工作範圍，而國民政府與德、義、奧國在政治立場上的敵對，致諸多當地外籍傳教士往往以「保護性拘留」名義進入集中營；而一旦傳教士離開工作崗位，教會資產及各項工作即無人負責而被政府徵用或強佔，教會事業亦往往被迫中斷或停止；因此，米幹神父以其美籍身分背景實較方便代為與國民政府協商，如西安的情形是：國民黨黨部欲佔領天主教會部分土地，後經多次會談，米幹神父允許其利用教會土地上的幾棟建築物以印製黨報。而洛陽的狀況則是：國民政府軍隊事先已查看若干教會建築物以便乘機佔用，米幹神父的解決方法是直接與軍隊指揮官聯繫，並告知現在當地天主教會由他負責，因此軍隊不能強佔有主之地。

　　同一時間內，韓克禮神父也在鄭州當地，亦先後前往汝南、

信陽、駐馬店、南陽等地支援各不同傳教區的類似事務；其中，汝南、信陽等地情況較好，傳教士們仍可留在當地維持教會各項工作，只是多少遭受麻煩，其他地區則各有不同問題，如鄭州有許多義籍神職人員被迫遷至內鄉集中營，經交涉後，幸運地留下在當地教會醫院服務且擔任重要工作的數位神父、修士及修女們。而南陽是因位於靳家崗師範學院的義籍神父校長被送往內鄉集中營，韓克禮神父須協調出新任校長人選，方便持續校務之正常運作，其並停留當地兩星期以確認新方案之運作是否上軌道。處理這些事務的本身除花費時間外，亦有路程上之時間與體力耗損，因當時的主要交通工具是自行車，而韓克禮神父從鄭州騎車至南陽約200英哩，從南陽騎車到內鄉須30英哩（4個多小時），再從內鄉騎車到鄭州要250英哩，由此可知其工作負荷量的實際情形。當然，爲善用時間及安排行程中繼站以便休息，韓克禮神父往往騎自行車到不同傳教區察看，如從內鄉回鄭州路途上，他順道去了鄢師、許昌等地，以瞭解當地狀況。

事實上，在這段期間內，韓克禮神父亦親自到拘留數十名傳教士的內鄉集中營觀察實際情形，他發現被拘留的傳教士們分成幾處，如來自信陽傳教區的德、奧籍聖言會士居住在廢棄的郵局、來自南陽傳教區的義籍神父留在當地的天主教會據點，而來自洛陽傳教區的義籍神父則被分配到空的寺廟。其中，分配到舊郵局與空寺廟的傳教士們較爲辛勞，因必須自己清理出生活空間及籌措相關設備；然不論何處的傳教士們均保有相當自由度，舉凡個人的閱讀研究或語文學習，與同伴的定期宗教或神學討論

課，乃至外出採買需要物品或瞭解民情風俗，[40] 甚至教會之各式宗教儀式等活動均未遭禁止，[41] 即使集中營入口有衛兵看守，員警也會一星期巡視一、兩回，然這些舉措對傳教士而言都不構成威脅；所以，韓克禮神父在實際觀察這些傳教士情形後表示：「他們確實沒有受苦，只是群體生活的不便與無聊度日」。[42] 其實，真正令傳教士困擾的是，集中營內的膳宿費用得由教會自己負責，而戰時物價頗高，雖然國際紅十字會有資金提供給集中營內的傳教士，然其仍有一定經濟壓力。

1942 年 8 月底，經與蔡寧主教、于斌主教（Bishop Paul Yu-Pin, 1901-1978）會議後，米幹神父被派駐洛陽負責該傳教區，其亦為南陽傳教區的主教代理人；韓克禮神父則派駐河南省政府新的所在地——魯山，將在當地成立天主教會中央辦公室，以處理未來與當局交涉之各項事務，其亦為鄭州傳教區主教代理人。

即是在米幹神父駐守洛陽、韓克禮神父駐守魯山期間，發生了著名的河南大饑荒事。此次大饑荒主要導因 1941 年秋的乾旱氣候及 1942 年中的蝗蟲侵害，韓克禮神父曾詳細記載親眼目睹之事：

> （1942 年）六月末災難臨到了河南，三群不間斷的蝗蟲侵佔大部分的河南。那個夏天，當我沿路騎著自行車往南陽去的一次拜訪中，聽到一個奇怪噪音穿過我的頭頂。我停下來瞭

40　Joseph Henkels, *My China Memoirs, 1928-1951*, pp. 116-119.

41　"Brief Mission: From China (Joseph Henkels)," *The Christian Family and Our Missions* (June 1943), p. 218.

42　"Brief Mission: From China (Joseph Henkels)," p. 218.

解是從哪兒來及如何造成的，看到那是來自東北方如烏雲般的一群蝗蟲。其中一些蝗蟲已降下，落在一塊正準備要抽穗的玉米田裡；幾個星期後，當我沿著同一條路返回鄭州，經過相同的玉米田時，發現除了作物的殘株及根部外，沒有留下任何東西。再行旅二十英哩後，我看見前面平坦大道上，一群黑色新生蝗蟲正在穿過馬路；剛孵化不久的蝗蟲還不能飛行，它們毀了道路一側的田地後，又越過道路另一側的小米田。……這些蝗蟲此次入侵結果是玉米、高梁、小米作物完全沒有，然蝗蟲對大豆和地瓜的侵害較小。當冬天來臨時，人人預測將會造成大饑荒結果，因沒有足夠的穀物收成以餵養人們。[43]

其亦於寫給母親的家書中提及：饑荒令許多人必須吃樹皮、樹根充饑，因此，「所有道路旁的樹木都被扒了皮，而如果有人記錄過去四個月這裡的人靠什麼維生，在美國的人會不相信，但這是事實」。[44] 待 1943 年韓克禮神父已移至河南西部魯山工作時，又再次親歷蝗災的恐怖狀況。[45] 由此可知當時災情之普遍與嚴重。

河南大饑荒的直接影響是糧價飆漲，且遍及全省各處，韓克禮神父曾聽到位於黃河以北的新鄉傳教區情形是：

43　Joseph Henkels, *My China Memoirs, 1928-1951*, p. 123.

44　"Two Letters of Joseph Henkels, SVD," p. 107.

45　Joseph Henkels, "The Locusts Are Coming!" *The Christian Family and Our Missions* (January 1944), pp. 7, 32.

（新鄉）現在小麥一磅要十三元，其他食物也非常昂貴，去年秋天農作物收成失敗，而日本人對仍存在的饑荒情況沒有協助救援，相反地，他們進入鄉村大部分地區，仍偷、搶、燒地如昔日作為。[46]

此消息令其憂心之程度甚於前述內鄉集中營裡傳教士面臨之經濟壓力，卻也無法伸出援手協助仍留在新鄉傳教區的工作同僚與當地百姓。然其在國民政府統治區內則可有若干作為，因米幹神父聯絡到國際救濟團體的資金援助，並在河南洛陽、魯山、鄢師、汝南、潢川、南陽等地成立委員會進行相關工作。

當時在魯山的委員會有6位成員，分別由美國路德會、挪威路德會及天主教會三個單位各派2人為代表組成；其中，挪威路德會代表被選為總負責人，美國路德會代表擔任祕書，而代表天主教會的韓克禮神父則掌出納事務。魯山天主教會經由本地中國國家銀行獲得30,000圓，這筆錢再分交數個團體以不同方式，如開設流動廚房、提供糧食或直接發放家庭救助金等協助災民。而韓克禮神父的作法是提供城西山腳下居民一些金錢，並輔助他們利用金錢購買絲綢，再織成布料販售以增加收入。至於在臨汝的李神父則推動當地的棉紗、棉布及製襪等事業。這些救助計畫頗為成功，人們販售成品後的收入，實可購買所需糧食與生活用品。[47] 而此種以工代賑方式改善平民生活之訊息，亦透過韓克禮神父之寫信轉達聖言會美國省會，以尋得更多國外教友們之持續

46　"Brief Mention: From China (Joseph Henkels)," p. 218.
47　Joseph Henkels, *My China Memoirs, 1928-1951*, pp. 123-126.

經費支援，便於長期運作。[48]

1944 年 2 月，應曾任陝西漢中府（南鄭）傳教區主教的義籍祁濟眾神父（Fr. Mario Civelli, PIME, 1890-1966）要求，韓克禮神父陪同米幹神父前往當地協助處理問題。事情導因於該地城外有一軍用機場，乃中美聯合戰鬥機大隊的基地，中國軍方在尋找讓美方駐守之據點及中國相關人員的住所，欲佔用天主教會財產，當局要求祁濟眾神父與傳教士們搬離教會區域，此事連駐守漢中的國籍牛若望神父（Fr. John Niu）也無法處理，只能求助米幹神父。而米幹神父到達後花費整個星期與中國當局、祁濟眾神父及其工作團隊召開會議，試圖讓雙方都能有所讓步，協調到最後的結果是：在機場工作的美方人員接管其中一個教會據點，祁濟眾神父及其他神職人員留在另一教會據點，以便持續往昔之傳教工作。此次任務除花費較多心力及時間協調雙方外，令人困擾的還有交通問題。

當時從河南洛陽到陝西寶雞有火車可坐，然從寶雞到漢中只能搭乘定期卡車，此卡車要翻越高達 12,000 英呎高的秦嶺山脈，山路呈 Z 字型地往上爬升到山區最高點，再往下駛入盆地，而從寶雞到漢中路程的直線距離是 300 英哩，然彎行山區的實際路線距離可達 350 英哩。更麻煩的是俄製卡車上先載重物，貨物頂端才是乘客座位，約可供 20 至 30 名乘坐。由於缺乏足夠汽油，車子主要運用煤氣轉換以產生動能，在整個車程中，有相當高頻率及非常多機會必須停車添加新的火炭並點燃火苗。而這

---

48   "The SVD: Only the Poorest," *The Christian Family and Our Missions* (April 1944), p. 119.

趟旅程必須自早上9時出發，次日中午乃能到達目的地（漢中），此行之艱困可想而知。

惟即便如此，韓克禮神父仍高興此行的額外收穫，因其利用閒暇時間，在當地傳教士陪同下，騎自行車拜訪城內外諸多教會據點及距離較遠的農村巡視，瞭解該地生活型態、風土民情，甚至耕種方式，實與河南有某種程度之異同，如其發現：

> 該區大部分土地是種植水稻，他們利用漢江及注入漢江之溪流進行灌溉作業。農耕方法採完全的有機式，如同中國每個地方一樣的作法，只要沒有自然災害襲擊，他們的收成是豐富的。稻作收成後，不論打穀、去殼都採用原始方法，但在過程中不會損失任何一顆穀粒。[49]

1944 年 5 月日軍欲大規模襲擊河南南部，韓克禮神父與米幹神父只得再往西逃。其中，米幹神父從河南洛陽出發，經澠池轉往西南方，再越過秦嶺山脈到達盧氏，最終經由陝西雒南抵達西安。[50] 韓克禮神父則先自河南魯山騎自行車往西南方 100 英哩的內鄉，在該地教會據點停留一星期，再朝西行到陝西商縣，由於當地已長達半年無任何神職人員，僅 5 名方濟會修女留守修院及在診所照護病患，因此，韓克禮神父為當地修女及教友們提供信仰服務數月，之後再騎自行車 75 英哩到達西安與米幹神父會

49　Joseph Henkels, *My China Memoirs, 1928-1951*, p. 129.
50　Joseph Henkels, *My China Memoirs, 1928-1951*, pp. 144-145.

合。[51] 在西安期間，韓克禮神父除固定爲駐守當地的美國空軍官兵擔任隨軍司鐸提供牧靈服務外，亦因其流利的語文能力，經常協助無法掌握中文及當地民情風俗的美國士兵解決購物及換匯問題，[52] 也到由修女負責的教會學校——私立玫瑰中學講授英語課程，[53] 直至二戰結束後乃重回新鄉傳教區。

六、結語

返回美國二十多年後，退休的韓克禮神父提筆回顧自己年輕時在中國的福傳歲月，想必懷念萬分；當回憶錄於 1980 年代末正式出版時，他不只一次對訪問者言：「我仍然時常夢到中國」。[54] 他夢到的中國，也是他回憶錄裡的中國，是「另一個中國」，不同於 1980 年代的中國，而是 1920 至 1950 年代的中國。[55]

在中國的這段期間，韓克禮神父親身經歷了對日抗戰與二次大戰的生活，在動亂中，他竭盡心力地救助因日軍侵擾而陷入困境的難民，及因河南大饑荒影響而無以爲生的災民；亦努力克服各種困難爲教民們提供信仰服務，無論是本地百姓、山區農民，

---

51 Joseph Henkels, "Welcome to Shensi," *The Christian Family and Our Missions* (September 1944), p. 263.

52 Joseph Henkels, *My China Memoirs, 1928-1951*, pp. 152-154.

53 "In Memoriam: Joseph Henkels, S.V.D., 1901-1997"；李小東，〈抗日戰爭時期的西安私立中學教育〉，《陝西學前師範學院學報》，32 卷 5 期（西安，2016 年 5 月），頁 36。

54 Mark Nepper, "Today's religion: Priest recounts missions work in China," p. 1B; Mark Davis, "Fr. Henkels writes of his dangerous past in China," p. 8.

55 "Remembering another China," *Word USA*, Vol. 13, No. 2 (March-April 1988), p. 2.

或外籍官兵、修女等人。而教會於戰亂時對小民百姓之伸出援手，自然令天主教信仰易於在中國民間社會普及與傳播；同時，中國民眾對避難神職人員的生活照顧，亦令韓克禮神父銘記在心。[56]

當然，在戰亂中的韓克禮神父亦負有維持教會各項事業之責任，尤其，當在國民政府統治區內的義籍傳教士們無法繼續工作時，他即必須出面到各地協調諸事。處理這些事務本身除有心力及時間上之耗費及耗損外，更有極大的體力考驗與長途跋涉行旅之風險，然韓克禮神父雖在回憶錄中予以詳載，卻毫無怨言，且往往自得其樂，認為有機會接觸以往不曾深入瞭解之各地平民百姓生活，實很好的學習。其實，韓克禮神父曾言：傳教士的基本責任是要培育當地人，以領導本地教會，[57] 即必須透過教會之各種工作，令天主教信仰得落實民間社會並達到本地化結果，[58] 因此，即使是在戰亂下，教會事業仍不能中斷。事實上，晚年的韓克禮神父被人問到，如果他現在回到年輕歲月，他會想再當傳教士嗎？韓克禮神父微笑地回答：「我會再作兩次」；[59] 這個答案，應可明白顯示他對年輕時所作抉擇及曾經歷福傳歲月之永遠堅持與終生無悔。

56　Joseph Henkels, *My China Memoirs, 1928-1951*, p. 105.

57　Mark Nepper, "Today's religion: Priest recounts missions work in China," p. 1B.

58　Joseph Henkels, "Priorities & Policies in the New China Mission," *Divine Word Missionaries:100 Years Jubilee Issue*, p. 8.

59　Mark Davis, "Fr. Henkels writes of his dangerous past in China," p. 8.

臺灣基督徒的滿洲經驗與殖民遺緒[+]

盧啓明[*]

摘要

所謂「滿洲」係指1905年成立的關東州（後稱關東廳）、1931年九一八事變隔年（1932）成立的滿洲國之疆域。換言之，即清代的東三省或民初的東北九省。臺灣因殖民統治之故，乃與2,000公里之遙的滿洲有所關聯。根據統計，在滿的臺人約有5,000，其中近五分之一的生命故事漸被知曉，使這段隱晦的歷史露出一線曙光。

曾有滿洲經驗的臺灣人，其中不少具有教會背景。而滿洲的基督教淵源和臺灣發展類似，時間接近，背景都是19世紀的海外宣教，初期也都面臨西方文化與本地傳統的碰撞。滿洲以長老教會爲主，1867年英國宣教師賓威廉（William C. Burns）的足跡抵達，1869年愛爾蘭長老教會入滿，1872年蘇格蘭自由教會繼之，1891年兩差會合併開拓，1907年陸續設立中會和大會，1925年加入全國總會，到1941年滿洲長老教會已近300間，信徒三萬多人，約佔整體基督教之半。

[+] 本文承蒙鄭仰恩教授指正，於研討會獲蕭錦華教授評論、邢福增教授和李宜涯教授提出討論，特此致謝。

[*] 臺灣基督長老教會歷史檔案館主任。

赴滿洲發展的臺灣基督徒，大多是中產階級人士，尤其是醫學領域，還有實業、學術界人士，此一現象與殖民政策相關。是時，日本積極招募專業技術人員前往新天地發展，而臺人也甚具拓荒奮鬥之精神，在滿洲僅次日人，位階在滿、漢、蒙、朝鮮之上，受到的箝制比在臺島為少。可貴的是，臺灣基督徒雖有社會階層的上升流動，但不因此而驕矜，極少自視甚高，反而實踐信仰，用專業技術尤其醫學知識來幫助當地人，使得滿洲的臺灣醫師的聲譽極高，臺灣還因此被稱為醫師島、大仙島，受到滿洲社會的肯定，與日本殖民者形成鮮明對比。

　　然而，戰後有滿洲經驗的臺灣基督徒，非但年資不得列計，還要面對「漢奸」審判的威脅，故大多數人都隱藏這段過去，相關資料也零散難尋。縱使幸運回到故鄉，但等待他們的，卻是險惡的政治環境，因為「滿洲國」的烙印，並非政治正確的一端。要之，在特殊的時空處境，基督徒的滿洲經驗和殖民遺緒深刻影響他們的生命故事。

關鍵詞：關東州、滿洲、臺灣基督徒、殖民遺緒

一、前言

　　所謂「滿洲」，係指 1905 年成立的關東州（後稱關東廳）、1931 年九一八事變隔年（1932）成立的滿洲國之疆域。換言之，即清代東三省或民初東北（九省）地區。臺灣因殖民統治之故，乃與 2,000 公里之遙的滿洲有所關聯。日治時期，臺人受到差別待遇，為了就業、求學而隨日人腳步前往滿洲。最早躍上舞臺的是新竹人謝介石（1878-1954），他擔任滿洲國第一任外交總長，帶來指標意義，使臺人興起「有為者亦若是」之心而陸續前往。[1]

　　然而，此一被扶植的傀儡國隨著日本 1945 年戰敗而覆滅，命運只有短短十四年。戰後，臺人不得列計滿洲的公職年資，還要面對「漢奸」審判的威脅，因此多數人都隱藏這段過去，相關資料也零散難尋。[2] 只有少數人因著過往官場職緣，獲得協助與諒解，回復中國籍並全身而退。[3] 根據統計，有滿洲經驗的臺人約有 5,000，其中近五分之一的生命故事漸漸被知曉，2013 年還上映了「臺灣人在滿洲國」系列紀錄片，使得這段隱晦的歷史露出一線曙光。

　　日治時期，臺、滿的深厚淵源首見於政策的延續與官僚的輪替。臺灣每年從滿洲進口大量豆餅、硫銨等肥料，長期入超，兩

1　許雪姬，〈是勤王還是叛國：「滿洲國」外交部總長謝介石的一生及其認同〉，《中央研究院近代史研究所集刊》57（2007 年 9 月），頁 57-117。

2　許雪姬等訪問紀錄，《日治時期在「滿洲」的臺灣人》（臺北：中研院近史所，2004），頁 v。

3　許雪姬，〈在「滿洲國」的臺灣人高等官：以大同學院的畢業生為例〉，《臺灣史研究》19：3（2012 年 9 月），頁 95-150。

地貿易亦有依存。[4] 嘉南大圳之父八田與一曾前往滿洲國考察水庫建設；內田嘉吉和石塚英藏擔任臺灣總督前，分別當過關東長官、關東都督府民政長官；軍人菱刈隆歷任臺灣軍司令、關東軍司令、關東長官。[5] 末代總督安藤利吉曾於陸軍省兵務課長任內到奉天（瀋陽）對關東軍發號施令。[6] 臺灣總督兒玉源太郎轉任滿洲參謀總長；民政長官後藤新平轉任滿鐵總裁，在臺（1901-1906年）、滿（1907-1915年）展開「舊慣調查」，整備土地制度，呈現一脈相承的殖民移植。上述的政治背景代表「臺灣殖民地經驗」的輸出，而臺、滿更是日本帝國圈「南進」、「北進」擴張政策的前哨，[7] 無不顯示日人的國策相承性。[8]

　　當然，臺灣和滿洲的殖民背景仍有不同，前者是條約割讓的殖民地，後者為軍事扶植的傀儡國，所以中國多數文獻稱之「偽滿」表示政治從屬性。惟不可否認地，日人對此「羽翼下的政權」戮力甚深，將古都長春打造成現代化的「新京」，治安良好，司法制度也有革新，創造利於現代產業發展的環境，使滿洲國維持形式法制主義，象徵「殖民近代化」的縮影。[9]

4　卞鳳奎，《日治時期臺灣籍民在海外活動之研究》（臺北：樂學，2006），頁63-66。

5　許雪姬，〈日治時期臺灣人的海外活動：在滿洲的臺灣醫生〉，《臺灣史研究》11：2（2004年12月），頁9。

6　矢原愉安著，丁允謀譯，〈偽滿血淚史〉，文收蔡登山編，《太陽旗下的傀儡》（臺北：獨立作家，2014），頁15。

7　張素玢，〈國策會社與日本移民事業的開展滿洲拓植公社與臺灣拓殖株式會社〉，《師大臺灣史學報》2（2009年3月），頁64-65。

8　鄭政誠，〈日治時期臺灣舊慣調查對滿洲舊慣調查的輸出：以調查模式與人員的移植為中心〉，《法制史研究》13（2008年6月），頁209-210。

9　吳欣哲，〈「滿洲國」司法制度的建立與實踐：一段殖民史的側寫〉，《法制史

揆諸滿洲，其資源豐富、形勢險要，長期爲國際勢力角逐之地，被鄰近的日本、蘇俄、朝鮮包圍。此處也是軍閥割據和國共鬥爭的重要戰場，本身又具有多民族、多語言、多宗教的背景，交融了漢、滿、蒙的各族元素，看似邊陲，卻反映核心的權力消長。滿洲的地理位置特殊，處於大陸與大洋的交界；思想領域錯綜，兼有民主、帝國及共產主義的影響；時代角色交雜，在最古老的文化中，卻有最現代化的設施。其歷史背景之複雜，被認爲是遠東的風向球和兵家必爭之地。[10] 對基督教而言，滿洲更是各國差會雲集之處，而且具有滿洲經驗的臺灣人，其中不少具有教會背景，在特殊的時空處境，基督徒的滿洲經驗和殖民遺緒如何影響他們的生命故事，即是本文探查的主題。

　　目前有關滿洲臺灣人的研究，以許雪姬著力最深；滿洲基督教研究，則有徐炳三、閆超探討政教關係；[11] 另有學者以大連圖書館（前身爲 1906 年成立的滿鐵大連圖書館）的收藏爲基礎，整理「滿鐵資料東北基督教史主要文獻目錄及收藏地」，指出重要著作的史料價值，例如民生部《宗教調查資料》（1937-1940）、《滿洲基督教年鑑》（1920-1941）、《宗教統計表》（1938）及多部時人專著。[12] 亦有文章研究簡略介紹近代東北基督教研究的概

研究》6（2004 年 12 月），頁 137-138。

10　Basil Mathews, *World Tides in the Far East* (London: Edinburgh House Press, 1933), p. 9.

11　徐炳三，〈近代中國東北基督教研究：以政教關係爲研究視角（1867-1945）〉（武漢：華中師範大學中國近代史研究所博士論文，2008）。
　　閆超，〈東北淪陷時期宗教狀況與教化統治研究〉（長春：東北師範大學中國近現代史博士論文，2009）。

12　黑龍、王曉輝，〈滿鐵資料東北基督教史文獻概述〉，《蘭臺世界》14（2011 年 7 月），頁 42-43。

況。[13] 蘇格蘭教會海外宣道會議事錄等教會史料，因戰爭因素多半集中在 1940 年代前半段。由於政治因素使然，臺灣人在滿洲的歷史無不極力掩蓋，所留文本甚少，因此本文以口述資料爲主，希望能以同情的理解，回顧其曲折的生命史。

二、滿洲的基督教背景與其他宗教

（一）基督教

滿洲的基督教淵源和臺灣的發展相似，傳入時間也接近，背景都是 19 世紀的海外宣教，儘管與帝國主義糾葛不清，遭受許多挑戰，但仍逐漸根植本土。當時以設醫院、辦學校爲主，配合佈道宣講，逐漸傳播資訊。

1866 年蘇格蘭聖經公會的威廉生（Alexander Williamson）來到滿洲旅行佈道並販售聖經。1867 年，蘇格蘭自由教會出身、英國長老教會首位駐華宣教師賓威廉（William C. Burns）的足跡來到牛莊（營口），在這之前他已在華南工作一段時間，但賓氏壯志未酬，翌（1868）年不幸病逝於滿洲。1869 年愛爾蘭長老教會接受英人建議，也以牛莊爲正式宣教區；[14] 1872 年蘇格蘭自由教會的羅約翰（John Ross）繼之。1882 年又有畢業於愛丁堡大學醫學院的英國頂尖醫師克利斯蒂（又稱司督閣 Dugald Christie）

---

13 張榮良，〈近 20 年近代東北基督教研究〉，《長江大學學報（社會科學版）》34：6（2011 年 6 月），頁 158-159。

14 陳俊宏，〈加拿大北臺宣教的緣起：從兩封歷史性信函談起〉，《臺北文獻》直字 163（2008 年 3 月），頁 131。

展開醫療宣教，建立滿洲第一所西醫診所。他少時受美國奮興家慕迪（Dwight L. Moody）感動，立志海外宣教，帶著蘇格蘭高地的拓荒精神，在滿洲渡過甲午、義和團及日俄戰爭三次危難，影響極為深遠，他因著醫療宣教的卓越貢獻，獲選英國皇家醫學院的院士。1912 年他創辦著名的奉天醫學院（即盛京、瀋陽），培育醫療人才，其團隊在三十年內至少診治 15 萬人，開設醫療院所 12 處，被尊為「奉天聖者」。克利斯蒂服務至 1922 年退休返英，滿洲近代基督教史的前半段幾乎是圍繞著他奉獻的四十年所展開，也留下許多珍貴的史料。[15]

　　誠然地，滿洲本地信徒的奮起，實為基督教發展的關鍵，也因此教會才能逐漸自養、自治、自傳。例如曾經受教於克利斯蒂的盲人常森（有文獻稱瞎張），自他出院返鄉後，即到處傳講基督，到 1900 年拳亂殉難前，據稱曾影響二千人入信。同時，使滿洲基督教擴張迅速的原因還有興學設校和賑災工作，前者如羅約翰設立的太平山小學，後者如 1873 年的水災配糧工作，均直接或間接促成基督教的發展。服務與教育，確實是深入人心、培養人才的重要管道。[16]

15　Dugald Christie, *Ten Years in Manchuria: A Story of Medical Mission Work in Moukden*, 1883-1893 (Paisley: J. & R. Parlane, 1895).
　　Dugald Christie, *Thirty Years in Moukden, 1883-1913: Being the Experiences and Recollections* (London: Constable & Co., 1914).
　　克利斯蒂著、矢內原忠雄日譯、郭維租中譯，《奉天三十年》（臺北：永望，2008）。
　　Iza Inglis, *Dugald Christie of Manchuria: Pioneer and Medical Missionary: The Story of a Life with a Purpose* (London: James Clarke & Company, 1932).
　　英格利斯著、張士尊譯，《東北西醫的傳播者》（瀋陽：遼海，2005）。

16　楊森富，《中國基督教史》（臺北：臺灣商務，1972），頁 304-305。

滿洲的宣教因著愛爾蘭和蘇格蘭於 1891 年將差會合併，宣教事務益發開拓，1895 年起，丹麥路德會等宗派亦陸續傳入，到 1937 年底的統計，基督教堂有 675 間，宣教師 1,035 人，信徒 51,393 人，佔總人口 2%，此一「年輕」的基督教會，頗具充沛的活力和嚴整的組織。[17] 各派中，最具規模的是長老教會，1907 年先後設立中會和大會，1925 年加入全國總會，信徒約佔滿洲全部基督宗教之半。[18] 到 1941 年時滿洲有長老教會 288 間，信徒 3 萬餘人，神職人員 100 餘位，男女傳道員 250 位，教會學校 30 所，醫院 14 所，另有神學校、醫學校、聖經學校、重明女學院（盲校）、男女青年會等機構。[19]

　　眾多長老教會中，以新京教會基礎最穩，因地處滿洲國首都，具有交通便利、人口匯聚的優勢，教會事工繁多。1940 年時約有 300 位信徒，由二位神職人員駐任，並支援多位傳道者和神學生，又贊助聖經公會事務，在教會自立方面頗有進展。顯然地，滿洲的教會組織齊備，各領域皆合力推展福音事工。

17　South Manchuria Railway Company, "A History of Christian Mission Work in Manchuria," *Contemporary Manchuria*, 4: 1 (1940.1), p. 34.
　　日人和教會雙方的統計資料甚大，前者數量較多。徐炳三認為是統計範圍和對象之不同。詳參氏撰，〈從信徒數量及社會變遷看其對近代東北基督教發展的影響〉，黃文江等編，《法流十道：近代中國基督教區域史研究》（香港：建道神學院，2013），頁 279-285。

18　楊森富，《中國基督教史》，頁 306-307。
　　其他教派的傳入時間：1914 美國安息日會、1920 美南浸信會、1924 上海監理會、1927 加拿大差會、1929 芬蘭神召會、1932 耶穌會、1933 均老會、1934 多恩會、1935 真耶穌教會等。

19　H. K. Johnston, *Manchuria: The Growth of a Church* (Belfast: The Presbyterian Church in Ireland Foreign Mission, 1949), pp. 21-24.

1932年滿洲國成立時，約有三分之一到半數的居民，眼見政權易幟，爲避禍而大舉南遷，期間盜匪叢生，許多人遂轉往教會尋求庇護，在1934年之前，各地教會例如開原、遼陽、新賓、海龍等皆蓬勃發展，政府當局對宗教採取籠絡的手段，只要不「反滿抗日」，皆不予干預，並懷柔基督宗教，企圖爭取歐美國家承認滿洲國。惟1935年以降，因滿洲國局勢底定，宗教環境改變，開始有基督徒、宣教師面臨政治壓力。[20]

　　滿洲政教張力的導火線，係奉天基督徒在1932年國際聯盟前來調查時，以數百封陳情書反對滿洲國的建立，種下心結。1935年東北抗日聯盟蜂起，當局懷疑與教會不無關係，於是將矛頭指向40餘名教會高層，或拘或釋，結果不一。1936年「滿洲基督教聯合會」由政府授意成立，藉以統合各派。領導的少數教會，係屬1933年成立的「滿洲傳道會」所有。1938年民生部頒布《暫行寺廟及布教者取締規則》，是爲管控宗教的代表性法令，舉凡宗教會所的設立廢合、神職人員的任免行止，皆要呈報，違者將處以禁令罰則。1940年滿洲大部分教會學校停辦，校產被政府徵購，情勢益發嚴峻。到1942年，合併教會的態勢更加擴大，在當局慫恿下，「滿洲基督教會」本部在長春成立，將東北基督教19個教派（基督復臨安息日會除外）合併，劃分9個教區，該部實行組織、信仰、指揮、思想、行動五個「統一」，對教會所屬事業如醫院、學校、聖經會、男女青年會、神

20　Elizabeth G. K. Hewat, *Vision and Achievement 1796-1956: A History of the Foreign Mission of the Churches united in the Church of Scotland* (Edinburgh: Thomas Nelson and Sons Ltd, 1960), p. 266.

學院嚴加控制，並經歷適度懷柔、立法制約、監控打擊、精神強制及組織改造的步驟。[21]

由上可知，日人對滿洲的政教領域皆有意圖。例如上述滿洲傳道會，號稱爲「日本唯一對外的海外差會」，由前陸軍少將、東京富士見町教會長老日疋信亮任會長，前議員松山常次郎任理事長。陸續在奉天、新京、哈爾濱、承德、大連、赤峰、洮南、索倫等地設教，持續從日本國內引入大量資源，並招募漢人牧師，與外國的差會出現競爭的態勢。後因日人佔領地區擴大，1938 年改名爲「東亞傳道會」，範圍擴及蒙古、華北、華中、華南，向中國佔領區派遣隨軍傳教師。[22]

1941 年日本與英美全面開戰，乃將宣教師驅逐回國。教會在戰爭時期面對極大挑戰。例如加拿大教會就指出，日本帝國圈的滿洲、臺灣及朝鮮都無法繼續拓展傳教工作，甚至難以獲得任何訊息。所幸宣教師離開前都有策劃，許多事務尚能繼續進行。當時，加拿大教會除了協助朝鮮等地的聖經傳道婦返鄉之外，能

21　徐炳三，〈僞滿體制下宗教團體的處境與應對：以基督新教爲例〉，《抗日戰爭研究》02（2011），頁 51-59。徐炳三，〈略論僞滿政權的宗教控制手段：以基督教爲例〉，《東北師大學報（哲學社會科學版）》05（2011），頁 62-66。

徐炳三，〈太平洋戰爭爆發後僞滿對基督教會的控制〉，《史學集刊》6（2013年 11 月），頁 78-86。同文收趙軼峰主編，《文本、地域與解釋的新視角：中國東北地區的基督宗教與中西文化交流》（上海：上海人民出版社，2013），頁 150-171。

徐炳三，〈政治高壓與僞滿基督教文字事工：兼及僞滿官方基督教調研資料〉，《基督教文字傳媒與中國近代社會》（上海：上海人民出版社，2013），頁 273-290。

22　李英武，〈中國東北淪陷時期的宗教：基督新教〉，《東北亞論壇》2（2001年5 月），頁 88-90。

做的事很有限。不過,他們仍然相信過去的努力不會落空,期待透過前人奠定的穩固基礎,使教會持守信心,並在上帝的幫助下,繼續建造基督的國度。[23]

1942 年太平洋戰爭前期日軍勢如破竹,日人氣燄相對高張,次(1943)年,或因戰局不利,宗教已非首要事務,逼迫之風已較減輕。[24] 到 1944 年,根據在大連的陳素梅指出,教會裡沒有日人參加,也不見軍警巡視或干涉活動,禮拜的形式和內容均與臺灣相似,但已不要求謳歌戰爭、愛國捐款或勞動服務。[25]

要之,戰時體制下的滿洲,一如「日本基督教團」和「日本基督教臺灣教團」,都面對高度的政教張力,此一宗教統制、協力戰爭的模式,是日本國內政教模式的移植,也是所謂「帝國圈」都面臨的極大挑戰。

(二)其他宗教

滿洲的都市常見相容並蓄的宗教風貌,例如建於 1905 年的東北大城哈爾濱的猶太教、東正教及天主教的據點,各式會堂曾多達 70 餘座。[26] 市內猶太會堂初期未遭到納粹一般的迫害,直

---

23 "Overseas Mission Work", Report of FMCPCC, 1942.5, p. 57.

24 楊松山,〈基督教會在偽滿時期的遭遇〉,孫邦主編,《偽滿史料叢書:偽滿社會》(吉林:吉林人民出版社,1993),頁 589-597。

25 柳書琴,〈出奔滿洲之迢迢醫者路:陳素梅醫師訪談〉,《臺灣史料研究》40(2012 年 12 月),頁 122。

26 王春媛,〈哈爾濱市基督宗教(基督教、天主教、東正教)發展研究〉(哈爾濱:黑龍江大學宗教學碩士論文,2009),頁 I。

到後期因政治壓力，猶太僑民才撤離。[27]

滿洲的東正教傳入甚早，1660 年代沙俄已在清朝北疆重鎮雅克薩建立教堂和修院。1896 年《中俄密約》簽訂後，沙俄以武力爲後盾，獲取中東鐵路的興築使用權，將鐵路沿線視爲殖民地。1899 年哈爾濱「尼古拉堂」正式祝聖啓用，鐵路沿線各市鎮、林礦區紛紛效之。哈爾濱是中國東正教信徒最多的教區，勝過京、滬。從 1920 發展到 1940 年代，東西兩區共計教堂 40 餘座，信徒四萬餘人（含東歐民族）。[28] 1938 年滿洲國成立「俄僑防共委員會」，有意扶植親日勢力，援助被蘇俄政權打壓的東正教，但 1943 年哈爾濱主教梅列基拒絕崇拜國家神道，不願隨關東軍起舞。總計東北全境在 1920 年代曾多達 30 萬信徒，至 1945 年有 67 座東正教堂，教勢十分興盛。[29]

滿洲天主教則發展稍晚。1582 年利瑪竇來華，但百餘年後的 1693 年滿洲才隸屬北京教區。又逾一世紀，1838 年教廷才把滿、蒙合爲獨立教區，轄於法國天主教，信徒約 4,000 人。1840 年鴉片戰爭後，天主教在華腳步加速，憑藉不平等條約深入內陸。1898 年劃分南、北滿教區，均隸屬巴黎外方傳教會。清末民初，不少差會如德國本篤會、瑞士白冷外方傳教會等都積極擴張，購地興築。當然，也免不了帝國主義和福音信仰的糾葛。

27　朱衞新，〈中國東北淪陷時期的宗教：猶太教〉，《東北亞論壇》2（2001 年 5 月），頁 90-91。

28　高崖，〈黑龍江東正教歷史鈎沉〉，《世界宗教研究》01（1995），頁 64-72。白嗣宏，〈東正教傳教士與中國文化西漸的北方之路〉，《漢學通訊》241（2005 年 2 月），頁 13-18。

29　王若茜，〈中國東北淪陷時期的宗教：東正教〉，《東北亞論壇》2（2001 年 5 月），頁 85-87。

1930年代，日本的勢力深入滿洲，德、義結盟，箝制法國，於是1934年教廷正式承認滿洲國，使東北天主教領導層態度傾右，只有少數基層領袖，如馬相伯、英千里、王瑞寰以抗日為訴求。由於滿洲國時期的天主教被認為過度親日，乃有學者認為當年的天主教是「外來的宗教文化，產生了毒害人民，輔助帝國主義侵略的作用。」整體而言，根據1940年滿鐵情報科《滿洲宗教志》的調查，天主教徒約22萬人，約是基督教的四倍，顯見已有相當之紮根。[30]

在民間，滿洲的宗教超過80%仍以佛、道為主，且一直是多元宗教的背景，相容薩滿教（精靈崇拜）、新興的救世團體等。另一方面，日本則引進國家神道，迫使滿洲國迎奉「神器」，崇拜天照大神，修築「建國神廟」，並成立「祭神府」，1940年定為滿洲國的「祖神」、「國教」。[31]

值得注意的是，滿洲的新興宗教如萬國道德會、同善社、道院、紅卍字會一度蓬勃。1930年前後，日本官方認為「救世團體」有其重要性，開始展開調查，並將此一方針延續到戰爭時期，提出多部研究專書。[32] 其中，最值得注意的是萬國道德會。其創於山東，後與王鳳儀（王善人）在東北創辦的女義學匯合。

30　李英武，〈東北淪陷時期天主教〉，《日本研究》04（2001），頁75-79。
　　徐炳三，〈近代天主教在吉林省的傳播和發展〉，《中國天主教》02（2006），頁37-39。South Manchuria Railway Company, "The Catholic Religion in Manchoukuo", *Contemporary Manchuria*, 3: 2 (1939.4), pp. 129-161.。

31　丘樹屏，《偽滿洲國十四年史話》（長春：長春市政協文史和學習委員會，1998），頁167-169。

32　王見川、康豹、宗樹人，〈救世團體與現代中國的新興宗教運動專輯（I）導言：救世團體研究的回顧〉，《民俗曲藝》172（2011年6月），頁15-16。

滿洲國時期，萬國道德會十分興盛，官方統計 1944 年有大小會所 670 處、職員二萬、會員七萬，若依會內統計，全盛時期會所超過 1,600 處，會員逾百萬，經常舉辦遊行演講團，創設小學、職業傳習所、安老所、懷少園、戒菸班、民眾講習所、節孝講習班團體，深入社會基層。1949 年以後，該團體在中國銷聲匿跡，但有少數成員轉到臺灣，延續命脈。儘管活動轉趨平淡，仍然開辦軍眷識字班，創設立德幼稚園。[33] 影響所及，一些基督宗教的信徒例如任鴻九、莽玉琴、陳福坡也支持道德會的勸化主張，積極投入其教育事務。[34] 這些「救贖團體」之所以吸引人，學者杜贊奇認為是滿洲特殊地域化的影響，[35] 尤其是「國家現代概念」的訴求。這些團體經常將自己描述成「規範化的宗教」，並獲得民族主義者（甚至後來的「通敵賣國者」）政府的認同。[36]

　　總之，滿洲長期是多民族地區，隨著移民腳步，逐漸產生「混合型的文化」，一方面具有包容的開放性，對異文化予以接納與吸收；一方面具有地域的保守性，對外來事物抵制與排斥。因之，基督教雖在政治層面有所參與，但遠不如投入文化層面的歷史印記，使滿洲基督教和地方社會呈現雙向互動的發展過

33　羅久蓉訪問，丘慧君、周維朋記錄，《從東北到臺灣：萬國道德會相關人物訪問紀錄》（臺北：中央研究院近代史研究所，2006），頁 331-336。

34　羅久蓉訪問，丘慧君、周維朋記錄，《從東北到臺灣：萬國道德會相關人物訪問紀錄》，頁 163、203、265。

35　Prasenjit Duara, *Sovereignty and Authenticity: Manchukuo and the East Asian Modern* (Lanham: Rowman & Littlefield, 2003).

36　康豹撰，李瓊花譯，〈西方學界研究中國社區宗教傳統的主要動態〉，《文史哲》310（2009），頁 70。

程。[37]

三、日治時期在滿洲的臺灣基督徒

（一）醫界人士

臺灣基督徒醫界人士早在 1910 年代就前往滿洲，他們大多是總督府醫學校前期的畢業生。其後，滿洲醫科大學，新京和哈爾濱醫科大學、開拓醫院陸續設立，更吸引臺人前往。此外，也有人在日本本土、朝鮮取得醫師資格後赴任。他們在醫療資源缺乏的滿洲發揮所長，成為醫科教授、公私院所醫師、公衛體系官員，都有亮眼表現。[38] 這群臺人醫師在遙遠的滿洲「邊界區域」扮演特殊角色，[39] 甚至讓滿洲人覺得臺灣是一個「醫師島」、「大仙島」。基督徒醫師因著信仰，極少汲營自身利益，而是本著良心服務社會，以下逐一介紹之。

高雄舊城黃家第三代大房黃東尚，曾在哈爾濱開設東尚牙科，是唯一在當地開業的臺籍醫師。三子黃敬值（又名東聰），就讀哈爾濱醫學院二年級時，因日本戰敗而返臺，1949 年娶小港人陳安靜為妻，志向改投入初等教育，教學認真守時，深得肯

37　邱廣軍，〈基督教與近代中國東北社會（1866-1931）〉（長春：東北師範大學中國東北地方史博士論文，2009），頁 204-209。

38　許雪姬，〈日治時期臺灣人的海外活動：在「滿洲」的臺灣醫生〉，《臺灣史研究》11：2（2004 年 12 月），頁 1-75。

39　Ming-cheng M. Lo, *Doctors within Borders: Profession, Ethnicity, and Modernity in Colonial Taiwan* (Berkeley, Cali.: University of California Press, 2002), p. 85.

定。[40] 黃氏父子的滿洲經驗，讓他們養成刻苦耐勞、熱心服務的性格，對日後教會發展貢獻極大。

陳素梅，1926 年生，祖母受宣教師影響歸信，父親陳步瑤為裁縫師，母親早逝，家庭居住於彰化基督教醫院附近，和醫療傳道的教會生活密切相關。陳素梅畢業於彰化女子公學校，通過彰基護士考試後，開始護理生涯，1943 年與同為基督徒家庭的蔡行鑄結婚。蔡氏雖然只有公學校畢業，但在彰基醫師學習班表現傑出，1944 年為遠避徵兵，在簡仁南的外甥黃再傳介紹下，前往大連仁和醫院擔任助手。起初，薪資偏低，當地物價高於臺灣，陳素梅又身懷六甲，無法外出工作，生活十分困難，蔡行鑄還因為水土不服，罹患心臟瓣膜炎和肺氣腫。儘管如此，他們夫婦仍然堅持步行參加中山廣場附近教會的主日聚會，成為「貧病生活中的心靈依靠」。戰後他們並未返臺，在認證之後，雙雙成為正式醫師，是少數留在東北而發展較好之例。[41]

許春菊（1918-1997），澎湖人，第三代基督徒，其母親、外公都十分虔誠。許氏畢業於臺南二高女、日本奈良女子高等師範學院，日本東洋大學法學碩士。許春菊婚後住奉天，隔壁即是教會，師母為人和善。由於當地臺灣人被視同日本人，住在同一區，設備完善，治安良好，配給相同，沒有差別待遇的問題。日本戰敗後，蘇兵大肆姦殺擄掠，甚至也意圖侵害許氏，所幸最後良心發現而作罷。後來許春菊返臺，先後擔任六屆省議員和二十二年立法委員，四十餘年為民喉舌，可謂知名的女性政治人

40　陳安靜，《恩寵的女兒：陳安靜女士見證集》（臺北：天恩，2006），頁 20-21。

41　柳書琴，〈出奔滿洲之迢迢醫者路：陳素梅醫師訪談〉，頁 118-122。

物。[42] 教會服事方面，1954-1991 年擔任新化教會長老，曾為臺南神學院免稅問題、白話字聖經被禁等爭議向政府申訴。[43] 其滿洲經驗，使她成為溫柔而堅定的女性領袖。

許春菊夫婿梁炳元，出身新化醫生世家，炳元大姐梁金蓮（夫婿楊澄海）信主後，慢慢影響傳統信仰的梁家，使之成為基督教家族。排行第二的梁炳元受到影響，由日本組合教會（Congregational Church）牧師原忠雄洗禮，家庭門風漸漸改變。戰後，梁炳元於 1953-1955 年擔任臺灣基督長老教會總會事業處長。[44]

承上，梁氏的家業始於梁道、梁宰。兩兄弟先後於 1910、1912 年畢業於臺灣總督府醫學校，梁道於故鄉開業，曾任新化街長；梁宰則於 1914 年至滿洲發展，腳步甚早。他先到滿鐵醫院磨練，並熟習地方事務，得到當地人士信任後，即在撫順開設「天生醫院」。梁宰性格親切，時常「榨富濟貧」，行醫時不若滿鐵醫院有差別待遇，因此受到滿鐵撫順炭礦的工人愛戴。在臺灣民眾黨謝春木的報導下，梁宰的形象躍然紙上，他關切工人，平等視之，在滿洲臺灣人的圈子享有聲望。梁宰的醫院原在奉天大南門千金寨地區，1924 年因為日人在撫順實施都市計畫，乃在新市區蓋二層樓的醫院，1930 年前後正式遷入。梁宰於 1933-1938 年攻讀滿洲醫大博士，並以條蟲防治的論文獲得學位。他的天生醫院開設眾多門診，設有內科、外科、小兒科、眼科、皮

42　中央研究院近代史研究所編，《口述歷史 5：日據時期臺灣人赴大陸經驗》（臺北：中央研究院近代史研究所，1994），頁 293-319。
43　梁望惠，〈我的母親梁許春菊〉，《臺灣教會公報》2366（1997 年 7 月），頁16。
44　《臺灣基督長老教會總會事業處議事錄（1951-1957 手稿本）》，頁 1-5。

膚科、花柳科、耳鼻喉科、婦產科；醫師以親戚居多，如梁道長男梁炳元（滿洲醫大博士，娶許春菊）、長女婿羅福嶽[45]（娶梁金菊）、次女梁金蘭、次女婿楊澄海。還有梁宰子梁育明、女婿林昌德（娶梁金蘭），侄子梁成、梁松文、梁清文。此外，梁宰慷慨資助年輕人讀醫科大學，也有幾位是原先僱用的助手（包括女婿林昌德），總之撫順的天生醫院可說是臺灣醫師匯聚的地方。[46]

前述梁宰之子梁育明因戰後留在東北，乃親眼見證時代巨變。梁育明生於 1925 年，成長於撫順新街，從小接受日本教育。1946 年梁宰被共軍拘留後病逝，梁育明仍在瀋陽讀書，天生醫院暫由堂兄梁清文接手，梁家親戚則先後回臺，最後一批於 1948 年 8 月離開。後來，國共在錦州開戰，梁育明雖已修畢瀋陽醫學院（即滿洲醫大）學分，但避之無路。不久 11 月共軍拿下瀋陽，梁氏隨即掌理天生醫院。1951 年中共將天生醫院與五家院所合併為聯合醫院，由梁育明任副院長，1956 年又與市立醫院合併。中小型院所雖然被合併，失去自主性，但後續仍有發展。到了 1976 年文革時期，梁氏被下放為工友，幸因過去善待基層員工，因此未遭激烈批鬥，也經常協助看診，一年後復職為醫師，1978 年又回任副院長，1981 年還當上撫順衛生局副座，但梁育明始終沒有加入共產黨，稍微保有距離。然而，由於政治上的阻隔，梁育明直到 1985 年才能出國到日本和親人會面，分離將近 40 年。[47]

45　羅福嶽於 1973 年以生父羅雅之名獻地建堂，原五塊厝教會更名羅雅紀念教會。弟羅福全。

46　許雪姬，〈日治時期臺灣人的海外活動：在「滿洲」的臺灣醫生〉，頁 1-75。

47　中央研究院近代史研究所編，《口述歷史 5：日據時期臺灣人赴大陸經驗》，頁

張七郎（1888-1947），1915 年畢業於臺灣總督府醫學校，曾在臺東人孟天成設於大連的博愛醫院服務，並在 1941 年取得滿洲醫師登錄許可，但未在當地執業。長子張宗仁曾在海城開設「仁壽醫院」；次子張依仁通過滿洲國醫師考試及格，曾任職阜新炭鑛病院小兒科。三子張果仁東京齒科大學畢業後，和大哥張宗仁一起赴滿。1946 年三兄弟在張七郎的主導下，放棄在滿洲建立的事業，回臺灣參與戰後的建設。張氏父子在花蓮行醫並擔任地方民意代表，為民喉舌。[48] 然而，卻在二二八事件時遭到國民黨誣指謀反，父子四人只有張依仁存活。倖存的原因，是張母匆忙間所蒐羅的一些有利事證，包括軍醫上尉證章，及在東北醫院服務時曾得蔣介石當面獎勵等，才免於遭難。同樣是滿洲經驗，卻因此有不同的結果，令人唏噓。[49]

　　葉鳴岡（1922-?），桃園龍潭葉發炎長老之子，後遷居花蓮。葉鳴岡之姊葉蘊玉嫁予張宗仁，因此張、葉兩家為親戚。葉鳴岡出身基層公務員家庭，也是花蓮中學第一屆畢業生。1941年就讀新京醫科大學第六期，1944 年畢業後到熱河北票礦山醫院服務，主治小兒科、內科。戰後初期曾短暫代理院長，秉公渡過非常時期，惟延後歸鄉時程，在東北前後七年。1948 年返臺後，在岳父袁樹泉的錦昌醫院執業，後於花蓮開設惠生醫院，直到 1992 年退休，他的東北經歷，使其學會北京話，成為許多

　　　　307-319。
48　王昭文，〈張七郎與詹金枝〉，《新使者》128（2012 年 2 月），頁 56-59。
49　許雪姬，〈滿洲經驗與白色恐怖：「滿洲建大等案」的實與虛〉，收於氏編，《戒嚴時期政治案件專題研討會論文暨口述歷史紀錄》（臺北：戒嚴時期不當叛亂暨匪諜審判案件補償基金會，2003），頁 20。

「外省」家庭的指名醫師。弟弟葉步嶽亦曾就讀新京醫大第八期，戰後轉入臺大醫學院，1950 年畢業，曾服務於臺大醫院外科。[50]

　　鹿港人楊毓奇（1907-?），畢業於臺南長老教中學、臺南神學校，1930 年進入滿洲醫科大學專門部，1934 年學成時，因為表現優異獲得該校「滿鐵總裁賞」。同（1934）年回臺，在馬偕醫院服務一年，轉往東北四平開設信愛醫院，1937 年登記為滿洲國醫師，1941 年進入母校滿洲醫科大學稗田教授之病理學研究室。楊氏由神學領域轉往醫學，兼有兩種專才，又通過困難重重的滿洲醫師試驗，在當時的臺灣基督徒當中，可謂菁英（堂弟楊希榮、楊希聯亦曾往滿洲）。楊毓奇於 1946 年回臺，任職彰化基督教醫院，1951 年成為第八任院長。1953 年在蘭大弼醫師（David Landsborough IV）協助下，取得中英基金會獎學金赴英進修，後未依約回臺，轉往巴西（與聖保羅慕義臺灣基督長老教會有所淵源），晚年滯美。[51]

　　黃順記（1903-1995），彰化線西人。祖父黃和秀為和美教會長老，每天舉行家庭禮拜。黃順記兒時在教會學習羅馬字、聖經與聖詩，受郭朝成牧師影響很深。黃氏畢業於和美公學校、長榮中學校，後來因為長中和滿洲醫科大學的學長王大樹提供資訊，順利考上醫大。九一八事件期間，黃順記目睹事變經過，乃避難北京，因當地醫科設備太差，又轉回滿洲醫大（表弟楊希榮則逃

50　許雪姬等訪問紀錄，〈葉鳴岡先生訪問紀錄〉，《日治時期在滿洲的臺灣人》（臺北：中央研究院近代史研究所，2002），頁 43-62。

51　許雪姬，〈日治時期臺灣人的海外活動：在「滿洲」的臺灣醫生〉，頁 42-43。

到上海，考上南京中央大學醫學院，畢業後活躍於政界，戰後擔任美國救濟總署官員）。黃順記 1932 年以優異成績由該校四年制專門部畢業，直接拿到日本認可的醫師執照，在奉天赤十字病院皮膚科服務。多年後，黃氏在開原創辦博愛醫院，十年後，黃順記再回母校進修，1946 年獲博士。黃氏當年經常參與開原的長老教會，東北人牧師戰後隨黃家來臺。黃順記也是開原臺灣同鄉會的領袖，國共內戰期間，因為貨幣貶值，田產損失極大，他一路與中央政府軍隊、美國救濟總署交涉，順利讓親友 30 餘人平安抵達臺灣。黃順記晚年長居臺中，曾為中國醫藥學院教授及系主任。[52]

承上，黃順記還有三位親人均往東北。三弟黃深智也出身滿洲醫科大學，先後服務於該校附屬醫院、奉天市立傳染病院、開原博愛醫院、遼北省西安縣自行開業，戰後回臺中開辦仁慈醫院。四弟黃雅幫，畢業於奉天南滿中學、九州醫學專門學校。曾服務於開原博愛醫院、鄰縣昌圖站街自行開業，戰後回臺中開辦博濟醫院。堂兄黃在的醫師因娶滿洲女子為妻，戰後並未回臺，但在共產黨進入東北後，土地家產損失甚巨。[53]

林恩魁（1922-2015），高雄人。六～十歲在印尼，十一歲回臺，臺南二中畢業後進入東京帝大醫科就讀。太平洋戰爭末期，原想去就讀北京大學，後來冒名「陳一鵬」前往滿洲國厚生省研究所任職。他認為自己雖然拿日本護照，但其實是被日人欺負，

52　中央研究院近代史研究所編，《口述歷史 6：日據時期臺灣人赴大陸經驗》（臺北：中央研究院近代史研究所，1995），頁 193-210。

53　中央研究院近代史研究所編，《口述歷史 6：日據時期臺灣人赴大陸經驗》，頁203。

心裡不服，認為中國才是「祖國」。戰後初期國共內戰、蘇俄侵擾時，他出資協助 4、50 位臺灣人共渡患難，並見證紛亂的無政府狀態。[54]

侯全成（1902-1973），畢業於長老教中學、臺灣總督府醫學校，專攻外科。曾任職臺北赤十字社醫院。侯全成的岳父邱明山於 1922 年被鈴木商店派到大連支店，擔任輸入部兼華商外交部主任，與當時的奉天政權關係密切，事業遍布北滿、華北。姻親關係影響下，侯全成於 1924 年擔任大連滿鐵醫院外科主任，師事知名胸腔外科專家尾見博士。其後向滿鐵建議在沙河口分設同壽醫院，專為滿人服務，並曾任院長一年。後來，受當時黑龍江省主席吳俊陞之聘，任黑龍江陸軍醫院上校院長。侯氏在滿洲前後七年，後因在北京朝陽大學法科就讀的四弟罹患肋膜炎身故，經父親催促，遂束裝返臺，與姊夫高再得（臺南高長家族）開設再生堂，為臺南名醫。[55] 侯氏戰後曾任臺灣省政府委員，晚年不幸車禍過世。

簡仁南（1897-1969），學生時代積極參與基督教青年會（YMCA），[56] 1921 年畢業於臺灣總督府醫學校。簡氏年輕時曾參加臺灣文化協會、臺灣議會期成同盟會，積極推動自由思想，後因不滿總督府統治，乃轉往大連，先後在博愛醫院（今大連市第二人民醫院）、滿鐵大連醫院任職。1928 年開設仁和醫院，1940 年以動脈硬化症的研究獲博士學位。簡仁南經常接觸社會，同情

54　許雪姬等訪問記錄，《日治時期臺灣人在滿洲國的生活經驗》，頁 209-252。
55　許雪姬，〈日治時期臺灣人的海外活動：在「滿洲」的臺灣醫生〉，頁 30。
56　簡仁南，〈醫專青年會〉，《臺灣教會報》423（1920 年 6 月），頁 2。

貧病，爲人正直，樂善好施，又參加了大連中華基督教青年會，[57] 被選爲副會長，推展普及教育活動。戰後留在大連，繼續行醫，且參與該市的衛生領導工作，1946 年被聘爲大連醫學院解剖學暨外科教授，1948 年在國共內戰當中，參加遼南軍區手術隊。儘管與中共政權的關係看似不惡，在文獻上被稱爲「熱愛人民事業」，但他所辦的醫院和房產最後都被充公，晚年也被迫害而不幸自我結束人生。[58] 相較於其他返鄉的臺人醫生開展出事業第二春，簡仁南決定留在東北，命運坎坷。

黃文生，1924 年生於臺南。十五歲前往大連，在三姨丈簡仁南「仁和醫院」擔任助手，一年後赴日半工半讀，白天在東京遠東聖和國際醫院工作，晚上則學習藥學相關知識，後考入東京都足立商業學校並取得文憑。十九歲回到大連，進入大信洋行，先後任職大連總社和鞍山支店。1945 年 2 月轉往上海大信興產株式會社，戰爭末期被短暫徵召擔任江蘇太倉兵馬廠通譯。1947 年進入臺灣省衛生處工作，1956 年離開公務機關，從事醫藥用品販售。[59]

承上，黃家的姻親盧家（長女盧粉的次子即黃文生），後代也多人習醫，尤其是排行第六的盧昆山，因家庭受惠於新樓醫院的診治，日久成爲基督徒，1927 年由宣教師廉得烈（Andrew B.

57　1921 年成立，曾於大連市的西崗子禮拜堂、永安街及千代田町，建立第一、第二、第三平民學校，惟社會接受程度不及「大連中華青年會」，1930 年代以後發展趨緩。詳參蕭錦華，〈日佔時期（1919-1945）大連市之社會服務基金及團體〉，《中國史研究》111（2017 年 12 月），頁 193-194。

58　郭瑋，〈大連地區建國前的臺灣人及其組織狀況〉，《大連文史資料》6（1989年 12 月），頁 63-64。

59　許雪姬等訪問紀錄，《日治時期臺灣人在滿洲國的生活經驗》，頁 377-401。

Neilson）施洗。盧昆山之妻李謹慎（姊姊李紡絲，姊夫太平境長老黃受惠）則透過臺南神學院習得護產技術，成為助理護士。盧昆山畢業於臺南二中，經親人介紹至東北，哈爾濱醫大畢業後歷經滿洲國、蘇軍入城、國共混戰的時期，熟知東北臺人情況。盧氏曾參加西崗子路德會，時由外籍宣教師以北京話佈道，也曾參加鞍山的日本基督教會，還有瓦房店教會（聘請教會張傳道娘當接生助手）。此外，盧昆山的大哥盧木童（1900-1985，後改名牧童），是臺南看西街教會長老，[60] 木童之子盧主恩肄業於旅順醫學專門學校。盧昆山三姐盧淑賢畢業於新樓女學，嫁給簡仁南；二哥盧清池畢業於九州齒科醫學專門學校，妻簡美治為簡仁南之妹，由施鯤鵬牧師證婚，婚後赴大連開設盧牙科診所，曾出入當地教會，但盧清池不幸被蘇俄軍車撞擊身故，得年三十七歲。[61]

　　王振廷（日本姓名大原道明），1915 年生於雲林西螺，父親王大闢醫師早逝，留下六男四女，王振廷排行第五，由母親廖閃養育成人。1929 年進入淡水中學，1931 年轉入日本大學附中，受教師高野氏影響，1932 年受洗，成為第三代基督徒。1935 年入日本大學醫學院就讀，畢業後前往德島市醫院擔任住院醫師。二次大戰期間，因大連新成立的簡仁南醫院急需醫師，乃轉往該院服務。戰爭末期，二姊夫受東港事件牽連入獄，王振廷本欲回臺照管醫院，後因日本政府阻撓而作罷，乃轉往北部的千代田保險公司任檢驗醫師，後又進入臺北醫療所服務。1944 年與洪雪

60　陳志春、盧主義，〈臺南看西街教會名譽長老盧木童〉，《臺灣公論報》（2006年 8 月）。

61　中央研究院近代史研究所編，《口述歷史 5：日據時期臺灣人赴大陸經驗》，頁269-291。

雲於高雄鳳山教會結婚後，為躲避空襲，由北投遷至岳母故鄉屏東溪州（後改為南州鄉），一邊任職屏東醫院，一邊協助經營果園；後來以父親以前的醫院為名，設立太原醫院，執壺行醫達三十年之久，也曾在日本群馬縣的身障兒童學園擔任園長。[62]

知名血液醫學研究者林媽利之父林新振（1912-1993），出身長榮中學、青山學院，學生時代即信主。1943年赴吉林醫院執業，後應日人之邀，任長春高橋外科病院（現「人民醫院」）副院長。戰後日人離開，林新振打算回臺，乃請滿洲合夥人協助，但對方將林氏的醫師證書借而不還，讓個性耿直的林新振留下惡劣印象。林氏全家於1947年返臺，因此林媽利的童年曾跟滿洲有過一段淵源，她說：「記得突然就有一堆騎著馬的蘇聯兵進來，有些人手臂上都掛滿了搶來的手錶……再來是共產黨進來……國民黨和共產黨打起來了。後來國民黨勝利，不久我們就回來臺灣。當時從東北回臺灣的都是難民，坐船。我們睡在甲板上。」可見她對戰後初期的亂象印象十分深刻。[63]

鍾謙順（1914-1986，日本姓名中村謙三），桃園龍潭人，父親是馬偕（George L. Mackay）門生暨北部客莊教會的先驅鍾亞妹。鍾謙順淡水中學畢業後入麻布獸醫學校，就讀期間因滿洲國官員到東京招募技術人員，他希望「有日本人一樣的待遇，可賺錢而且還能夠看看中國大陸」，故於1936年考入滿洲馬政局畜

62　王守義、王守邦、王桂蘭撰，《先父王振廷長老略歷》（賴永祥長老史料庫 http://www.laijohn.com/archives/pc/Ong/Ong,CTeng/biog-1.htm，存取時間2016.06.22）。

63　劉湘吟，《風中的波斯菊：林媽利的生命故事》（臺北：圓神，2004），頁31-34。

鍾謙順　圖片來源：鍾淑惠提供

牧課。翌年轉任熱河新設最偏僻的林東種馬場任改良科長，不久轉任滿、蒙、蘇交界的索倫國立種馬育成牧場科長。1940 年回臺與原斗基督徒周桃結婚。返回索倫後接到關東軍徵集令，派到「幹部後補生學校」半年，結訓後調往白城子騎兵隊，最高升至少佐大隊長。1945 年 8 月調往前線的滿洲里警備隊，蘇軍攻入滿洲時，鍾氏積極備戰，仍告不敵。臺籍的鍾氏被虜後獲釋，因身分特殊且多重，有專業技能又有戰鬥經驗，蘇軍、國軍、共軍都想要網羅之，但鍾氏一心一意想早日回臺，投入建設。他畢生熱愛故土，被稱爲「臺獨大前輩」。[64]

黃演敏爲臺中石岡望族，排行第二。他從長老教中學轉到同志社中學就讀兩年，1933 年畢業後考入滿洲醫科大學，後服務於附屬醫院擔任內科醫師、歷任鐵路醫院的醫師、分院院長。1949 年回臺，返鄉開設博愛醫院。[65]

澎湖望族、後來搬到臺南的戴逢年，本身是教會長老。長子戴耀閭，畢業於滿洲醫科大學，先後在高雄、澎湖行醫，因具有中國經驗，被日軍徵爲翻譯官，地位不低，歷任汕頭市立醫院院長、香港博愛醫院院長等。戴家出身於滿洲醫科大學的還有四弟戴耀林、堂兄戴神庇（醫學博士）、表兄呂耀堂。[66]

64　鍾謙順，《煉獄餘生錄》（臺北：前衛，1999），頁 7-74。

65　蔡有義，《同志社臺灣校友交流芳錄》（自刊本，2002），頁 79-80。

66　中央研究院近代史研究所編，《口述歷史 6：日據時期臺灣人赴大陸經驗》，頁 95-126。

戴家是澎湖望族，族內習醫者凡十餘人，但戴家國族認同的故事相當複雜。大哥戴耀閣和四弟戴耀林是滿洲醫大、二哥戴耀慶是東京青山學院、四妹戴秀麗是福州華南女子教育大學。三弟戴耀庭的際遇更是波折，他遵循父意獻身神職，畢業於漳州尋源中學、鼓浪嶼聖道書院（二年制）、南京金陵神學院（四年制）。學成前往廈門傳道，卻有人密告中國政府，以他持有日本護照為由，誣指政治意圖而予以收押，後來獲得牧師吳著盔、陳碧玉保釋出獄。不久戴耀庭受到友人影響，儘管曾受冤獄，但在「熱愛祖國」情緒鼓動下，不計前嫌，轉而替重慶政府收集汕頭情報，又化名戴秉毅到金門從事地下活動，後來被日人以「中國間諜」的罪名槍決，年紀才三十多歲，消息還是由金門的臺灣牧師賴炳烔轉告，家人方知。令人難以想像地，堂兄弟戴天青醫師卻是捲入 1937 年的黃濬案，被中國政府株連為「日本間諜」，在南京槍決。[67] 戴家手足八人，教育背景都不同，分別就讀臺、日、滿、華的學校，身分認同有極大的差異，曾被敵對國互指為對方的「間諜」，最後也有人因此付上生命代價；戴氏家族可說在痛苦與無奈中，深刻體會國族的矛盾。

（二）教會、實業及軍公教人士

　　蔡裕（1896-1972），生於臺中梧棲，曾任職清水郡役所會計役、霧峰林獻堂事務所、南京私立中南醫院總務長、楊肇嘉事務

67　中央研究院近代史研究所編，《口述歷史 6：日據時期臺灣人赴大陸經驗》（臺北：中央研究院近代史研究所，1995），頁 110、112-113。

蔡裕
圖片來源：陳冰榮主編，《佳美腳踪專輯》（臺北：臺灣基督長老教會傳教師獎慰會，1985），頁 100

所、臺灣自治聯盟等。蔡氏為第一代基督徒，起初因為妻室李鵝如就讀萬真珠姑娘掌理的臺南婦學，乃以羅馬字與丈夫魚雁。蔡裕為了讀信，即向清水教會牧師阮蘊玉學習，進而入信，最後夫婦由林學恭牧師施洗。蔡裕曾任清水教會執事、柳原教會長老，1935 年受聘彰化基督教醫院總務主任，1939 年全家遷往東京，於興亞神學院修業時兼任中國語講師，並自設臺灣新生基督教會，1941 年由日本基督教團封立為牧師。1942 年 6 月，蔡裕帶兩位日人至鳳山佈道，牽連到「愛英美事件」。當時因會眾混雜，教會牆上被人塗寫「愛英美」三字。由於地處軍事要地，很快被軍警發現，當地牧師洪萬成[68] 被列為特定人物，因此受到許多壓力，積勞成疾，臥病七載。[69] 蔡裕躲過一劫後，1943 年遷往大連長生街，讓長子蔡英士就讀奉天醫科大學，次子蔡逸士就讀滿洲的中學，兩子後來皆成為牧師。戰後蔡裕由上海返臺，歷任樂山園、後龍、中華婦女祈禱會、基督教芥菜種會等牧職。[70]

林朝棨（1910-1985），臺中豐原人，是臺北帝國大學地質系

68　洪龔夜，〈我的牧師娘生活〉，《臺灣教會公報》925（1964 年 1 月 1 日），頁 6-7、20。

69　陳冰榮主編，《佳美腳踪專輯》（臺北：臺灣基督長老教會傳教師獎慰會，1985），頁 60。

70　陳冰榮主編，《佳美腳踪專輯》，頁 100。
　　陳明道、林恩朋採訪，蔡逸士牧師口述，〈開拓時期的主力軍〉，《如鷹展翅：臺北東門基督長老教會 60 週年回顧》（臺北：臺北東門基督長老教會，2007），頁 100。

首屆唯一的學生，1933 年他初試啼聲，完成〈臺灣產哺乳類化石の產出狀態に就いて〉論文，之後又獲得東北帝國大學理學博士。1937 年，林朝棨在恩師早阪一郎的安排下，前往新京工礦技術院擔任教授，後轉往北京，戰爭期間協助國際知名的古生物學家德日進神父（Pierre Teilhard de Chardin）渡過被日軍監禁的困境。[71] 林朝棨赴滿時想攜家帶眷，但因路途遙遠，於是寫信請錦昌醫院的林姓同鄉協助，預先在郊外的日人代用官舍區租屋。林氏雖然是得到臺灣總督府的派遣前往東北任教，仍需仰賴臺灣同鄉的照應，協助處理房舍。[72]

林朝棨與士林「芝山岩遺址」鑑定工作
圖片來源：陳爾樂，〈初代青年團契指導者──台灣地質學之父林朝棨〉，《新使者》100（2007.6），頁 34-37

陳正添，1926 年生於嘉義朴子，1943 年就讀長榮中學校期間，投考日本戰車兵學校（同期亦有長中校友，屏東人曹明榮），曾奉令赴河南一帶與中國軍隊作戰，直到日軍投降為止。戰後返臺，經考試取得小學教師資格，陳氏對臺籍日本兵在中國作戰及返鄉前後的苦境，感觸極深。[73]

71　陳爾樂，〈初代青年團契指導者：臺灣地質學之父林朝棨〉，《新使者》100（2007 年 6 月），頁 34-37。

72　許雪姬等訪問紀錄，《日治時期在「滿洲」的臺灣人》，頁 368。

73　中央研究院近代史研究所編，《口述歷史 5：日據時期臺灣人赴大陸經驗》，頁 77-85。

吳左金，1902 年生於彰化苑裡。太太鄭鴛鴦爲同鄉望族，畢業於淡水女學校，篤信基督教，影響吳氏歸信。吳左金畢業於臺北師範學校、明治大學法科，1931 年經考試成爲滿洲國外交官，歷任駐新義州副領事、新京外交部政務司（任內曾因滿洲國與蘇俄的「諾門坎事件」而赴赤塔會議，爲臺灣人參與滿蘇外交唯一之人），最後則擔任駐濟南總領事。戰後被國民政府以「漢奸」入罪，受十個月的牢獄之災，1947 年返臺，不再踏入仕途。[74]

吳金川，1905 年生，長老教中學畢業，父親爲同校暨臺南師範學校漢文教師吳景秋。吳金川出身秀才之家，獲有東京商科大學碩士學位，被推薦至滿洲國中央銀行任職，期間曾調上海，對關內外之金融經濟情形甚爲瞭解。戰後國軍接收東北，吳氏受東北行營經濟委員會主委張嘉璈之託，擔任東北經濟研究所副座，後至上海任全國花紗布管理委員會專員。中共建政後返臺，在彰化商銀董事長任內退休。妻室楊湘玲（楊肇嘉之女）亦爲虔誠信徒。[75]

吳三連（1899-1988），臺南學甲人，在乙未抗日時，從事木業的父親在八掌溪畔戰鬥負傷，所幸爲牧師所救，吳家也從此受洗入信。吳三連被稱爲「臺南幫」的精神領袖，然而也與滿洲關係密切。他原本在神戶當記者，後轉到天津經營糖廠，戰後擔任天津臺灣同鄉會會長的身分，協助大批臺人離滿的交通和安置問題。吳三連後來當臺北市長時，又啓用幾位具有滿洲經驗的官

74　中央研究院近代史研究所編，《口述歷史 5：日據時期臺灣人赴大陸經驗》，頁 95-120。

75　中央研究院近代史研究所編，《口述歷史 5：日據時期臺灣人赴大陸經驗》，頁 121-142。

滿洲國中央銀行（現爲中國人民銀行） 圖片來源：筆者攝於 2008.08.29

員，被稱爲「東北會」或「東北幫」。臺灣電力公司亦有許多自東北電力公司轉任的人。有趣的是，他們經常相聚敘舊，大啖東北酸白菜火鍋，成了臺北有名的「臺電勵進餐廳」的前身。[76] 柯子彰（1910-2002），畢業於早稻田大學，曾爲全日本橄欖球代表隊健將。後在國策公司——南滿洲鐵道株式會社服務。戰後回臺，以「虎」字爲名，成立隊伍，因而被稱爲「臺灣橄欖球之虎」。[77]

戰後初期的滿洲一片紛亂，儘管如此，還是有勇敢的信徒挺身而出，例如原籍臺北的雜貨商黃海南（後代在臺北建成教

76　石永貴，〈臺灣人滿洲之路〉，《中外雜誌》81 卷 5 期（2007 年 5 月），頁 17-18。

77　林恩朋，〈臺灣橄欖球王：柯子彰〉，《新使者》99（2007 年 4 月），頁 33-37。

會），他在日本投降後幾天，爲同鄉僱用十幾臺大車，從長春轉移到新立城，且走在隊伍前面，手持基督教旗對武裝民兵表示「我們是南方的中國人」，保護一行人免於遭害，義行讓人感懷。[78] 事實上，黃海南很早即到長春經商，專賣一些臺灣的什貨、農產乾料等，生意頗佳。黃海南之子黃呈財，戰爭時期曾被徵調往南洋當軍夫，幸運地平安回來，黃呈財與花蓮人葉鳴岡交好，也曾爲葉氏做媒，認識妻室袁櫻雪。[79]

其他有些人是父執輩有教會背景，例如臺北大龍峒人陳阿好，畢業於蓬萊女子公學校高等科，和陳耀宗牧師有親戚關係。陳阿好嫁給國語學校出身的洪禮修，在福州生下一女三男（履冰／立平，啓眞、克成），後因難產過世。[80]

有些人則是早期有滿洲經驗，後來成爲基督徒，如林黃淑麗（臺北週美教會信徒，昭和醫專畢，曾參與東北開拓團，先生林錦文爲軍醫，四叔黃春木爲新京大學公鑛技術院教授）、[81]孫運璿（哈爾濱工業大學畢）、辜振甫（曾任職滿洲製糖）、[82]湯守仁（曾任關東軍中尉）、陳亭卿（曾任滿洲國經濟部事務官）。[83] 這些

78　許雪姬等訪問紀錄，《日治時期臺灣人在滿洲國的生活經驗》，頁 308。

79　許雪姬等訪問紀錄，〈葉鳴岡先生訪問紀錄〉，《日治時期在滿洲的臺灣人》，頁 57-58。

80　許雪姬等訪問紀錄，〈洪在明先生訪問紀錄〉，《日治時期在滿洲的臺灣人》，頁 312。

81　許雪姬等訪問紀錄，〈林黃淑麗女士訪問紀錄〉，《日治時期在滿洲的臺灣人》，頁 137-151。

82　石永貴，〈臺灣人滿洲之路〉，《中外雜誌》81：5（2007 年 5 月），頁 15、19。

83　許雪姬等訪問紀錄，〈陳亭卿先生夫人訪問紀錄〉，《日治時期在滿洲的臺灣人》，頁 291-307。

人之中，以涂南山（1926-2015）的經歷最爲曲折。他是朴子人，嘉義中學畢業後，1945 年改名「大村重安」，由縣、州、總督府層層推薦給滿洲國，經審查考試，成爲建國大學（位於長春）的新八期（亦最末期）學生。戰後，1947 年進入臺灣大學就讀，因關心時事，被以叛亂罪名監禁十年。在獄期間，翻譯矢內原忠雄的《羅馬書講義》和《耶穌傳》爲精神寄託。涂南山認爲，建國大學爲軍人首相東條英機所建，是滿洲國最高的「國策大學」，但年輕時代就讀建大的臺灣人與一般不同，都有一種政治關懷，即站在漢民族的立場，反對殖民的歧視。涂氏本身也不相信滿洲國提倡的「五族協和」（日、漢、滿、蒙、朝鮮），認爲只是意識形態的手段。諷刺的是，日人原要洗腦灌輸各族學生，但這些知識菁英都各有理想，非但不是國族主義能輕易操控，批判更是相當深入。[84]

四、戰後滿洲經驗者的政治遭遇

1944 年，日本節節敗退，7 月以後，美軍開始轟炸滿洲。翌（1945）年 8 月戰爭結束前夕，蘇俄爲了自身利益而進逼大軍。不久日本投降，滿洲國滅亡，不少臺人被誤認爲日人，遭到劫掠、暴力、拘留甚至喪命等身家之禍。之後，國軍、共軍輪番進入東北，內戰烽火延燒到滿洲，臺灣人面對的處境更加複雜而艱

84　許雪姬等訪問紀錄，《日治時期臺灣人在滿洲國的生活經驗》（臺北：中央研究院臺灣史研究所，2014），頁 119-184。

難，歸鄉之路又是千里迢迢。[85] 縱使幸運回到故鄉，但等待他們的，卻是險惡的政治環境，因為「滿洲國」的烙印，並非政治正確的一端。

先談談基督徒涂南山不勝唏噓的遭遇，1948 年他僅因好奇社會主義，接觸馬克思的《資本論》和矢內原忠雄的《馬克思主義與基督教》等「左派」書籍，就被政府以「參加叛亂組織」為由判刑十年。眞正的原因是他於1945 年短暫就讀滿洲國最高學府「建國大學」，有此特殊「滿洲經驗」的人，被國民黨政府視為「準漢奸」，還羅織罪名為共產黨的同路人，予以拘捕，史稱「滿洲建大案」。連他在內好幾位「建大生」的思想就此被箝制，美好光陰被扼殺。事實上，無論二二八事件或白色恐怖時期，有滿洲經驗的知識份子見過世面，深知日治下的東北和國府治下的臺灣之巨大差異，又因積極任事，被政府視為眼中釘。[86]

涂南山
圖片來源：涂南山，〈烈火的青春：我在火燒島的黑牢歲月〉，《故涂南山先生追思告別禮拜》（臺北：東門教會，2015），頁3；鄭仰恩提供

相較之下，那些原本有機會去滿洲建大，後來因故未能成行者，不曉得是幸或不幸？例如大甲基督教家族排行第二的鄭連

85　許雪姬，〈臺灣人在滿洲的戰爭經驗〉，《歷史臺灣》11（2016 年 5 月），頁75。

86　許雪姬，〈滿洲經驗與白色恐怖：「滿洲建大等案」的實與虛〉，收於氏編，《戒嚴時期政治案件專題研討會論文暨口述歷史紀錄》，頁 1-39。

道，父親鄭進丁長老為大甲街助役（相當於副鎮長），栽培子弟就讀小學校。後來鄭連道報考滿洲建大二次皆通過學科，但前往東京體檢時二次皆未合格，最後改任職臺北州廳。其滿洲夢碎，卻也因此逃過戰後清算的命運，誠可謂時代捉弄人。[87]

這群受過高等教育又赴滿發展的基督徒，多人因為關心時事而遇難，包括花蓮張家父子（張七郎、宗仁、果仁被害，次男依仁倖存）、主張臺獨坐牢二十七年的鍾謙順、被控加入共黨判刑十年的林恩魁。誠如涂南山所說：「世事難料，關東軍精心策畫，苦心設計打造經營——原本計畫培育造就殖民統治『棟樑之材』的最高學府，99% 漢族學生，居然湧現一批不畏強勢反滿抗日的精英份子。」[88] 深究可知，他們不只是反滿抗日，而是本著基督徒的良心，對社會發聲。

誠如涂南山所言，他們在滿洲確實有接觸到左翼思想，但心中並無國、共的差別，他們只希望臺人可以不受日人統治，完全沒有想到臺灣獨立與否的問題。更重要的是，其實馬克思主義是當時最前衛的理論，全世界的優秀青年都為之風靡，但他們這群有基督信仰的人認為理想雖美，若沒有耶穌的原則，仍然無效。涂氏還說，儘管馬克思主義者認為自己的理論最好，最科學，可以為窮人做善事，解決一切問題，但就如羅馬書 7：19「我所願意的善，我不去做，我所不願意的惡，我反而去做。」當肉體私慾的要求與信仰道德的價值發生衝突，若希望忠於信仰，肉體就

87　〈鄭連德口述訪談紀錄〉（於臺北市金山南路鄭宅，2018 年 2 月 7 日），未刊稿。
88　涂南山，〈烈火的青春：我在火燒島的黑牢歲月〉，《故涂南山先生追思告別禮拜》（臺北：東門教會，2015），頁 3。鄭仰恩提供。

得死；若希望叫肉體活，信仰就得死。[89] 在生死關頭，他們才發現仰賴老我，只有導致人格的破產，唯有倚靠基督，才得救贖，為此他們寧可肉體被囚，也不願出賣良心。

林恩魁臺南二中時期照片
圖片來源：黃彥傑提供

再舉林恩魁為例，他身為醫師，關心社會時事，1950 年經歷白色恐怖政治迫害，被控為「思想犯」，囚禁於綠島。其妻高雪貞四處探詢消息並張羅家計，始終鍥而不捨。七年後林恩魁歷劫歸來，夫婦同心行醫，擔任教會長老，翻譯臺語漢字聖經，以信仰見證近代社會的變遷。林醫師夫婦的經歷是白色恐怖年代無數受難者家屬的縮影，從他的故事提醒吾人關心政治受難者家屬的處境，切莫遺忘他們曾受的艱辛與那一個時代的臺灣社會點滴。[90]

臺南的侯全成則險些遭難，他本身是醫師，躋身於社會菁英行列，日治時期曾任臺灣地方自治聯盟支部常務幹事，1946 年當選臺南市參議員。在二二八事件中，和另一位臺南名醫韓石泉受市政首長請託協助，代表向憲兵隊遞交和平原則和善後辦法，呼籲共同恢復秩序。但「清鄉」之時，各地處理委員會被勒令解散，整編二十一師包圍臺南市參議會，韓、侯二人被押解至臺南

89　涂南山口述，胡慧玲、林世煜採訪記錄，〈煉獄與天堂〉，《白色封印：白色恐怖 1950》（臺北：國家人權紀念館籌備處，2004），頁 63-104。

90　林高雪貞口述，謝大立、廖惠如整理記錄，《荊帕中的百合花：林高雪貞女士口述實錄》（臺北：臺灣神學院，2008）。

區指揮部,後來幸得釋放。如此醫治民瘼、代言民心的基督徒醫師竟遭到如此對待,可見時代劇烈的變動與更迭。[91]

五、結論

臺灣與滿洲看似兩個遙遠又不相干的地區,基督教背景卻有諸多相似性。其一是時間點相當接近,分別於 1865、1867 年傳入,初期也難以免除帝國主義與地方文化的碰撞。其二是差會淵源雷同,都是蘇格蘭教會的傳統,且採用醫療宣教、興學賑濟的「現世化」方法來實踐信仰。其三是同樣面對殖民近代化的挑戰,人們面對西方文化與異族統治,抱持著矛盾糾葛的心理,戰爭後期面對的政教張力也相似。臺灣基督徒在此一摸索之中,試圖來到滿洲新天地,尋求基督的攝理,期待人生的開展。在這段掙扎的歷史經驗中,有諸多意義值得反思。

(一)基督徒與社會流動

本文主要透過口訪資料,探討臺灣基督徒的滿洲經驗。歷來學界集中探討基督教在東北的傳播概況、宣教師和差會的活動,或探討醫院和學校等機構,[92] 但對於區域人流和生活實情卻關注較少。確實,口述歷史有其限制,無法視為絕對性的資料來源。

---

91 陳君愷,〈侯全成〉,《二二八事件辭典》(臺北:國史館·財團法人二二八事件紀念基金會,2008),頁 266-267。

92 王曉輝、黑龍,〈近三十年來近代東北基督教研究綜述〉,《宗教學研究》(2013 年 2 期),頁 280-284。

然而，公文檔案有時只是例行事務，未必呈現眞相，反倒不若親身經歷者的描述眞切。早期，往往只有軍政人士鋪陳這段經驗，但從不同身分、職業或地域的人憶述之後，反而逐漸拼湊出歷史的輪廓。[93]

本文所述之臺灣基督徒醫界、公教及實業人士，不計家眷即已 50 餘人，其歷史意義值得探討。誠然地，日治時期新一代知識份子成長環境和舊社會完全不同，不但接受新式教育，且有不少人赴海外留學。這群所謂「乙未戰後新生代」無論出身或觀念都有別於前、後世代。[94] 此一時期的基督徒亦不例外，他們接觸日本文化，甚至生而爲日本國籍，他們比一般臺灣人更早且更有機會接受教育，認爲自己應成爲好國民，有優良表現，實行規律的生活操守。[95] 日治初期，一般臺人對日本教育深感疑慮，唯恐就學後被徵兵，但許多基督徒很快接受新式教育，並有志赴日留學。[96] 是時，基督徒總人數不及全臺百分之一，但相較於一般臺人，對新式教育頗能接受。例如，早期醫學校學生即有不少基督徒，僅 1902-1906 年間即佔畢業生總數的四分之一，其比率足堪重視。影響所及，基督徒長期迎拒或抉擇於「同化」與「現代化」之間，無不使其深刻思考身分認同的問題。[97]

93　林志宏，〈口述歷史及其侷限：以戰後接收東北的回憶爲例〉，《東吳歷史學報》36（2016 年 12 月），頁 102。

94　周婉窈，《日據時代的臺灣議會設置請願運動》（臺北：自立報系文化出版部，1989）。

95　賴永祥，〈臺灣基督徒的心路歷程〉，《路標》6（1997 年 6 月），頁 75。

96　杜聰明，《杜聰明言論集》（高雄：私立高雄醫學院，1964），頁 51-52。

97　吳文星，《日治時期臺灣的社會領導階層》，頁 113、127、313。

具有滿洲經驗的臺灣人，大部分是中產階級人士，尤其是醫學、公教及實業領域，其因係出於殖民政策。日本積極招募專業技術人員，前往新天地去發展，而臺灣人也甚具拓荒奮鬥之精神，到了滿洲，比在臺島減少許多歧視，公務體系還有加給，儘管待遇不及統治者，但已經被「視為」日人，位階在滿、漢、蒙、朝鮮之上，受到的箝制少了很多。可貴的是，臺灣人雖然形成社會階層的上升流動，但不因此而驕矜，極少自視甚高，反而用專業技能，尤其是醫學知識來幫助當地人，使得滿洲的臺籍醫師的聲譽極高，臺灣還因此被稱為醫師島、大仙島。各領域的任職者有為有守，受到滿洲人的肯定，與高姿態的日本人恰好形成對比。

（二）政治受難

　　有滿洲經驗的臺灣基督徒，幾乎都是專業領域的佼佼者，且崇尚自由發展，某些臺灣人還抱著親炙「祖國」的心態踏上滿洲，他們對於中國的理解耐人尋味。然而，正因為關心時事，有許多人在二二八事件及白色恐怖時期，遭到不公不義的對待甚至犧牲，例如張七郎父子（宗仁、果仁）、侯全成、林恩魁、鍾謙順等，至於涂南山則是原本心中就有信仰的種子，在受難的過程當中歸信基督。他們都曾經在一個陌生的環境——滿洲創業，是「見過世面」的社會菁英，本著信仰良心來維護故土，結果卻被當成叛亂犯，實然諷刺。

（三）殖民遺緒

事實上，關於滿洲的歷史檢討，當代仍爭論不休，有左翼批判殖民色彩的論述，[98] 也有右翼擁護國家主義的聲音。[99] 戰爭時期，日本曾出現所謂迦南地的神學，因爲迦南（Canaan）和華南（かなん）發音相同，就有神學家主張，日本的對外擴張，就像以色列人進入迦南，得地爲業。部分基督徒也受影響，如1933年的「滿洲傳道會」，在太平洋戰爭中提倡融會神道的「皇道基督教」，走向襄助戰爭、爲國效力的道路。[100] 在1939年5月還成立「東亞傳道會臺灣地方部」，有莊丁昌、蔡受恩、溫榮春、賴炳烔前往華南牧會。這些臺灣牧師志願到中國傳教的動機是純正的，但他們所選擇的地區，並非日人的「迦南地」，所以工作果效深受限制。[101] 總之在軍國主義下，日本基督教會的政治態度有很多客觀原因，但主要的論調並未對擴張政策發出諍言，其責任難以推辭。[102]

98　山室信一著，林琪禎等譯，《滿洲國的實相與幻象》（臺北：八旗文化，2016）。
　　Yamamuro Shin'ichiOoshua A. Fogel trans.), *Manchuria under Japanese Dominion* (Philadelphia: University of Pennsylvania Press, 2006).

99　宮脇淳子著，岡田英弘監修，郭婷玉譯，《這才是眞實的滿洲史：中日滿糾纏不已的「東北」如何左右近代中國》（臺北：八旗文化，2015）。

100　村上重良著，張大柘譯，《宗教與日本現代化》（高雄：佛光，1993），頁139-140。

101　鄭連明主編，《臺灣基督長老教會百年史》（臺南：臺灣教會公報社，1965），頁258-259。

102　徐炳三，〈日本基督教會戰爭責任初探〉，《抗日戰爭研究》01（2009），頁34-40。

因此，到底是殖民擴張或得地為業？以聖經或神學合理化殖民主義，絕對有檢討的必要。大多數聖經文本的背景，都受到傳統民族或帝國式思想的影響。且歷史上已經有美國、非洲、印度等太多例子，顯示聖經文本被揉入殖民主義，又在不同處境下，被合理化殖民主義，也低估了殖民主義的破壞。[103]

總之，滿洲這塊土地上的故事，無疑是一部中國的縮影。[104] 又因與臺灣之關係，成為當代臺灣史的一部分。當代政治神學的觀點極為重視普遍的「被殖民的歷史經驗」，因為殖民主義是一種全面的侵略，包括政治、經濟、社會、知識、宗教的壓迫。若從政治神學的角度來看，會發現滿洲處境和歷史記憶有許多類似的課題值得探討，非常需要重新建立「主體性」。

總而言之，當代政治神學的共同觀點，就是強調以人的實況作為神學的主要關懷與構成要素。當人們在異族統治與差別待遇下掙扎，在未來茫茫無知的情況下默然承受著一切，又背負著被誤解、不被憐憫的遭遇，這些實際的生命經驗，乃是基督教信仰所關心的，基督徒也希望這是上主的作為所要處理的。[105] 臺灣基督徒在滿洲的故事不是神話，不是傳說，而是真實存在的歷史。

103　馬克・布雷特（Mark G. Brett）著，王東譯，《去殖民化的上帝：帝國主義浪潮中的聖經》（臺北：橄欖，2013）。

104　梅英東（Michael Meyer）著，吳潤璿譯，《在滿洲：探尋歷史、土地和人的旅程》（臺北：八旗文化，2016）。

105　黃伯和，《旅向亞洲的神學》（臺南：人光，1985），頁 41-42。

國家圖書館出版品預行編目（CIP）資料

日本帝國下的基督教會 / 王成勉主編. -- 初版.
-- 桃園市：中央大學出版中心；臺北市：
遠流, 2019.12
　面；　公分
　ISBN 978-986-5659-28-8（平裝）

1. 基督教　2. 教會　3. 歷史

247.09　　　　　　　　　　108018143

日本帝國下的基督教會

主編：王成勉
執行編輯：王怡靜

出版單位：國立中央大學出版中心
　　　　　桃園市中壢區中大路 300 號

　　　　　遠流出版事業股份有限公司
　　　　　台北市南昌路二段 81 號 6 樓

展售處 / 發行單位：遠流出版事業股份有限公司
地址：台北市南昌路二段 81 號 6 樓
電話：(02) 23926899　傳真：(02) 23926658
劃撥帳號：0189456-1

著作權顧問：蕭雄淋律師
2019 年 12 月 初版一刷
售價：新台幣 500 元

ISBN 978-986-5659-28-8（平裝）
GPN 1010802201
YLib 遠流博識網 http://www.ylib.com　E-mail: ylib@ylib.com